苏岭 著

中国高房价调查

南方日报出版社
NANFANG DAILY PRESS

图书在版编目（CIP）数据

中国高房价调查 / 苏岭著. -- 广州 : 南方日报出版社, 2010.8
ISBN 978-7-5491-0061-3

Ⅰ. ①中… Ⅱ. ①苏… Ⅲ. ①房地产－价格－研究－中国
Ⅳ. ①F299.233.5

中国版本图书馆CIP数据核字(2010)第156228号

中国高房价调查 苏岭 著

出版发行：南方日报出版社
地　　址：广州市广州大道中289号
电　　话：(020) 87373998-8502
经　　销：全国新华书店
印　　刷：佛山市浩文彩色印刷有限公司
开　　本：889mm×1194mm　1/16
印　　张：14.5
字　　数：220千字
版　　次：2010年8月第1版
印　　次：2010年8月第1次印刷
定　　价：32.00元

投稿热线：(020) 87373998-8503　**读者热线**：(020) 87373998-8502

网址：http://nf.nfdaily.cn/press/

目　录

序

2010年4月10日，SOHO中国董事长潘石屹去海南参加博鳌论坛，走到哪儿都被人问房价。

在飞机上，一名空姐蹑手蹑脚地走到潘石屹妻子、SOHO中国主席张欣身边，向潘石屹发问。由于多年来频频出镜，潘石屹走到哪儿，人们都能认出他来。

“潘总，我们全体机组的同事派我来问问您，房价还会涨吗？我马上要结婚，是应该租房还是买房呢？”

“现在租房更划算。”潘石屹回答。

到了博鳌酒店，潘石屹又被微软全球资深副总裁张亚勤抓住问房价。碰到记者，依然是问房价。连央行行长周小川发言结束后临离开时也对他说：“什么时间听听老潘谈房地产。”

在这片国土上的人们没法不关心房价。

1月中旬，由中科院地理研究所张文忠主办的宜居城市研究网在厦门发布《2010年1月中国城市房价排行榜》，新房均价深圳第一，22304元/平方米；上海第二，20186元/平方米；温州第三，20050元/平方米。还有八个超过万元的城市：北京19999元/平方米、杭州16360元/平方米、三亚15858元/平方米、宁波11405元/平方米、厦门10943元 /平方米、广州10937元/平方米、大连10663元/平方米、南京 10154元/平方米。

他们发布的十大最高房价城区排行：北京市西城区33725元/平方米、上海市静安区 32200元/平方米、深圳市罗湖区 31996元/平方米、温州市瓯海区31000元/平方米、杭州市西湖区 26820元/平方米、南京市玄武区 21000元/平方米、天津市和平区18741元/平方米、广州市天河区18408元/平方米、三亚市区 18000元/平方米、厦门市思明区 17860元/平方米。

3月的“两会”一半的议题与房价相关，快成了房产论坛。温家宝“遏制房价过快上涨”的话音刚落，“两会”闭幕当天，3月15日，北京一天之内出了三个“地王”，全为央企所拿。

远洋地产旗下的北京远豪置业有限公司以40.8亿元的总价拍得的朝阳区崔各庄乡大望京村环境整治土地储备项目1号地，楼面地价高达2.75万元/平方米；北京中信新城房地产有限公司以52.4亿元拿下的大兴亦庄住宅及商业项目（X1-1B）地块，楼面地价超过1.7万元/平方米；中国兵器装备集团公司旗下的北京世博宏业房地产开发有限公司以17.6亿元拿下的海淀区东升乡居住商业用地，除去3万平方米的酒店项目后，折合楼面地价28308元/平方米。

潘石屹让公司的人作了个测算，大望京1号地要卖到4.5万元/平方米，才有10%的利润。而这块地在五环边上，潘石屹认为这样的地王高得“离奇”。

大望京1号地拍卖前，潘石屹劝华远地产董事长任志强不要去，“争不过人家”。任志强一意孤行，缴了几亿元的保证金去参加，举牌举到每平方米1万多元，就不敢举了。2009年6月30日北京广渠路15号地块拍卖时发生过相似的一幕，不过是任志强劝潘石屹。

在次日央视《新闻1+1》播出的《政策向下 房价向上》中，央视主持人白岩松不由得感慨：“房地产市场究竟是总理说了算，还是总经理说了算？”

面对公众质疑央企炒地皮、炒房价，3月18日下午，国资委召开新闻发布会。新闻发言人杜渊泉宣布78家央企将退出房地产行业。

新一轮针对房地产的调控政策由国土资源部打响头炮。3月8日，国土资源部下发《关于加强房地产用地供应和监管有关问题的通知》，明确保障性住房、棚户改造和自住性中小套型商品房建房用地，不低于住房建设用地供应总量的70%。

人们却将此解读为新房上涨的信号。即此政策可能造成未来商品房供应量大幅减少，并且现在的供应量就偏紧，新房像稀罕的紫檀木，买少见少。

房价继续向上。根据易居中国的数据，3月份北京新房价格环比涨幅22%，同比82%，二手房的环比也涨了近15%。其次是广州，新房价格环比上涨13%。上海官方“网上房地产”显示，3月29日，一手房签约套数达到1493套，创下了2007年8月25日1867套后的31个月新高；28日成交量也高达1325套，接近2009年10月28日的1438套水平。上海佑威·楼市通系统提供的数据显示：3月22—28日上海市商品房成交面积34.8万平方米，与前周相比大幅增长了56%，成交均价20581元/平方米，环比前一周上涨了6%。

许多城市都在说“小阳春”。美国在逼人民币升值，通胀预期凸现，人们再次面临如何保资产的问题。而这个“小阳春”的时间节点与2009年极为相似，似乎错过这一波，就会永远失去资产保值和创富机会。

新房抢购潮自2007年后，再度在多个城市出现。以杭州“德信早城”开盘为极致，购房者几乎以夺取生存机会般的劲头抢购。

“德信早城”位于杭州东部CBD核心居住区，距离杭州市区有一个半小时车程，地铁一号线将通达。4月10日开盘，296套房，售价1.7万—1.8万元/平方米，4000多名购房者赶来。

现场道路两边8点30分就排起了长长的车队，其中外地牌照的私家车占了多数，数量远远超过了杭州本地牌照，尤以温州、台州、金华等地车辆为多。很多购房者从半夜就已经开始过来排队。排队领一个号码就要交定金1万元，一些人手上拿着5—10张号码牌。现场出现了几个炒号者，一个号要六七万元。

一些人不遵守秩序堵在领号台附近，导致很多购房者迟迟未领到号。而现场工作人员数量有限，很多人因没拿到号码开始闹事。周围的广告篷围栏被撕破，摇号所用的号码箱被毁坏，个别购房者把椅子扔进河水中。开发商不得不推迟原计划在10点的开盘。

11点左右，一名从温州赶来的购房者与保安因推搡而起冲突，抄起棍棒与保安对打，需要警察赶来维持秩序。

下午1点左右重新进行摇号。保安在摇号箱前排成人墙，摇号规则改变，前两个购房者背转过身去抽签，被抽中的两名客户再依次抽取后两个。下午3点30分左右，296套房售罄。

北京房价高涨，居然出现了房地产史上的奇迹——北京郊区通州的非豪宅房价超过市区，因为一个“新城”概念。谁知道还有什么事情不可能发生。

根据统计，在北京通州3月底开盘的项目中，部分商品房单价已经接近3万元/平方米，正在销售的“京贸国际城”，1月23日和3月11日，开盘时成交均价分别是1.4万元/平方米和1.8万元/平方米，到4月已经是2.6万元；“世纪新城”等老项目后期的销售均价也达到2.5万元/平方米。而同在3月开盘的北京东四环外的项目“美利山”销售均价是2.3万元/平方米。然而深圳楼市却异动。3月29日至4月4日，深圳新房成交量升价跌，共成交9.51万平方米，环比上涨15.26%，成交均价19389元/平方米，环比下降5.53%。这一周成交量持续上升，均价再度下降。

抑制房产投资的政策很快祭出。4月14日，国务院召开常务会议，由温家宝主持。会议决定，贷款购买第二套住房的家庭，贷款首付款不得低于50%，贷款利率不得低于基准利率的1.1倍；贷款购买第三套及以上住房的，大幅度提高首付款比例和利率水平。

这是史上最严二套房贷政策。2007年底，二套房贷政策首次出台时规定首付最低四成，贷款利率不得低于基准利率的1.1倍，即引发中国楼市近一年的向下调整。2009年，为扶持房地产市场，该政策一度明紧暗松，个别第二套房的贷款利率甚至可以享受首套房待遇。

政策一出，北京立即出现刚购房者毁约，二手房抛盘也涌出的现象。

对高房价的“追杀令”再出。4月17日，国务院发布《关于坚决遏制部分城市房价过快上涨的通知》（被喻为新“国十条”）。通知共计十条，多数内容是自2005年调控以来重大政策的重申。增量内容为：“商品住房价格过高、上涨过快、供应紧张的地区，商业银行可根据风险状况，暂停发放购买第三套及以上住房贷款；对不能提供1年以上当地纳税证明或社会保险缴纳证明的非本地居民暂停发放购买住房贷款。地方人民政府可根据实际情况，采取临时性措施，在一定时期内限定购房套数。”

新“国十条”还要求财政部、税务总局加快研究制定引导个人合理住房消费和调节个人房产收益的税收政策；税务部门严格按照税法和有关政策规定，认真做好土地增值税的征收管理工作，对定价过高、涨幅过快的房地产开发项目进行重点清算和稽查。

土地招拍挂制度被一些人视为高地价之源，对此新“国十条”建议：探索“综合评标”、“一次竞价”、“双向竞价”等出让方式。

不过，此通知的一个“可”字（“商业银行可根据风险状况”）透着色厉内荏的意味。

4月，新“国十条”出台后，北京商品房开盘均价再创历史新高。据北京中原地产统计，5月北京整体商品房开盘均价达到了28520元/平方米，相比4月中上旬开盘均价21058元/平方米，上涨了35%。

紧接着，以“住房保有税”名目出现的房产税惊动全国。上海、重庆、湖南等地方政府积极推动，意欲先行试点。不过，怎么征，官方始终没有正式的说法。中央迟迟支吾不语，国务院只是在5月31日批转国家发改委《关于2010年深化经济体制改革重点工作意见的通知》时，提出“逐步推进房产税改革”。

3月23日，美国著名投资公司GMO发布报告，称中国经济拉响红色警报。报告的结尾这样写道：“一个评论家把中国与好莱坞的惊悚片《生死时速》联系起来，中国就好像一辆装有炸弹的大巴在路上飞奔，而一旦速度小于每小时50英里，它就会爆炸。这个比喻很贴切。如果中国的经济增长速度低于8%，灾难就可能发生：大部分新建的基础设施将会毫无用处；过剩的产能将在很多工业存在很多年；房地产泡沫将会破裂，而银行系统将面临大规模坏账。那些正沉浸于中国梦的投资者忽视了这样的场景。当中国这部巨型机器最终停滞，这些投资者就会从美梦中痛苦地醒来。”

众所周知，房地产业在2008年底起死回生是由于全球金融危机影响中国经济，政府只得启用这个经济支柱。

强硬的调控政策会不会像2008年、2009年那样，突然间转了个调呢？

纵观历年的调控，似如任志强所言——政府越调房价越涨。国务院发展研究中心金融研究所副所长巴曙松在与安邦研究员交流时，总结出中国近年房地产的政策调控周期：在正常年份，房地产市场存在典型的年度政策调控周期，往往在年末中央经济工作到次年“两会”期间，基于公众压力，调控力度达到顶峰；到年中就进入政策效果观察期，到年底房地产市场往往重新活跃。

2009年9月，国土资源部中国土地勘测规划院地价所所长赵松接受作者采访时曾说：“我觉得从长远来看，土地资源本身是稀缺的，因此房子产量肯定也是受限的，房地产的价值也就有长期波动向上的趋势。”她指出一个前提，现在的价格得是合理的价格，也就是基本符合其客观价值的价格。

在不完全市场经济下，房价向下，还是稍微猫一下腰，再猛蹿？总理、总经理、专业人士、经济学家、投资者，该听谁的？对于2010年房价能否下降、下降多少以及未来房价走势，作者认为取决于两个度：中央对楼市调控的力度、地方政府和金融机构执行政策的态度。这两个度不是单向度的问题，与国际经济形势、我国国家财政分配、经济形势、金融制度、土地制度、地方和房地产商发展冲动、资本市场、消费者购房指向等因素盘根错节。它们像藤蔓植物互相缠绕，结成密实的一团，坐在房价跷跷板的另一头。

上述要素的权重各不相同。称量它们之后，读者即可自行算出房价可能何去何从。而它们的权重，藏在本书的一个个故事细节中。

作者无意对房价进行长篇累牍的论述，那是评论家、经济学家做的事。故而，作者向读者呈现的只是关于房价的故事。

前言　居，从来不易

房价不是现在才贵。

“北京最近提供2万多平方米住房，每平方米1600元至1900元。若买两居室少说也要6万多元。一名大学生从参加工作起就日日节衣缩食，每月存储50元已是极限，100年才能买上两居室。”

这一段文字来自1989年2月20日《人民日报》第二版的新闻评论。

实际上，新中国成立后要想拥有个人的私房不仅要有“财”，还要有“才”，由当时的总理周恩来审核。

1949年12月12日，著名作家老舍从美国回到北京。因为“迟到”，老舍被暂时安排在北京饭店的一个单间。没有写字台，他只能在梳妆台上写作。妻子胡絜青和四个孩子都还滞留在重庆。

此时政府对国家干部实行供给制，分配住房，不允许以单位名义购买私人房产。参照先期到达北京的作家们的待遇，他多半会被安排到公有的大宅院，给一两间屋安身。

新中国成立后北京人口激增，一是各类机关、学校、企事业单位纷纷建立，从全国各地大量调入干部，二是因城市工业、市政建设的发展需要大批劳动力，招收农民进城当工人。据北京地方志和北京市统计局数据显示，北京常住人口1948年为200.6万，到1949年年底就变成了420.1万，翻了一倍多。与其他大城市一样，北京住宅本来就不多——战争（抗战、解放战争）等原因造成房屋损毁严重，军队、机关又占用了大量房屋，于是出现房荒。

虽然一些私房被公家机关“没收”、“征收”，但这时北京私人拥有的房地产仍在城市房地产中占很大比重。据内务部1954年8月14日提交的《城市私人房屋情况及今后意见》，在北京，私人房地产占全部房地产的54%，私人房产主当中不少人拥有大量房产，64%的房主拥有房屋百间以上。

老舍曾经拥有自己的住房，又旅居欧美多年，便想自己买私房。于是，他向上级打报告申请，报告转给了当时的总理周恩来。

老舍与周恩来在1938年3月27日武汉成立“中华全国文艺界抗敌协会”后即已熟识，当时周恩来是名誉理事，老舍为常务理事和总务部主任。

周恩来批准了老舍的申请。老舍成为新中国成立后第一个购买私房的作家。

1950年春，老舍买下东城区王府井迺兹府街丰盛胡同10号（后来更名为灯市西街丰富胡同19号）。此房占地300多平方米，分内、外两层的套院，内院为正院，北面为正屋，东西两侧为厢房。虽然邻近东安市场、王府井商业街，却闹中取静。

1949年11月到1950年2月期间，国内通货膨胀，物价上涨了一倍半以上，1950年3月才遏止住。由于旧人民币不断贬值，房主开出100匹白布的价钱。老舍请他在美国的出版代理人寄回500美元。

根据1950年3月13日的汇率，1美元可兑换4.2万元旧人民币，500美元等于2100万旧人民币。

老舍乔迁后，和妻子在内院的空地上栽植了两棵柿子树。每年秋季，挂满果实，火红、漂亮。于是，他们将新家称为“丹柿小院”。

文艺圈的朋友们到老舍家做客后，都为他有自己的小院而羡慕不已。其后，丁玲、臧克家、艾青、吴祖光等也都先后向上级申请买私房，并得到周恩来的批准。

作家们当时属于新贵阶层，不同于一般的党政干部。他们除了文艺级别工资比较高之外，都有高额的稿费收入。

1952年全国职工年平均工资相当于445元（此为折算为新币价值。1955年发行第二套人民币，新人民币1元折合1万元旧人民币，以下均为新币），每人每月的平均生活费为八九元。西安教师王佳从1952年刚到灞桥区李家堡一所小学任教时月工资48元。开始上班后，他在妻子单位附近的农村租房子，一间房子月租金4元。工资刚够养活一家三口，每周只能吃上一回肉。

著名作家刘绍棠的短篇小说集《山楂村的歌声》，稿费就有2000元，加上其第一部短篇小说集《青枝绿叶》、中篇小说《运河的桨声》、中篇小说《夏天》、短篇《瓜棚记》，5本不厚的书，稿费合计为18500元。

刘绍棠“半本小说买房”的故事在外界传得最响。1956年春，因为妻子生了孩子，21岁的刘绍棠花2000元，在中南海附近的府右街光明胡同买了套“三合院”：住房五间，厨房一间，厕所一间，堆房两间，并有五棵枣树、五棵槐树。刘绍棠的一篇11万字的中篇小说《夏天》的稿酬就可以买4个这样的三合院。后来卖家提出还须卖出一幅古画，作价500元，刘绍棠接受了。

著名剧作家、导演吴祖光买的房最贵，花了两万块，其中一万多块是吴祖光在1947年至1949年流亡香港期间挣的。那期间，他任香港大中华影片公司编导、香港永华影业公司导演，编导了《国魂》、《莫负青春》、《山河泪》、《春风秋雨》和《风雪夜归人》等电影。不足部分是他跟朋友借的。

当时，两万块鲜有人拿得出来。新凤霞捐给国家的两大箱行头戏衣、金银翠钻头面首饰，折合价值3000多块，这是她多年演戏赚来的。吴祖光和新凤霞夫妇在演艺界的地位，以现在为参照，至少一个相当于冯小刚，一个相当于王菲。

除作家外，归国华侨也可以买房，不过不是私房，而是新建房。

1954年7月，广州华侨代表向第一届广州市人民代表大会提交了“广州筹建华侨新村”的方案，并获得通过。这一年，中央发出《关于便利华侨建筑房屋与兴办公益事业的指示》，为安置好当年回国参加社会主义建设的归侨、侨眷，满足归侨、侨眷购房和居住的需要。

随后，广州市政府在白云山南麓划地25万平方米，作为华侨新村第一期建设用地，并制定了一些惠侨政策，如住宅地皮免收土地费、免收房地产税5年，另拨给私人花园空间地等。这一带原是偏僻荒凉之地，只有一些农田和杂草丛生的乱坟岗，唯一的建筑物是一栋旧电报大楼，曾被日军占领，日军在战败撤退时纵火焚烧。1955年5月15日，由时任广州市市长朱光主持了新村工地的奠基礼，3000多名华侨目睹中国第一个华侨住宅区——华侨新村动工。独栋房平均造价95元/平方米，集体公寓67元/平方米。材料成本不是调拨价而是市场价，因部分用进口材料较贵，如铁窗、铁窗花和柚木。

其后，上海、福建亦跟随兴建“华侨新村”。

其他纳入国家体制，也就是领国家工资的人，全部按职务级别分配住房。以上海为例，1956年工资改革时就按照行政级别将各级干部住房划分成了十几种待遇标准，明文规定：特甲级可享受200平方米以上的“大花园精致住宅”；特乙级可享受190—195平方米的“大花园精美住宅”；一级可享受180—185平方米的“大花园精美住宅”；二级可享受170—175平方米的“独立新式住宅精美公寓”；三级可享受160—165平方米的“上等住宅公寓”；四级可分得“半独立式普通住宅中等公寓”；五级分得“120—135平方米的新式里弄住宅”；六级可分得100—115平方米的“有卫生设备的普通里弄住宅”；七级可分得80—95平方米的“无卫生设备的石库门房屋”；八级可分得“老式立柱房屋”；九级以下只能分得“板房简屋”等。

不过，除极少数高干外，绝大多数人得共用上述从各种有产者手中罚没的、刨除“大花园精致住宅”和“大花园精美住宅”的房子。其中，多数人住在“石库门房屋”。

“石库门房屋”结构上相当于现在的联排别墅，融合了江南传统二层楼的三合院或四合院的形式。底层有前、后门，一般有一个4—6平方米的小天井，两侧是左右厢房，一间20—28平方米的“客堂间”、一个6—8平方米的厨房、一个小卫生间。上一道楼梯，有一间6—10平方米的“亭子间”，北向。再上一道楼梯，到二楼“房间”，跟“客堂间”面积同大。二楼上一道楼梯，有一个挑出的小阳台。再上一道楼梯，是三角斜顶的“阁楼”，有一扇“老虎窗”，约12平方米的地方可容人站直。

但这种满足一户小家庭安居的房子在1949年后面目全非。复旦大学历史系教授朱学勤说：“比如永安公司的一户人家，在1949年以前有完整的石库门房子，1949年以后塞进来几家，塞到1976年的时候，一个石库门房子住进30多家，而且大家共用一个人家过去用的厨房。”

北京的四合院，在1958年开始“大跃进”和“人民公社化”时，开始“公有化”，那些作家们刚买不久、拥有私人产权的房子概莫能外。当时北京全市约有房屋120万间，其中92万间属于私人产权。四合院里按人口多少平均分配，一般都分到一间房，少数人分到两间房。一个四合院，往往住进七八户人家，有的面积更大的甚至住进了十几户人家。

私宅不够供给，政府亦兴建住宅区。一些新建住宅仿效清康熙年间八旗子弟兵和他们的家属们的临时居所，坐南朝北，成行、成排而建，排与排的间距约三四米，被称为“排子房”或“兵营式住房”。这种房每间14—16平方米，没有厨房和厕所，一排房或几排房才设一个公用自来水龙头，每排房起头处有个公共厕所，人们戏称“闻着味儿回家”。有的单位把中间一间前后隔断，分给左右相邻住户，每户得到两个一间半的房。住户多在自家向阳的前窗盖起小厨房，“用阳光换生活”，结果家里终日黑暗、油腻。

大量新建住宅参照苏联模式，为四层的住宅楼。这种户型无厅，只有狭长的过道，居室大间套小间，层高达3米或3.5米。

新建的住宅小区被命名为“新村”，住户是普通职工。但这“普通”字面外另有含金量。上海在西郊曹杨路一带兴建的我国第一个工人新村“曹杨新村”于1952年竣工，全部分配给沪西各厂1002名先进工人。20世纪50年代兴建的公房数量相对庞大的工人数量无疑杯水车薪，因此劳动模范和由工人提拔的干部才有份，普通工人只有继续住棚户区。

在棚户区，仍然可以像解放前，用几根木棍、几卷油毛毡加泥巴和稻草搭建一间小房。但这种房子没有一点“自主权”，雨常常是家里的不速之客，风不时来盗走屋顶。人们穷极思路来改善自己的蜗居。钢铁厂的工人每天带一包钢渣回家，打实、晒干成砖块，攒够量后，将家中的泥墙改为砖墙；在屋子里搭上阁楼；屋顶的油毛毡混稻草变为黑瓦。一直到20世纪70年代初，棚户区的泥墙、稻草屋顶才消失殆尽。

20世纪50年代后期，棚户区弃用井水，有了自来水。不过，一个棚户小区仅一个“给水站”，专人管理着一两个水龙头。各户还得继续用水缸。

一直到20世纪80年代全国大兴建设福利住房前，国家建设基本停顿，人口自然增长，而住宅却无供应，国人的居住情况异常拮据。

一家三代人住在12平方米的一间房内，这样的情况在上海并不罕见，人均面积5平方米以下更是比比皆是。铁路新村某户人家因房子太小，以致晚上4个孩子得轮流睡觉，老大、老二睡上半夜，老三、老四先到外面去玩。下半夜老三、老四回家睡觉，老大、老二下床出去乱逛。父母和孩子同床的更不在话下。住石库门的人家，能在楼梯下的空当或者壁橱里摆一张孩子的床铺，就能引人羡慕。更多的孩子在阁楼长大。

知青们念兹在兹的家，待返回时却不知手脚怎么安放。适婚年龄，房子与亲密不兼容。为全国所乐道的上海人压马路谈恋爱的浪漫，委实是一部住房辛酸曲。房子令一些恋人劳燕分飞，不少人父母的那一间房先当婚房，后兼育婴室。此种情况下，家庭矛盾迭出，兄弟姐妹失和、父子反目，斯文人也演武戏。

单位的办公室或单身职工宿舍这样的“筒子楼”便被当作住宅分配。筒子楼里的住户，在自家门前的走廊垒煤灶、堆煤球，支上一张小木桌，权当厨房。

1979—1993年，全国开始偿还遗留的住房欠债。在此期间，共投资5799.75亿元建住宅，相当于新中国成立以来投资总额的95.4%，建房20.3亿平方米，为新中国成立以来新建住宅总量的82.12%，城镇人均居住面积从1978年的3.6平方米，提高到1993年的7.5平方米。

不过，福利分房原则依然是按资排辈，根据工龄、干部级别、职务、职称、学历和家庭人口等打分，分数排前者住房面积可能大一些，还能优先选择楼层、户型。此种规则的人为弹性相当大，解释权在单位领导，“地下关系”往往硬过客观评分。另外，单位的能量又决定了其提供住房的能力。机关、事业、全民、集体，单位行政级别的差异全反映到单位住房上。行政级别高的单位，住房位置往往位于城市中心，邻近重点学校，更有其他社区设施。

要想住舒坦，绝大多数人得仰仗单位和单位领导。于是，“激励”之下，个人的能力更多地走向承欢、取悦之路。商品房出现后，更多的人才能够挣脱人事的羁绊，有了自由追求的可能。

第一篇

暂居的土地

房价上涨，主要是土地增值。然而，在全世界拥有自己房产的人中，只有中国人是房、地分离，房归自己，地向国家租赁，情形仿佛蜗牛。土地国有的高垄断性，使土地奇货可居，其价格非常规性地上涨。

解放后，土地曾经私有

与现在不同，吴祖光等作家买的房子有永久产权，房屋用地不存在50年、70年使用权一说。在1982年修宪以前，我国政府实行的是土地私有制。尽管新中国成立初期没收地主、富农土地归农民所有违背了土地私有制的最基本原则，但农民分得土地的私有权得到了确认。在此阶段对土地的态度，中国政府与历史一脉相承。虽然“普天之下，莫非王土”，但实质上大多数土地属于私人所有，少部分土地属于国家所有；农民耕种自己的土地或者租地耕种，许多城镇居民拥有自己的房产。

1947年7月17日至9月13日，中共中央工作委员会在河北省平山县西柏坡村召开全国土地会议。最后一天，通过了由刘少奇的秘书廖鲁言（新中国成立后任农业部部长）主持起草的《中国土地法大纲》。《中国土地法大纲》提出，废除封建性及半封建性的土地制度，实行“耕者有其田”的土地制度，废除一切乡村中土地制度改革之前的债务；土地分配的办法是：除大森林、大水利工程、大矿山、大牧场、大荒地及湖沼等归政府管理外，乡村中的一切土地和公地由乡农会接收，连同乡村中其他土地，按乡村全部人口，不分男女老少，统一平均分配，抽多补少，抽肥补瘦，使乡村民众（包括地主、富农）获得同等的土地并归个人所有，政府发给土地所有证为产权凭据。10月10日，《中国土地法大纲》由中共中央批准公布实行。

发放土地所有证为产权凭据，确认到手的土地私有权，《中国土地法大纲》改变了中国农民近两千年来的命运，为随后的解放战争奠定了民心基础。美国人韩丁在其《翻身——中国一个村庄的革命纪实》中评价：“新发布的《土地法大纲》在1946年至1950年中国内战期间，恰如林肯的《黑奴解放宣言》在1861年至1865年美国南北战争期间的作用。”

对于土地与民众的关系，中共中央的领悟来自沉痛的教训。1928年，为使小资产阶级变成无产者，然后强迫他们革命，中共中央指示湖北、湖南省委实行“烧杀政策”，“杀尽土豪劣绅、大地主，烧地主的房子”。湘南特委为执行这一政策，将宜章到耒阳一线400多里长的公路两侧5里范围内的城镇和农村的财物和人全部撤至偏远乡村，然后烧掉搬空的房子，片瓦不留。结果大批农民叛变，杀害1000多名干部。

《中国土地法大纲》颁布两年后，1949年9月21日至30日，新中国的临时宪法——《中国人民政治协商会议共同纲领》（简称《共同纲领》）出台。其中第3条规定：中华人民共和国有步骤地将封建半封建的土地所有制改变为农民的土地所有制，保护国家的公共财产和合作社的财产，保护工人、农民、小资产阶级和民族资产阶级的经济利益及其私有财产，发展新民主主义的人民经济，稳步地变农业国为工业国。第27条规定：土地改革为发展生产力和国家工业化的必要条件。凡已实行土地改革的地区，必须保护农民已得土地的所有权。凡尚未实行土地改革的地区，必须发动农民群众，建立农民团体，经过清除土匪恶霸、减租减息和分配土地等项步骤，实行耕者有其田。

可以说，《共同纲领》在土地所有制问题上再次表态，坚持土地私有制。

解放战争过程中，东北、华北等老新解放区（约有1.6亿人口）已经实行了土地改革。新中国成立后，广大新解放区则尚未实行土地改革。1950年6月30日，中央人民政府正式公布《中华人民共和国土地改革法》，决定从1950年冬季开始，用两年半或三年左右的时间，根据各地区的不同情况，在全国分期分批地完成土地改革。

某种意义上，土改不啻于一枚原子弹，在冲销原有的不平等时，亦带来了别的激荡，并且从农村波及城市。

城市居民中一种主张甚嚣尘上，即仿照农村土改，马上平分城市的房屋。济南提出“人人有屋住”，结果房客不交租，房东不修房、不出租，甚至拆房；某些个别城市没收房屋，或不确定不保护房屋所有权，不问具体情况无条件无限制地强制压低房屋租额。如此，导致许多城市居民以为“城市解放了可以白住房子，一切房租都可不缴，甚至以为可以平分城市的房产”，纷纷抗租，甚至强占房屋。据张群《“居者有其屋”？——1950年代的住房政策剖析》，武汉市1953年法院工作报告记述，该市有些房客主张“住者有其屋或实行房屋减租”，例如李宗耀等61人占住陈少山位于耕莘里和凤凰街的房屋，从1949年以后既不承租，又不按期缴纳合理租金。要他们搬家，个别房客竟说“耕者有其田，住者有其屋”。中央内部文件（1949年1月24日，中央关于税收、房租问题给天津市委的指示）承认对此束手无策。

当然，政府并不支持这些违法行为。《人民日报》专门为此解释，认为农村的土地是自然物，虽可开垦却不能凭空增添，地主占有土地并剥削农民的土地所有权制度是封建性质的，必须废除。但城市的房屋与农村的土地不同，房屋不是自然物，而是劳动的产物，是一种商品，需要一定的投资，而且要经常出资修缮，利用房屋的投资收取租息就成为一种资本。城市里私人房主对房屋的占有，一般不是封建性质，而是资本主义性质，应当和官僚资本以外的其他私人资本的所有权一样受到保护，承认其所有权，并保护这种产权所有人的正当合法的经营。房东和房客在平等地位上用自由协商的方式议定的房租，其数额扣除房屋偿还金部分后大体上相当于正当的平均利润，可以认为是资本主义性质的剥削，在新民主主义社会里是允许存在的，并予以保护。

与此同时，军队和机关也接收公房，“没收”、“征收”官僚私房。武汉的机关、团体、学校占用的房屋占全市房屋总数的12.7%强。汉口江汉路南段的76个铺面房屋中，公家占用了49栋。

然而，私人拥有的房地产仍在城市房地产中占很大比重。在北京、天津、上海、济南、青岛、沈阳、哈尔滨、南京、无锡、苏州这10个城市，私人房地产分别占这些城市全部房地产的54%、54%、66%、78%、37%、36%、31%、61%、80%、86%。私人房产主当中不少人拥有大量房产，如北京市拥有房屋百间以上的房主达全部房主的64%。

如惊弓之鸟的房主们，怕房屋被“共产”，要么将房屋分散，大房改小房，楼房改平房，堵大门走小门；要么卖房或送人；有的甚至乘下雨扒房变卖砖木。

1954年9月20日，我国出台了第一部宪法，以法律的形式保持原有的土地私有制，维持城市里资本家的生产资料所有权，包括对土地和厂房的所有权。城市居民的房地产作为生活资料也得到宪法的保护，可以继承、买卖。其中第6条规定，矿藏、水流、由法律规定为国有的森林、荒地和其他资源，都属于全民所有；第8条规定，国家依照法律保护农民的土地所有权和其他生产资料所有权；第10条规定，国家依照法律保护资本家的生产资料所有权和其他资本所有权；第11条规定，国家保护公民的合法收入、储蓄、房屋和各种生活资料的所有权；第12条规定，国家依照法律保护公民的私有财产的继承权。不过留了个带尾巴的规定：第13条规定，国家为了公共利益的需要，可以依照法律规定的条件，对城乡土地和其他生产资料实行征购、征用或者收归国有。

然而，“从此有个长期安居的理想住所”却只是作家们的一厢情愿。

保护私有房屋只是暂时的，中共中央对此也毫不避讳。1949年8月12日《人民日报》新华社信箱一份“关于城市房产、房租的性质和政策”表明：应当把所有城市房屋看作社会的财产，加以适当的监护。这样才能使城市房屋日渐增多，人民的居住不发生困难，给将来社会主义的房屋公共所有权制度造下有利的条件。

吴祖光买下四合院的次年，1956年，政府正式宣布启动私房改造。1月18日，《中央书记处第二办公室关于目前城市私有房产基本情况及进行社会主义改造的意见》表示，对私人房屋的社会主义改造预计两年完成。其总目标是“加强国家控制，首先使私有房出租完全服从国家的政策，进而逐步改变其所有制”。

具体包括五点：一、由国家经租。即由国家进行统一租赁、统一分配使用和修缮、维护，并根据不同对象，给房主以合理利润。在此基础上合理地调整租金，取消一切中间剥削和变相增租的不合理现象。二、公私合营。根据各个城市的实际情况，对原有的私营房产公司和某些大的房屋占有者，组织统一的公私合营房产公司，进行公私合营。三、商业者占有的房屋随本行业的公私合营进行社会主义改造。他们出租的与企业无关的房屋，可由国家经租。四、对于除了自住外尚有小量房屋出租的小房主及暂时还不能纳入国家经租的其他房主加强管理，使私人房屋出租必须服从国家政策，服从政府关于租金、房屋修缮等方面的规定。五、一切私人占有的城市空地、街基等地产，经过适当的办法一律收归国有。

根据上海法学者谭惕吾的调查，1958年前后，一些私房改造尚未开始的城市，房主“大量地贱价出卖房屋以及千方百计分散房屋”，有的房屋值三四千元，但房主只收一两千元就出售；有的房主干脆拆房卖料。

1966年“文革”开始。在“革命行动”和“造反有理”的口号下，把个人所有的房屋当作资本主义尾巴，赶走房主甚至强占个人住房的现象遍布全国城乡。仅全国城市房管部门接管没收的个人所有房屋就达2200多万平方米。一些人甚至趁火打劫，侵占他人私房数百平方米。并且，四合院虽是私产，院子中盖了的房子却归房管局，相当于土地权“充公”了。

长夜漫漫，好容易“文革”结束。政府重提保护公民的合法房屋所有权，并开始退还私人房屋。这时的情形远比买房时复杂。有的地方虽然法院已经判决、房管部门也承认原房主的所有权，但住户却借口“没房”，就是不搬；更有蛮横的抗拒不搬，声称地富反坏右分子就不该有房子，反对给个人所有房屋落实政策，反对给个人所有房屋以法律保障。有的地区还禁止个人之间的房屋买卖。还有的单位和个人，趁房主外出，抢夺或毁坏房屋。直到1985年，政府部门还在处理城市私有出租房屋社会主义改造的遗留问题。

土地只有使用权了

1982年年底新修改的宪法明确表示，城市的土地归为国家所有。

所有的城市私人房地产产权证书中的地产部分一夜间全部失效。之后出售的商品房，买房人拿到的房产证是房屋所有权证。意味着只要房子不倒，房子都是买房人的，没有年限限制。但盖房子的土地却是国家所有，房主只有规定年限的使用权。相当于跟国家租土地。期满后，继续向国家交纳一部分土地使用金，才可以继续租用。

从此以后，房价中增加了地价这一要素。

1982年12月4日，第五届全国人大第五次会议通过了新的《中华人民共和国宪法》。与1975年宪法和1978年宪法相比，1982年宪法被称为“改革”的宪法。它第一次将我国土地分为两类：城市土地和集体所有土地。其第10条规定：城市的土地属于国家所有。农村和城市郊区的土地，除由法律规定属于国家所有的以外，属于集体所有；宅基地和自留地、自留山也属于集体所有。国家为了公共利益的需要，可以依照法律规定对土地实行征用。任何组织或者个人不得侵占、买卖、出租或者以其他形式非法转让土地。一切使用土地的组织和个人必须合理地利用土地。

第10条涉及全国城市居民私人房地产权。然而“宪法修改委员会”对如此重大的法律条文修改没有做任何解释，更未向公众说明其后果。它，只是眠于宪法中，等待需要者取用。

唯一能从逻辑上获取的推断，是这一地权变革可能与20世纪80年代我国商品房市场萌芽相关联。

1979年12月21日，广州“东湖新村”的小区打下了我国商品房开发的第一根桩。这一年年初，广东省和广州市已经在考虑用商品房解决居民的住房问题。1949年以后全国的人均住房面积4.5平方米，1978年反而下降到全国人均3.6平方米，广州为3.8平方米。人均住房面积不升反降，因为住房投入资金很少，出现“找房子比找老婆还要难”的情况。1978年前后，广州市每年投入住房的建设资金仅在1000万元左右。按当时建筑成本100—120元／平方米计算，广州市的建设经费每年仅能建不足10万平方米的住宅。另一方面，为保证居民的安全，新中国成立后政府不断地对旧房危房进行维修，太破烂的要拆除重建。房屋越来越老，钱越来越不够用，广州东湖边上有几百户人家等待拆建。依靠老思路、老办法无法解决住房问题。于是，省、市领导决定引进外资来解决住房难问题。东山区引进外资住宅建设指挥部（以下简称“引进办”）开始寻找资金之路。谈了半年后，最终在1979年10月15日秋交会闭幕当天，引进办与香港宝江发展有限公司签订了中国第一份引进外资开发房地产的合同。引进办出土地，包拆迁、承建；宝江投资3600万元港币，首期开发用款为1080万元港币；6万平方米的开发土地中，其中2万平方米由引进办、港江、回迁房均分。面向广州市场销售的2万多平方米、售价为700元人民币/平方米的住房，却不是针对个人，而是国企买给领导居住。

在化地为金上，深圳一启动，却比广州快。

1979年3月，广东省撤宝安县设立深圳市，1980年8月，全国人大常委会颁布了《广东省经济特区条例》，深圳经济特区正式成立。我国改革开放的大幕拉开。深圳立市前，宝安录属惠阳地区。广东省委号召全省干部支援深圳建设。1979年春节后，惠阳地区公交计委办公室副主任骆锦星和31名惠阳地区的干部一起来到深圳，挤在宝安党校的新园招待所的两间房内。骆锦星被任命为房管局副局长，专抓基建，其首个任务是一年之内盖起2万平方米、300套干部宿舍。深圳经济特区创建之初，有“五子登科”之说：经济特区的帽子，深圳市委的牌子，宝安县委的班子，小圩镇的底子，穷得不成样子。据不完全统计，深圳历年偷渡外逃香港的共有六七万人，耕地丢荒9万亩。交到深圳市政府手里的家底是人口2.6万人，汽车7辆，两条水泥路穿过小镇，一条是人民路，另一条是解放路，全长不到2公里，骆锦星“一眼望得到尽头”。居民住房无异于贫民窟，一条被称作“深圳龙须沟”的臭沟两边搭着房子，一间小房挤三代人，有的婚后孩子都快上学了还是无房户，厨房在走廊上，随处可见“南头苍蝇深圳蚊”。

深圳住房建设的启动资金只有3000万元，这还是吴南生从副总理谷牧那里争取到的。当时，吴南生是广东省委副书记，兼第一任深圳市委书记。据说，这钱连建特区二线关的铁丝网都不够。当时的计委主任江兆新只能从中拿50万元给骆锦星建房。骆锦星虽为副局长，同时也兼采购员，当时的工程队包工不包料，钢材、水泥、红砖、沙石都得自己供应。盖房起码要300万元，骆锦星跟香港朋友诉苦。朋友建议他学香港将土地变成黄金的办法。然而宪法明文规定不能侵占、出租、买卖土地等。唯一可依靠的是邓小平对特区的精神指示——中央没有钱，可以给些政策，你们自己去搞，杀出一条血路来。骆锦星想到搞“补偿贸易”，自己出地，港商出钱，合作建房，利润双方分成。经历“文革”，骆锦星想做到有理有据，便求助马恩列斯。他在《列宁全集》中查出列宁引用恩格斯的一段话：“……住宅、工厂等等，至少在过渡时期未必会毫无代价地交给个人或协作社使用。同样，消灭土地私有制并不要求消灭地租，而是要求把地租——虽然是用改变过的形式——转交给社会。”市委书记张勋甫支持：“马克思和恩格斯在《共产党宣言》中还说‘剥夺地产，把地租用于国家支出’，你们就先干着试试看吧。”

1979年最后一天，港商刘天就听闻消息，马上骑单车过罗湖桥，与骆锦星谈合作，次日签订协议，由深圳房管局找工程队施工，刘天就的香港妙丽房地产集团公司在香港卖房，初定七三分成。合同没敢说房地产，两页多纸都是“补偿贸易”。骆锦星事前了解到，在香港只要有地，银行就给贷款，等于只要付清地价，建筑费用由银行出，地价成本占香港房地产总投资的七成。于是骆锦星提议深港双方85：15，刘天就很快地答应了。1980年1月1日双方签订了合同，在深圳大头岭划出1万平方米土地作为项目所在地。1月8日，成立了深圳特区房地产公司，骆锦星兼任经理，干部职工五个人，注册资本是四部旧单车。这点资产还是他们在开发大头岭时在竹园里找到的。4万块的开办费由刘天就借支而来。春节期间，拿出图纸，外事办审合同，规划局划地，报一两天就批下来。这就是我国第一个商品房小区——东湖丽苑。

2月中旬，东湖丽苑项目尚未开工，设计图纸刚出来，刘天就便开始在香港预售。第一批推出108套房，户型面积大约50—60平方米，均价为2730港元/平方米。和当时香港楼价相比，便宜了一半以上。汇丰、南洋银行提供按揭贷款，一次性付款九五折优惠，业主购买家电免税，并给予深圳市户口指标，每家3个户口名额。因为有户口指标，大批在内地有亲戚的港人想买，使得该楼盘的客户遍及东莞、潮州、上海甚至海外侨胞等。5000多人排队购房，最后只好抽签定盘，一次性售罄。47岁的宝安女子黄水有成为中国第一位商品房业主。她丈夫已到香港做了多年的建筑包工头，略有积蓄。她获得第一个选房的机会，看中东湖丽苑1栋2单元的一套两居室房，面积60多平方米，总价14万港元。1981年项目竣工入住时，又按照香港的模式，成立了我国第一个物业管理公司。

房子还在图纸上，刘天就便得到了建房的全部资金。骆锦星不仅顺利地完成了任务，最终还赚到了500多万元，第一次体会到土地在市场中的巨大作用。

"补偿贸易"引起的口水战不断。骆锦星刚签约，房管局一个抓党群的副局长便说："你胆子真大，这是违反宪法的啊，要是有第二次'文化大革命'，你就跑不掉了。"有的干部则称，现在深圳干部居民都没房子，房管局长反倒为资本家去建安乐窝。"出租土地"在香港成了爆炸性新闻，《文汇报》、《大公报》、《明报》争相在头版头条作大篇幅报道。此举在内地则被视为背叛社会主义。某单位曾经召开讨论会，主题就是"如何看待前线保国防，后方卖土地？"有报纸公开刊登《旧中国租界的由来》，影射深圳的"土地出租"就是"租界"。还有更狠的说法——"深圳发生了惊天卖国案"。

不过，这一做法得到了中央的支持。1980年3月5日，国务院转发了《关于用侨汇购买和建设住宅的暂行办法》，规定：鼓励华侨、归侨、侨眷用侨汇购买和建设住宅。他们购买和建设的住宅，产权和使用权归己，国家依法给予保护。该办法也适用于港澳、台湾同胞和中国血统外籍人及其在我境内的亲友。

实际上，1979年8月，广东省委副书记吴南生组织人马参照国外和中国台湾等地有关文件起草广东经济特区条例，已经接触到土地"出租"问题，时任国家进出口委员会副主任江泽民受国务院委托亦参与制订条例。当时由于怕通不过条例，江泽民提议将其叫做土地使用费，土地使用费实际上就是把土地的租金、各种税合在一起。把土地使用权从土地所有权中分离出来，收取"土地使用费"，避开"地租"这个敏感的字眼，他们觉得如此"很社会主义的样子"。1979年省人大常委会已经原则通过。1980年8月26日，全国人大常委会委员长叶剑英主持了五届人大第十五次会议，《广东省经济特区条例》递交全国人大审议。时任国家进出口管理委员会副主任的江泽民受中央委托宣读了整个条例。在一片掌声中，《特区条例》获准通过。深圳成为中国社会主义市场经济体制改革的第一块试验田。8月26日也成了中国经济特区的生日。《纽约时报》对此评价：铁幕拉开了，中国大变革的指针正轰然鸣响。

深圳特区政府不仅需要大量资金进行基础建设，而且大量涌入特区的移民也需要住房。东湖丽苑之后，与外资合作建房在深圳获得默许，当时，深圳方面定下原则，多层建筑二八分成——深圳方面得80％利润，高层建筑三七分成——深圳方面得70％利润。依据《广东省经济特区条例》，从1980年开始，深圳市政府对一块块沉睡的土地施用“点金术”，开创国有土地有偿使用的先河。

邓小平来深圳视察的时候，登上了罗湖小区国际商业大厦的楼顶，彭真等中央领导都来看了，并且都对这种方式表示了认可。

1981年12月，深圳市颁布了《深圳经济特区土地管理暂行规定》，允许给在特区投资的客商划拨土地，并规定了土地最长使用年限：工业用地30年；商业用地20年；商品住宅用地50年；教育、科学技术、医疗卫生用地50年；旅游事业用地30年；种植业、畜牧业、养殖业用地20年。1982年更是规范了不同等级的土地收取不同标准使用费的规定。

对于行政划拨用地，时至今日也无土地使用年限一说，国家有随时收回的权力。这又是深圳杀出的一条路。

为开发罗湖商业区，深圳房管局引来了德兴、海丰苑、新都大酒店等三家开发商，一共收20年土地使用费1.5亿元，当年收入4350多万元。当时香港中介地租每平方英尺15000港元，深圳的地价只是香港的1/11。若干年后有经济学家测算，0.8平方公里的罗湖商业区地面上的财富，用百元大钞可以铺上厚厚一层。

直接指导我国商品房建设的意见来自邓小平。1980年4月2日，邓小平把胡耀邦、万里、姚依林、邓力群找去谈话。他登上北京前门附近的一座高楼，鸟瞰四周灰旧低矮的建筑物，深有感触地说：“要考虑城市住宅分配的一系列政策，不但新房子可以出售，老房子也可以出售；可以一次付款，也可以分期付款；住宅出售以后，要联系房价调整房租，使人们考虑到买房合算。”这个时候，全国城镇人均住房面积4平方米，还没有商品房。

1980年6月，国务院正式批准公布房地产开发业商品化的有关政策，拉开了房屋和土地商品化的序幕。到1981年3月，已有26个省、市、自治区的128个城市和部分县镇开始私人购买、建设住宅。其中，由国家建造住宅向私人出售的城市50个。而在1979年，216个设市城市私人建造住宅的面积仅占全部新建住宅面积的2.8%。1981年4月10日国务院转发的《国家城市建设总局、中华全国总工会关于组织城镇职工、居民建造住宅和国家向私人出售住宅经验交流会情况的报告》指出："个人住宅也是生活资料。把个人购买、建造住宅说成是发展资本主义私有制是不妥当的"。

有了中共高层的认可，深圳的试验步伐也加快了。1982年，深圳官方开始悄然进行土地资本化探索，按城市土地等级不同收取不同标准的使用费。这使得内资企业独立房地产开发成为可能。仅开发罗湖小区的头两年，就租出4.54万平方米土地，收取租金2.136亿港元，吸引外商投资达40亿港元。从土地的无偿划拨到有偿使用，特区的拓荒者初尝市场经济的甜头，掘到了起步创业的第一桶金。

1983年，深圳通过《深圳特区房地产管理暂行条例》，并由特区发展公司向用地单位收土地使用费，但企业收土地使用费名不正言不顺，最后只收了2000多万元。房管局也开始分家并一分为四：房地产公司（专管房地产经营），物业发展有限公司（专管国贸和配套住宅，后经主管建委市领导提出，建委系统没有一个高楼，就连公司和楼都给了建委），深圳住宅公司专管政府住房和民房，宝安县房管局管宝安县。

"经过这些摸索，土地活了，但管理也比较混乱，有领导打招呼、批条，土地就批出了，被用来转让牟利，也有领导子女来参与，使土地成为腐败的温床。1984年决定政企分开，除协议用地（部队、政府用地）外，其他全部土地有偿使用。"骆锦星对媒体说。

1987年12月1日下午4点，深圳会堂容纳700人的会场满座。中共中央政治局委员李铁映、国务院外资领导小组副组长周建南、中国人民银行副行长刘鸿儒以及来自全国17个城市的市长都来了，观摩中国首次以公开拍卖的方式有偿转让国有土地使用权。当天的举槌人、当时的深圳市规划国土局局长刘佳胜后来回忆说："如此高规格的土地拍卖仪式后无来者。"

创造中国房地产历史的土地编号为H409—4，它紧邻深圳水库，面积8588平方米，规划为住宅用地，使用年限50年。深圳市政府事先在报纸上刊登了

《土地竞投公告》，拍卖前3天，已有44家企业领取了正式编号参加竞投，其中外资企业9家。此次拍卖底价为200万元，每次加价幅度为5万元。当价格被抬到390万元后，身兼深圳经济特区房地产公司（深房）总经理的骆锦星第一次举起手中的11号牌："400万"。此后，仅深圳经济特区房地产公司、深圳市工商银行房地产公司和深华程开发公司继续竞争，几个回合后，竞价升到了520万元。骆锦星回忆说，当时他也有些紧张了，因为这时离公司预算的530万元承受价位只剩两次加价机会了。"我们事先进行了电脑预算，心理承受价位在530万元，每平方米成本在1200元左右，预计出售价格在1600元每平方米左右。"他举起了牌："525万。"

"525万一次，525万两次，525万三次。"拍卖师刘佳胜一锤定音。整个拍卖过程持续了17分钟。

1988年4月通过的宪法修正案，第一次以法律形式确定"土地的使用权可以依照法律的规定转让"。而深圳先行一步的土地使用权转让，也终于有了宪法的支持。为和国家规定取得一致，20世纪90年代初期，深圳出台规定：1988年1月3日之前政府无偿划拨用地，仍按原规定执行；1988年1月3日之后，凡通过有偿方式与国土局签订了《土地使用权出让合同书》的土地，其土地使用最高年期按国家规定执行。

土地被储备

深圳率先将土地所有权和使用权分离，相当于城市的"金色土改"，为城市国有土地的改制提供了参考，政府可以通过土地出让获得原始资金，继而将之投入到"五通一平"的土地基础建设。

后来并非平地起城的其他城市，诸如上海、杭州等，面临旧城改造，由此演绎出"土地储备制度"，即先拆迁、"五通一平"后，在市场上转让土地使用权。

继深圳之后，上海从1986年10月开始探索实现土地有偿使用的道路。市政府发布《上海市中外合资经营企业土地使用管理办法》，首先对中外合资经营企业征收土地使用费。1986年11月成立了上海市土地批租领导小组，着手研究改革的方针、政策和试行方案、计划。1987年12月经国务院审定批准，上海市政府颁布了《上海市土地使用权有偿转让办法》。

1988年8月8日，上海市虹桥经济技术开发区26号地块出让协议签约，日本孙氏企业有限公司以2800万美元获得该地块1.3万平方米的50年使用权，用于兴建太阳广场。这是上海市第一幅批租地块，也是首例以招标方式出让土地使用权。

1990年3月28日，由香港齐来贸易投资有限公司受让漕河泾地区的一块工业用地（基地面积4272平方米，使用期限50年，出让金1088万美元），这是上海首例以协议方式出让使用权。在以后的土地使用权出让中，主要采取协议方式。

1992年6月22日，上海市政府决定以内部转账的方式，向浦东新区的陆家嘴金融贸易区开发公司、金桥出口加工区开发公司、外高桥保税区开发公司成片出让551万平方米土地使用权，由上述三个开发公司采取成片受让—开发—转让—再受让的方式运作，开发范围不断扩大，从转让中获得收益。这是上海首例成片出让土地使用权。

自20世纪80年代开始探索土地有偿使用制度改革，直至90年代初，无论产业用地还是经营性用地主要是净地协议出让，土地出让量相对较小。1988—1991年底，上海共对外出让土地使用权12幅，共980万平方米，土地出让金总收入约8474万美元和12.15亿元人民币。在这一阶段，土地批租主要采取“净地”方式，即政府通过征地、拆迁等对土地实施前期整理开发后，再对外实施批租。

1992年邓小平南方谈话后，土地使用制度改革在全国全面推行。

深圳是在农村起城，而其他城市如果要效仿的话，政策和资金方面都没法得到支持。城区土地套现更为可行，也对外来投资更具吸引力，加之旧城也亟须改造，因此，上海首次提出利用土地资源，将旧区改造与商业设施改造、涉外房地产开发结合起来的改革方案，以便多渠道、多形式地吸引和筹措国内外资金。

早在1984年，上海市政府确定全市有23片地区必须改造。其中，卢湾区有

2片，重点推进地块是“斜三基地”，即打浦桥街道斜徐路第一、第二、第三居委会所在地块。那里是著名的棚户区和烂摊子，1043户居民世代居于其中，还有20家街道工厂和商店，弄堂内的路只容人侧身通过，晴天尘土飞扬，雨天污水横流，火灾隐患比比皆是，还紧邻一条臭气熏天的“龙须沟”——日晖港，与《贫民窟里的百万富翁》中的印度贫民窟无异。

上海市政府20世纪80年代末出台的一份统计数据显示，上海有危棚简屋365万平方米；市中心10个区280平方公里内居住着706万城市居民，市区人均居住面积5.6平方米，全市有30多万户人均居住面积低于4平方米，还有3万多户人均居住面积不足2.5平方米；住房成套率仅31.6%。

从1992年开始，上海市政府就开始了一系列旧区改造行动，并制定了一系列优惠政策，通过减免或缓交原来应该由政府收取的土地出让金、手续费、管理费等优惠措施，降低动迁成本，把土地价全部投入到动迁中，让动迁居民得益。

“斜三基地”全部居民的动迁、安置、安排出路，工厂和商店的搬迁、改造环境、填没臭水沟、拓宽道路等，至少需要2亿元。当时上海全部改造专款仅4亿元，而卢湾区1984年全年财政收入也只是16506万元，拿不出钱来改造。而当时的政策不允许外资介入旧城改造。卢湾区政府设法打通政策阻碍，出台《卢湾区人民政府关于本区土地批租工作的实施办法（试行）》、《卢湾区人民政府关于实施斜三第二期工程土地批租的报告》、《上海市卢湾区规划土地管理局关于斜三（二期）基地规划设计要求的批复》等文件。

苦寻四年后，1988年上海市政府决定各区县从实际情况出发，建造若干侨汇商品房，“斜三基地”才真正有了改造的可能。卢湾区政府花了两年时间寻找外来投资、接洽、谈判。1992年1月25日，上海市土地管理局与上海海华房产有限公司在锦江饭店签订了当年的第一号《土地使用权出让合同》。上海海华房产有限公司以2300万美元取得斜三基地中19790平方米土地的70年使用权，用于建设海华花园，计划建造4幢31层高的外销房，成为上海旧城区改造与土地使用制度改革相结合的首次尝试。

对这一尝试，上海市政府异常重视。签约三天后，当时的上海市市长黄菊率上海市政府各有关单位领导40人参观海华花园项目地。

上海海华房产有限公司由香港中国海外发展有限公司（即中海地产）、上海市卢湾区房屋建设开发总公司和上海华海科技实业公司合资组建。其中，中海占80%的股份。根据公开资料，上海华海科技实业公司仅为一家注册资金100万元，员工15名，从事技术推广和科技交流服务业的企业。上海海华房产有限公司除建销房外，还承揽动迁居民和单位，自行完成市政配套，无偿提供5202平方米的市政道路和街头绿化用地。

政府下属房产公司在内，固然能起到项目协调的作用，但这种模式显然使得政府与开发商在经济利益上也捆绑在一起。至于拆迁，开发商日后同样的开发模式，结出官员寻租、极尽所能压榨拆迁户的恶果，便不足为奇。

自此，毛地（也称生地）出让成为主要形式，土地批租进入高峰，土地使用权大规模进入市场。

为广泛推进土地批租，自1992年起，上海市政府着手研究市区（县）行政管理体制的改革问题。是年4月，上海市委、市政府在上海县召开县委书记、县长会议，决定在郊县实行“两级政府、两级管理”；5月，在静安区召开城市建设市、区联手的现场会议，提出在市区实行“两级政府、两级管理”。5月15日，市政府批转市建委《关于向区、县简政放权的若干意见》，规定区、县对建设用地的权限和原则是“总量控制，委托审批，两级政府，两级管理”。1993年6月28日，上海市人民政府同意和批转《市建委关于继续简政放权，完善土地批租两级管理的请示》。自此，上海以“两级政府、两级管理”为原则，明确市、区两级政府对土地进行批租，实际确立了“多头供地”的格局。市土地管理局在土地批租方面只负责控制批租总量并确认各县上报的不同地块的定价方案，郊区土地批租出让金，除嘉定、宝山、闵行3个区由市、区适当分成外，其余各县全部留县，但县应承担相应的市政配套工程。

1996年11月，上海市土地发展中心成立，该中心为事业单位，经济上实行独立核算、自收自支。1997年，上海市房地局、财政局联合颁布《上海市国有土地使用权、收购、储备、出让试行办法》（以下简称《试行办法》）。《试行办法》主要规定了土地收购储备出让的程序和土地收购范围。据此，中心收购、储备和出让土地的具体操作程序和普通的房地产企业并无二致。土地收购时，中心首先要向规划部门申请确定规划条件，对拟收购的地块进行评估，然后与原土地使用者签订收购协议，再按有关规定办理收购储备手续，支付收购金。储备土地的出让，同样需要先通过各种渠道广泛招商，依据资信、资质、业绩等条件选择合适的投资人，然后与其签订土地开发补偿协议，再由政府主管部门办理土地出让手续。

《试行办法》规定“收购国有土地使用权的补偿费和土地前期开发所需的有关费用，由市财政局多渠道筹措”，但这并非硬性指标。政府由于要将大量资金用在城市基础设施建设上，很难拿出大量资金用于土地储备。1999年，市土地发展中心在收购经委系统企业的土地使用权时，考虑到解决经委系统企业偿还职工“三金两款”，市财政才从土地出让金中暂借3亿元，由市土地发展中心收购经委系统地块，经委系统再将土地使用权出让金用于偿还职工集资款。

到2000年，土地批租为上海带来了1000多亿元的基础设施投资。

用土地换发展之路，不光上海看到了。杭州也搞土地储备中心，比上海更有系统性。

据杭州市国土房管理局局长朱寅传回顾，1997年8月的一天，时任杭州市长王永明找到他，称国企改革很困难，要设法帮助国企脱困。

此前，杭州市政府第四次常务会议已经决定成立市储备发展中心，同时成立市土地收购储备管理委员会，由副市长任主任，市政府副秘书长、市土管局局长任副主任，市计委、市经委、市城乡建委、市财税局、市规划局、市房管局、市土管局、市工行、市建行、市交行、市合作银行的负责人为管委会委员，明确土地净地出让。

杭州国企脱困，与“彻底摘掉‘美丽的西湖，破烂的城市’这顶帽子”并行。那顶帽子是1972年尼克松访华期间到访杭州，无意中给杭州戴上的。据后来考证，尼克松原话为“美丽的西湖，古老的城市”。在旧城拆建完成之后，杭州又计划搞拆除环湖围墙等一系列城建大动作。伴随这些城建的绿化需要巨大财政资金支持，仅靠单一的地方税收无法实现。

当时杭州房地产业的主要任务是旧城改造，土地划分成每个区下属的房产公司每家一块，成立很多指挥部，分头包干改造。而且，一直到1999年上半年，还由政府实行严格的价格审批制度。

为应对亚洲金融危机，拉动内需，这一年，国务院颁布23号文，即《关于进一步深化住房制度改革　加快住房建设的通知》，提出“取消福利分房，实现居民住宅货币化、私有化”为核心的住房制度改革。同时，一系列的住房金融服务举措也跟随出台，让人们在住房上获得了更大的空间和自由。

23号文被视为房地产业划时代的文件。自此，中国房地产进入黄金十年。

1998年，杭州首次通过招标方式，出让位于杭州解放路和建国中路交叉口的万安城市花园西苑和南苑所处的地块，拉开了杭州土地公开出让的序幕。

广厦房地产开发集团有限公司（以下简称广厦）的少东家楼江跃带了6份标书，联合浙江经贸房地产公司去参加投标。前一年，广厦在上海交易所上市，总部从浙江东阳迁到了杭州，还未在杭州开发楼盘。拿下这块地，广厦便可在大城市奠定地位。

现场开标后，广厦和浙江经贸房地产公司打败其他5家竞标单位，以高出地价1000多万元的价格中标，成交楼面价为3200元/平方米。当时这宗地块周边的楼盘售价只有3000元/平方米。在杭州，住宅用地首次出现“面粉贵过面包”的情况。

次年，杭州又尝试第一次公开土地拍卖。杭州市中心体育场路和建国北路交叉口、占地面积为10.7亩的原杭州云裳丝织厂地块，以3636万元的起拍价公开出让。杭州市国土局局长朱寅传担任这次拍卖会的拍卖师。为了使这块地卖个好价，事先土地储备中心找杭州地产界资深人士陈晓舟（化名）所在的地产公司，叫他们当托，把价格托到4000万元以上。现场可容纳300多人的会议厅座无虚席，所有杭州房企都来了代表，市政府、国土局、建设局、规划局的领导也都来了，并讲话。拍卖每次加价幅度为50万元，陈晓舟他们到了4000万元就不再举牌。经过10轮竞价，杭州市政房产综合开发公司（现为杭州市市政房地产开发有限公司）以4100万元的价格竞得，楼面地价约为2563元/平方米。

当年另一场拍卖，成就全国“地王”。中大地产以1万元/平方米的楼面地价拿下杭州吴山脚下的四宜路地块，远高于底价7500元/平方米，被当时的业界和媒体惊为“天价”。但中大地产却不以为意。据陈晓舟介绍，1996年上市的中大吴庄舞剑，意在股市募集资金。

土地出让的游戏规则改变为价高者得，杭州的房价亦随之改变，像脑垂体分泌量过多的人，快速上蹿，直至2008年。杭州自此脱离二线城市，站到了以北京、上海、深圳和广州为主的第一列方阵。

杭州的房地产格局亦改变，出现了跨行业、跨地区进入房产开发的现象，被业内称为开发商有“三外”——外地人搞房地产，外行搞房地产，外来资金搞房地产。以前，开发商的地盘都严格划分好，民营企业排不上号。当时对房地产资质的审核非常严格，没有土地就没有资格。

不过，洗牌只能说刚刚开始。在土地公开出让前，杭州一些地产商已经大量吃进土地，土地成本与后来者不一样。

土地拍卖、上市公司借高地价在资本市场融资、托市，房价与地价齐舞，1999年的杭州已经发育出未来土地出让市场的基本玩法。

再经过一年的演练，杭州市政府意识到作为国有资产的土地可以大赚其钱。在杭州已经崭露头角的绿城老板宋卫平，也“开始想通了土地与地方财政的利益关系”。

杭州某地产界资深人士说，杭州业内普遍认为土地出让金和房地产带来的其他收入，已经占到当地财政收入的一半。

杭州的建设成果和经验，在1999年全国土地集约利用市长研讨班上引起了强烈反响。这是国土部办的第三期市长研讨班。时任国土部部长周永康在总结发言时专门指出：“杭州市经过两年的探索，建立起了一套比较成熟的土地收购储备制度。成立了土地收购储备管理委员会和土地储备中心，制定了政府规章，按照收购储备—前期开发利用—出让的模式运作，采取了统一收购、垄断土地一级市场、合理分配收益、净土地出让等政策。1997年以来，全市累计收购土地84宗，2616亩，投入收购资金17.4亿元；累计出让土地1399亩，收回资金15.9亿元，为杭州市的发展做出了重要贡献。”

继杭州之后，青岛也建立了土地储备中心。1999年7月2日，青岛市市长办公会议研究通过了建立土地储备制度的意见。1999年7月29日，青岛市人民政府正式下发了《关于建立土地储备制度的通知》，成立土地储备中心。与此同时，广州、深圳、武汉、厦门等地也开始了土地储备的相关探索和实践。

变官员寻租为政府正当收益，进而最大化地经营城市，此观念被部分城市逐渐接受。1999年6月，国土资源部内部以通报形式转发《杭州市土地储备实施办法》和《青岛市人民政府关于建立土地储备制度的通知》，向全国推广杭州、青岛经验。

2001年4月30日，《国务院关于加强国有土地资产管理的通知》（15号文）中明确提出：“为增强政府对土地市场的调控能力，有条件的地方政府实行土地收购储备制度。”从此，众多城市纷纷成立土地储备机构，土地储备工作在全国迅速展开。2001年11月，全国30个省市区（除西藏外）已建土地储备机构1002家。

在2001年12月召开的全国土地资产管理工作会议以及2005年举办的以“经

营土地、经营城市”为主题的第八期国土资源管理市长研讨班上，国土资源部要求各地落实15号文件精神，积极推进土地收购储备工作的开展，土地收购储备工作在全国各地得到迅速发展。

土地腐败

地方政府垄断土地资源，即便在土地使用权公开出让后，官员们仍拥有太多的寻租可能。

被喻为上海炒房区长的康慧军即是典型例子。

康慧军事发时身居上海市浦东新区副区长，落马纯属偶然。2007年年中，上海市纪委普查局级以上公职人员住房情况，康慧军申报居住于“仁恒滨江园”，面积320平方米。众所周知，“仁恒滨江园”是浦东新区陆家嘴核心地段的豪宅，康慧军这套房的市场售价已经近1000万元，而他申报的价格仅为270余万元。上海市纪委以这套房为突破口，查实康慧军腐败案。

1993—2001年，康慧军任陆家嘴（集团）有限公司总经理。上海土地批租“两级政府、两级管理”的原则决定，即市和区两级政府皆可批地，而陆家嘴（集团）有限公司实质为政府直属的负责土地一级开发的公司。因此，长时期内，康慧军掌控着浦东商务中心陆家嘴地区的土地交易。在此期间，开发仁恒滨江园的仁恒地产的许多项目手续都是由康慧军审批，包括1997年买烂泥渡地块开发为仁恒滨江园的建设立项报批手续等。2001年左右，仁恒地产某高管要求康慧军给一块陆家嘴的土地做商业地产，康应允了浦东世纪大道商城路附近的一个地块。当时此地块尚未拆迁，两人便商定先签意向书，等陆家嘴集团把这块地的拆迁工作完成后再正式签订转让协议。

仁恒地产自然也对康慧军投桃报李。2001年1月，康慧军想买仁恒滨江园一期的房，因房已卖光，仁恒地产那位高管便将其一套144平方米的自住房转卖给他，总价人民币119万余元，折算下来仅为1999年最优惠的开盘价，每平方米1000美元（折合人民币8300元），还外送所有家具和电器。仁恒地产那位高管曾对作者称：“由于没有政府的人脉关系，历史上我们拿的地，实际上要么是金融危机别人不要了，我们拿下来，要不就是当初这块地块是别人不看好的化工厂的原址。”

2005年，康慧军及其妻王孝琴嫌房子小了，相中了仁恒滨江园三期的一套320平方米的精装样板房。仁恒地产拿出几套打折方案给王孝琴，她都不满意，嫌价格太高。最后仁恒地产决定“换房”，收回康家旧房，新房面积差额照样按1999年开盘价，附送样板房内所有家具和电器。为了让低价成交显得正当，仁恒地产的经手人还虚构出“公司员工工作过错”的理由。如此，市价近1000万元的房，康慧军贴上了旧房，也只花了270余万元，与市场价差额为489万多元。这成为康慧军后来被控的最主要受贿金额。

此时，康慧军已在2004年升任浦东新区副区长，土地使用权已实施公开转让，仁恒地产完全可在公开的土地市场拿地。不过，该公司那位高管在法庭上陈述：“之所以要给康慧军夫妇优惠，是因为公司在浦东发展业务需要康慧军这种浦东新区领导的支持。”

康慧军还曾照顾自己的大学同学徐某。2002年，他给徐某任董事的上海地杰置业有限公司拿浦东御桥小区B地块土地开发权“提供帮助”。2003—2007年，康慧军的儿子赴英读书期间，徐某给康慧军夫妇2万英镑（折合人民币30万余元），名义为“赠机票”。2005年6月，徐某替康慧军代付了其在上海古北地区“虹桥华庭”的装修费50万元。在徐某开发的“地杰国际城”楼盘，王孝琴用优惠价格买得两套房子。

事后法院查明，康慧军夫妇案发时所持房产达14处，仅房屋出租一项，康慧军夫妇就从中获益133万余元。他们在之前房屋转手买卖中获利568万余元。据媒体报道，加上案发前已转手销售的数套房屋，以及由于利害关系退还的几套房屋，康慧军夫妇共拥有过超过20套房子。截至案发，康慧军的家底3856万余元，包括14套房产，总价1420万余元，王孝琴控制的股票1410万余元，银行账户内存款449万余元。而1979年9月至案发，康慧军工资收入共计335万余元，1991年4月至案发，王孝琴工资收入共计526万余元。其中非法收受他人财物及其合法收入和能够说明来源的所得共计2645万余元，还有价值1211万余元的财产无法说明合法来源。

在康慧军权倾一时期间，王孝琴频繁收受各种好处费，多次被房地产商邀请去国外免费旅游。经查，王孝琴共同参与受贿数额88万余元。

这两夫妇本身是金领阶层。康慧军任陆家嘴集团总经理时，年薪为60万元。王孝琴上世纪曾在不同公司担任财务工作，2001年至案发，任恒康天安人寿保险股份有限公司总经理特别助理，年薪50万元以上。

康慧军并非个案。在上海落马的官员中，不少人栽在土地上，如上海市房地局原副局长殷国元、土地利用处原处长朱文锦等。

殷国元1995—2005年任上海市房地局副局长，2005年退休后出任上海市土地学会会长。2002—2004年间，殷国元要求下属朱文锦从速办理土地征用手续，再要求嘉定区房地局等相关部门将辖区内一项目交由上海惠格置业发展有限公司、上海金农置业发展有限公司实际控制人江信惠负责开发。之后，让嘉定区房地局下属上海嘉房置业有限公司降低在上海惠格公司中的持股比例。

2004—2006年，殷国元共从江信惠那儿得到现金、股权、房屋、轿车等资产，合计3280万余元。

殷国元还从其给过“便利”的房产公司处得到“回报”——以明显低于市场价的价格买他们的房，大部分钱还由他们出。例如，2004年，殷国元花110万元买上海茗嘉公司的关联公司名下的一处别墅，比市场价低91万余元，而这110万元购房款来自其他房地产公司。他曾帮助上海茗嘉房地产发展有限公司取得动迁许可证。

检察机关还指控称，殷国元花139万余元购买市价253万余元的上海杨浦区国定路房屋两套，大部分房款是找江信惠拿的；2002年，他以28万余元买了市价50万元的上海胶州路上一处商铺，房款找另一房地产公司老总卢某出的；2002年，他以133万余元购买了市价259万元的浦东新区“康桥半岛”小区房屋两套等。

截至案发时，殷国元拥有的财产及支出共价值人民币4952万余元、美元4万余元。其中，非法索取、收受他人财物价值3671万余元，合法收入和来源明确的所得467万余元，尚有价值人民币812万余元和美元4万余元未能说明其合法来源。他的“钱源”是上海惠格置业发展有限公司、上海金农置业发展有限公司实际控制人江信惠，上海盈嘉房地产发展有限公司、上海茗嘉房地产发展有限公司负责人俞某，以及上海博轩商务咨询有限公司、上海静安城建配套发展公司等个人与单位。2002年，殷国元应卢某、陈某某所求，在审批旧区改造项目时滥用职权，造成国家经济损失4657万余元。

殷国元被指控受贿3671万元中的3200万元都来自江信惠。江信惠曾在上海市房地局建设用地事务中心任职。建设用地事务中心负责对各征地项目实施情况进行检查监督，一项重要的职权是征收土地补偿费。江信惠原先是上海市房地局干部，后辞职下海，自己做房地产生意。

起诉书指控，2003年9月，殷国元利用职权帮助惠格置业发展有限公司获得嘉定区黄渡镇曹安公路南侧、嘉松公路西侧的B1/B2两地块，面积共520亩。2003年下半年，殷国元又在帮上海金农置业拿下海湾路新城区B15地块（面积141.43亩土地）时给予其审批上的便利。为此江信惠分多次向殷国元行贿共计人民币1813.447万元、价值15.97万元的小轿车一辆，以及价值1000万元的惠格公司股份。殷国元还被控接受江信惠赠送的价值451.4986万元的宝山绿洲花园房产7套。

2002年12月，殷国元再度滥用职权，将上海宝山不符合旧区改造条件的高境梁印地块列入旧区改造项目，共计86.93亩土地。以当时的正常出让价，这块地价值3441万元。殷让陈良宇的弟弟陈良军获得这块地后，将600亩地使用权转手倒卖，获利1.18亿元。

根据上海旧城改造规定，开发商无需缴纳土地出让金。而旧区改造区域选择的标准是由上海市建委牵头出台，再由各区政府根据区域发展规划确定旧区改造范围再集中上报。

此事件前，周正毅在“东八块”事件中也是采用了如此手法。周正毅和陈良军曾一起在黄河路经营餐馆生意，后携手进入房地产领域。

在殷国元案审理时，他的下属上海市房地局土地利用处原处长朱文锦已经获刑15年。2007年9月，朱文锦被诉受贿400万元以及非法批准征用土地两项罪名。

相同的一幕幕，在其他城市反复上演，变换的只是人名和数字。

2007年12月27日，山东省临沂市中级人民法院依法对安徽省原副省长何闽旭受贿案一审宣判，何闽旭因受贿841万余元被判处死刑，缓期两年执行，没收个人全部财产。

在何闽旭的受贿金额中，530余万元是房地产商送的。2002年至2004年4月，何闽旭为安徽某房地产公司获取153亩国有土地开发使用权和变更建设规划等事宜提供“帮助”，先后17次收受该公司董事长王某给予的人民币202万元；2000年7月至2004年3月，何闽旭为池州某房地产公司在池州地区贵池市委市政府大院土地开发、拆迁、规划方案审批、工程竣工验收等事宜上提供了帮助，先后11次收受该公司总经理孙某给予的钱款，共计折合人民币134万余元。

第二篇

暗战“地王”

“当我们控制了土地，我们就控制了我们的命运——确保我们明天有房可建，并且置竞争对手于劣势。”美国最大的房地产开发商帕尔迪公司（Pulte Homes，PHM.NYSE）的这句话被所有房地产商奉为圭臬。土地储备能力被认为是衡量房地产开发企业实力的重要指标，充足的土地储备代表着开发企业的可持续发展性。

“地王”之“青铜”时代

“地王”概念其实发轫于2003—2004年，顺驰在全国范围内开狂拿土地先河，拿下无数“地王”。

2003年12月8日，来自天津、自称“小蚂蚁”的顺驰，成功打入北京地产圈。在“京城世纪第一拍”中，它拿下北京“地王”。正是以世纪第一拍为标志，中国房地产市场正式进入了城头变幻大王旗的地王时代。

竞拍的北京大兴黄村1号地是土地供应制度改革以来，北京首次采取拍卖方式出让国有土地使用权。2002年5月9日，国土部出台《招标拍卖挂牌出让国有土地使用权规定》（以下简称11号令），叫停已经沿用多年的土地协议出让方式，要求从当年7月1日起，商业、旅游、娱乐和商品住宅等各类经营性用地，必须以招标、拍卖或者挂牌方式进行公开交易。

竞拍者却远不如凑趣者，黄村1号地的拍卖会，只来了10个买家，包括顺驰、上海永升、北京天鸿、广东富力、北京华润等。情形如同一个月前的拍卖地答疑会，来了23家企业，仅10家交了人民币2000万元的保证金，报名参加竞拍。

对于11号令能否真正执行，地产商们更多持观望态度。协议出让土地，至此仍是全国多数城市出让土地的主要形式，长期价格低廉，甚至“可以忽略不计”。2002年6月底，北京市出台了《关于停止经营性项目国有土地使用权协议出让有关规定的通知》（简称33号令），重申11号令外，同时又为土地协议转让留出了“四个口子”，即绿化隔离带项目、小城镇建设项目、开发带危旧房改造项目以及国家级开发区和科技园区外非生产加工型一般性高科技项目用地。这使协议转让得以延续，相当多的项目都套上了这四类名目，大量继续流入地产商手中。

当年顺驰的高管、现万尚百货总经理杨庆允对南方周末记者回顾，政府还给协议拿地的地产商半年的过渡期，即承认签协议出让的土地，但必须在6个月之内把手续办完，把钱交齐。

11号令前，北京土地交易市场进行了两次土地有偿出让的预演。一次是2002年2月28日对所谓的“旺地”之一——广渠门外东五厂总计48公顷的国有土地进行的拍卖；另外一次是6月25日对大兴区西红门经济适用住房项目土地的招标。结果广渠门地块仅有四家房地产商投标，北京本地企业两家，外省两家，最后广州富力地产股份有限公司以31.5889亿元的价格夺走。西红门地块也只有四家竞标公司——北京宣武城开、浙江绿城、深圳商地置业、湖南电广传媒，最后湖南电广传媒以一期经济适用房每平方米2228元的最低价中标。

广渠门外东五厂地是北京有史以来最大一块公开招标的商业地块，总占地面积130万平方米，被称为北京住宅用地的“地王”。 总部在广州的富力借此成功进入北京市场。当时的北京地产商未意识到来了一条鲶鱼，富力总裁张力后来称，北京地产商都说“广东来了一个大傻瓜，花了那么多钱，成本6000多，没有钱赚”。

拿标书时，张力对北京市场不了解，也不认识官员和同行，完全凭感觉投标。投标前，他的标底谁也不透露，包括他们公司的于总等。标底开始约30亿元，双精装修6500元/平方米，毛坯房5600元/平方米，成本大概5300元至5400元/平方米，如果卖到7000元/平方米，利润空间很大。投标那天上午9点，了解到北京几大房地产也准备投标，潘石屹更志在必得后，他“比较紧张”，又加了1亿元。到10点30分，只有一家不知名的公司投。他心想糟糕，价高了。到了11点多钟，潘石屹来了，但没投，走掉了。张力心想1亿元加错了，便电话通知于总还是按29亿元。但于说来不及了，因为改一个总数，很多数字都要改。张力随即想到其中有一条涉及1.5亿元的拆迁面积，便修改为此条不全付，只付20％即3000万元，对方工厂付1.2亿元。到了12点多，潘石屹又来了。张力心里暗叫不好，被骗了，但木已成舟，没法再改。等开标，潘石屹29亿元，华润28亿元，还有一家30亿元，富力最高。其他几家都全负责搬迁。

黄村1号地从4.3亿元起拍，每次加价幅度1000万元。有5家竞标者竟然没有举过一次牌，华润和富力也只意思了几下。10点20分，顺驰举出了6.2亿元的高价。喊出7亿元后，富力退出。只有天鸿与顺驰死磕。10点43分，历经30分钟近67个回合，顺驰终以9.05亿元、超出天鸿2亿元的价格拿下这块地，楼面地价达2037元/平方米，成为北京“地王”。主办方对这块地的原估值是6亿元，卖出价超出1/2。

这种猛砸钞票的凶悍手法，其实顺驰从当年9月走出天津的首战就已使用。那是在石家庄，经过四个半小时161轮的争夺，顺驰以5.97亿元拿下了一块起拍价仅2.04亿元的土地。竞拍失败的河北卓达总裁杨卓舒曾在一份致业界倡议书中公开表示，这是一场严重背离了市场价值规律的竞买，认为顺驰的竞买扰乱了石家庄的土地秩序，使之出现混乱局面，不但有可能将危机转嫁给消费者，而且给周边市场传递错误信号，影响石家庄土地的持续开发。当地的民众则要求政府重新进行拆迁补偿。

它甚至“手刃”地产业老大万科。这一战发生在苏州金鸡湖东地块拍卖会。11号令出后，老大屡屡碰到“小蚂蚁”。但此次，万科对那近十公顷的地志在必得。万科为它已经做了一年多的工作，几次修改规划方案。然而还是“小蚂蚁”称王，以27.2亿元拿下，楼面地价2000元/平方米。事后，顺驰上海地产公司董事长闵锋对外称“听说万科有人哭了”。

其实“小蚂蚁”早就开始挑衅老大的江湖地位。

2003年7月，重庆中城房网会议上，顺驰孙宏斌声称：“一个城市应该能支撑一个50亿元到80亿元销售额的地产公司。顺驰今年要达到40亿元，中长期战略要做全国第一。”他话到此微顿，侧脸看了一眼坐在一旁的王石，接着说：“也就是要超过在座诸位，包括王总。”

会后，孙宏斌返回天津即召开著名的蟒山会议。这个会从清晨开至午夜，长达17个小时，孙宏斌演讲，题为《鸿鹄之志向，蚂蚁行动》，宣布顺驰推行全国发展战略。

由于“地价比预期都低”，一年之内，顺驰全国攻城略地，夺下12个城市的“地王”王冠。到2004年9月，顺驰购地资金超过100亿元，对外宣称拥有800万平方米的土地储备，是全国的地储之王。

顺驰疯狂拿地似乎瞄准的是上市。资本市场对上市房企的一项重要考核指标是土地储备，因为土地是房地产公司的基本生产资料。在拿地的同时，顺驰确实也在准备香港的上市工作，并于2004年8月26日通过香港联交所聆讯。业界认为假如顺驰上市成功，加上其大量的土地储备，很可能会打破目前中国房地产市场相对均衡与稳定的现状。按照顺驰的说法就是会出现年销售额500亿的“巨鳄”，从而可能导致房地产市场的新一轮洗牌。

其实顺驰所为与1988年11月18日的万科无异。那天，深圳会堂举办深圳市第二次土地拍卖，被拍卖的是位于深圳市中心区红岭中路东面积4141平方米的住宅用地。底价400万元，一路飙到1200万元。当拍卖师喊到“1200万第二次”即将落槌时，在一个不引人注意的位置，王石喊出了“2000万”。

这个价相当于楼面地价2600元/平方米，房子要卖到4000元/平方米才行。

而当时还没有这样的天价房。有人说，按市场价格，把附近的住宅楼买下来，拆掉再重建的土地成本都低于这个地价。

拍卖官刘佳胜望着王石说：“怎么出这么高的价格？简直是瞎胡闹。不管怎么说，还是祝贺你们。”

据说当时有关领导的第一反应是“哪里冒出个万科？纯属扰乱市场，查一查万科的背景！”

不过，万科却凭此地块敲开房地产行业的大门，更由于后期楼盘发售时赶上深圳房价快速上涨，卖到4500元/平方米。

顺驰本来是天津最大的地产中介公司，附带做过一点新商品房开发。杨庆允1998年进入顺驰时，公司的交易额还不到1亿元，员工百来号。但它却很有理想。“从诞生的一天开始就希望成为中国房地产行业的No.1。”前顺驰高管、现万尚百货总经理杨庆允说。顺驰从2000年便正式开始准备，在开发的人员层次、开发经验等方面都在强化做准备，连招销售员都要本科毕业。2004年初，在《中国企业家》杂志举办的年会论坛上，顺驰掌舵人孙宏斌宣布：顺驰三年内超过万科，成为行业第一。“蚂蚁”想变“大象”，支撑他们的是他们对11号令和中国城市化进程的理解。

孙宏斌认为土地市场的开放和规范化是一个历史性的趋势，它不是一个周期性的现象。他嗅到了做成全国性公司的机会。即如杨庆允所说“土地市场化后，不必跟某个部门、某个人关系特别好，才能拿地”。土地，同时还是稀缺资源。

虽然1998年7月3日《国务院关于进一步城镇住房制度改革加快住房建设的通知》（简称23号文件）即出台，终结了福利分房，住房实行市场化，但对像顺驰这样一心想做No.1的地产商，黄金时代自11号令才开始。

此时，中国的城市化进程已经驶往快车道，人均GDP可支配收入正好处在一个快速要买房子的高速增长期。

根据国外的经验，人均GDP达到1000美元正好是购房的一个旺盛阶段。2003年，中国人均GDP首次超过1000美元，北京、深圳、上海、苏州等经济发达城市人均GDP已经超过3000美元。从总体上看，中国的城市化进程落后于工业化进程。从世界城市化的发展进程来看，房地产市场发展最快的阶段是当城市化水平在40%—60%之间时。而2003年中国城市化率达到了40%，世界平均水平为50%，不仅落后于发达国家，甚至也落后于一些发展中国家。

并且，顺驰认为随着土地市场的市场化，房地产行业从垄断到市场化的过程当中，必然会有一个疯狂上涨的情况，因为需求是旺盛的，供需是不平衡的，尤其中国的老百姓，对于好地段的选择要求更强。同一个地段的房子，土地资源更紧缺，而没有大的政策变化的话，肯定还会上涨。确实，此时中国房地产发展已进入关键时期。另外一个就是土地资源的奇缺。

杨庆充说："政府要调控土地市场，土地量肯定会减少。因为它要准备，它也没有经验，它要成立一个投资公司这样的。它要去准备，整理全市的土地，要融资去拍，去整理，这个时间没有三年它肯定不明白。但是在这三年之内，它肯定会放量的。"

除了"天时"之外，还有"地利"。"招拍挂"土地可分期付款，周期长达2—3年。拍卖拿地的话，第二天顺驰便跟当地政府开始"交涉"变更付款方式，往往仅支付10%左右的首期款就获得地块运作权。然后，又拿地去银行抵押贷款。房子可以销售时，又可以用房子抵押贷款。

顺驰实际上是"空手套白狼"。只有很少的一点资金，主要依靠销售回款来覆盖所有的费用。顺驰创造了"并联操作法"，对任何一块看中的土地，都在拿地之前就开始做项目方案。因此能在拿地第二天就报规划，半年后就能上市，将一个地块的运作周期从普通公司的18个月左右缩短至半年。

杨允庆介绍，就是1个亿可以操作20个亿、30个亿的资产，挣10%，就有300%的回报率。而且当时还能从这30个亿的资产里面拿走10个亿到15个亿再去做下一个项目："其实和温州炒房团是一个道理。我首付20%，我就可以拿100%的钱来做生意。100万的房子付20万，我拿10%，其实我已经挣了50%了。"因此，负责顺驰全国拿地的杨庆允认为，凡他拿的地地价都比预期低。

另一方面是天津的成功经验。2002年6月，顺驰参加了天津塘沽一块土地的公开拍卖，当时参与竞拍者寥寥。但此前顺驰通过调研发现，当时塘沽的房价大概是1600元/平方米。顺驰判断塘沽的房价之所以很低，并不是因为当地的消费能力不行，而是因为当时塘沽没有上档次的房子。于是顺驰以530元/平方米的价格拿到了这个项目，远高于当时该地区周边300元/平方米的平均地价。三个多月后，该项目"莱茵春天"开盘销售，均价达2300元/平方米，并于2003年年底售罄。

狂扫"地王"，顺驰还是一石二鸟的策略：瞄准到香港联交所上市。由于土地是房地产公司的基本生产资料，土地储备一直是全球资本市场对上市房企的一项重要考核指标。王石在其书《道路与梦想》中称，万科对顺驰现象结论为：孙先生在赌博，高价拿地的时候就没有准备按时还钱，同政府公信力博弈，属恶意竞争行为。随后，王石专程去天津请孙宏斌吃饭。

三个小时的饭局中，王石说：“这种不惜一切代价抢资源的做法是在赌博，是在赌地价、房价持续增长。如果地价、房价一旦停止增长，你怎么办？央行121文件对开发商购买土地的限制，使通过银行贷款拿地成为不可能。资金流靠什么支撑呢？顺驰在天津的销售旺盛，资金回流理想，但一个天津的销售回笼资金能支撑全国迅速扩张的土地款？恕我直言，你拿着美国的绿卡，赌输了，扔下烂摊子，是不是一拍屁股去美国了？”

孙宏斌笑嘻嘻地反驳：“只重视眼前利润，不重视未来增长，是一种短视行为。追求增长确实是有风险，但我不认为增长越快风险越大，我觉得一个企业最大的风险是不发展。”

随着“8·31”大限将临，地产商们才开始慢慢醒过味儿来。任志强在其书《任我评说》中将招拍挂地喻为“粮票”，指出“8·31”大限就是最后一批的“粮票”：“潘石屹在2004年初就精明地看到了‘粮票’的重要性，不惜高价换取，在CBD土地的招拍挂中再次夺魁。”不再有人说顺驰拿的地贵。顺驰也不再被视为搅局的“黑马”，反倒成了他们相继效仿的对象。

“8·31”大限，是指2004年3月30日，国土资源部、监察部联合下发《关于继续开展经营性土地使用权招标拍卖挂牌出让情况执法监察工作的通知》。通知规定，2004年8月31日后，不得再以历史遗留问题为由采用协议方式出让经营性土地使用权，国有土地使用权必须以公开的招标拍卖挂牌出让方式进行。

曾在“京城世纪第一拍”中观望的华润，亦开始仿效顺驰。2005年8月1日，在北京市国土资源局二楼土地拍卖大厅，华润与顺驰、富力、广东珠江、北京城建、北京北辰、北京国融等7家国内知名开发商争夺竞拍起价17亿元的清河地块。竞拍初期，举牌加码价为800万，华润频频举牌。顺驰还没举过一次。不过顺驰已经为这块地准备了一年，与首钢房地产达成了战略合作，连竞拍成功后的新闻发布会都安排妥当了。到第25轮，顺驰首次举牌“22亿”，一次加价5000万。之后13轮，仅华润、顺驰和珠江竞夺。第39轮，珠江退出。加价幅度降为500万。第79轮，顺驰叫价到25.6亿元，已经超过其心理价位6000万。此时顺驰已经上市无望，不再觉得任何地价都无所谓。沉默53秒钟，华润再次举牌，以25.65亿竞得。此地价每平方米超过3600元，成为北京的新“地王”。

“地王”之“白银”时代

“‘地王’轮流坐，今天到我家”的轮庄景象，在2007年成为中国房地产的独特一幕。它和当时繁荣的股市资本市场是同枝并蒂的两生花。推波助澜者是行业老大万科。

在顺驰狂扫“地王”时，万科已经开始有了和“小蚂蚁”一样的韬略。2004年9月22日，王石的继位者郁亮在凯宾斯基酒吧宣布：“万科30岁时，即2014年，销售额要从2003年的63亿元增长到1000亿元。未来十年，万科将把占1%的全国住宅市场份额增至3%。”那一天，万科在北京举办成立20周年的庆祝活动。

这个“千亿目标”，在2004年春天万科召开的十年发展规划畅想会上，面对所有一线总经理和部门经理，郁亮即代表万科第二代管理层提出。据说王石初次听说时，跳了起来：“年轻人要沉住气！不要被顺驰弄乱了阵脚。”

孙宏斌率先公开提出地产百亿的概念，并作为口号到处宣传。在房地产业，一石激起千层浪。富力地产董事长李思廉在接受采访时表示认同：“越来越多的地产巨头都在暗自使劲，为一个目标奋斗，在近期内年销售额突破百亿大关。销售指标可以看作地产企业的一个硬指标。”

包括富力、中海、合生、世茂、绿地等在内的多家房地产公司开始实施或图谋全国化发展。各大房地商的扩张，使老大万科在2004年很受伤。11月27日，北京合生三周年庆典上，总经理陈长缨宣布合生全年销售额突破100亿，成为首家销售过百亿房企。一周后，上海绿地在信交会上也声言自己突破了100亿。顺驰则于12月23日，声称完成了95亿。而万科这年的业绩仅为91.6亿。超过万科，顺驰仅用了一年时间。

千亿目标这一狂想并非郁亮首创，亦由孙宏斌提出。2004年年底，孙宏斌对外大喊2005年销售额200亿时，在员工大会上展示的却是“1000亿元的房地产公司是什么样的”，欲与香港地产老大长江实业和记黄埔比肩，声言2007年销售收入达到1000亿。

据说郁亮用了一串数据说服了王石，相当于现在的财务数字模型。按照万科30%的复合增长率，十年之后增长的结果就是1000亿。之后，王石在多个场合称，达到1000亿，万科也许不需十年之久。

目标的实现，钱和土地缺一不可。

1991年已在深交所上市的万科，直接在资本市场通过配股、增发等圈钱无阻。2006年年底万科刚定向增发募集资金42亿元，不到九个月，2007年8月29日，又实施公开增发A股，募集资金100亿元。

资金的充裕，让万科终能突破一些地方房地产商的“围城”。以前由于惧怕万科的正面竞争，广州本地房地产商的大佬们往往在某块土地公开出让前，开个会，制订拍卖策略。他们共同把价格推到万科无法忍受的高价，拿地那家的损失由联盟共同补偿，比如下一块地都不去拍，令其以底价拿下。后来，其中的几家房地产商全国发展，不再寸土必较，这个联盟遂松散了。如此，万科才不至于版图仅局限于郊区。其他城市的情况亦大抵如是。但真正意义的正面进攻始自2007年。

2007年7月12日，万科从金地“口中夺食”（见本书“土地储备是资本市场的真经”），拿下东莞塘厦大坪村地块，楼面地价1.52万元/平方米，成为当时广东“地王”。

其后万科俨然之前的顺驰，全国“疯狂”拿地。两个月后，其福州“地王”楼面地价7100元/平方米，该区域当时的房价约6000元/平方米，“面粉”比“面包”还贵。随即颇富戏剧性的一幕发生了。王石曾怒斥孙宏斌为“搅局者”，这一遭万科却被福州本地房地产商视为搅乱市场，一些房地产商希望政府进行干预，政府方面怕事情闹大，便要求当地媒体低调报道万科拿地的事情。

这个月，国家为抑制房价，出台“二套房”政策，提高二套房的首付并提高贷款利率，成交量与房价应声而落。此前狂热的深圳炒房现象才不再持续。但这没阻挡万科的拿地脚步。一个月后，万科又当上北京地王，以17亿元夺下北京西大望路27号地块，楼面地价接近1.3万元/平方米。

此时，万科在向自己到2014年销售千亿的目标挺进。它2006年的销售额300亿。

不独万科，金地、保利、北辰、首创置业等上市房地产公司，也相继在股市融资，然后频频现身多个城市的土地拍卖市场。

实际上，从2007年年初开始，圈地狂飙已席卷几乎所有全国化的房地产公司。1月31日，复星集团控股的豫园商城在经过数十轮报价后，以35.02亿元获得武汉市武昌区总部经济核心区的土地，面积782亩，成为武汉新“地王”的得主。8月3日，恒大地产经过2小时700轮竞价，以25.3亿元夺得重庆渝中区和九龙坡区的两幅地，成交价高出底价16亿元，成为重庆“地王”……一派“地王轮流做，今年到我家”的景象。

在被房地产商视为“全世界人民”的上海，更是愈演愈烈。

2007年6月21日，上海新江湾城D1地块吸引来绿城、金地、万科、富力、华润、重庆龙湖和新加坡凯德置业等公司。绿城宋卫平、金地上海公司总经理赵汉忠和凯德中国区总裁林明彦亲临现场，“势头很猛”。2006年11月已拿下C2地块的华润也为这块地“做足功课”。而唯一未上市的龙湖正谋求挤进香港联交所，意图在一线城市战稳脚跟，成为一家全国化的公司。

起价5.16亿元，几轮竞价都是以1亿元的价格在往上涨。唯一的“冷场”出现在竞拍中段，东方海外的竞拍者只报出100万元的加价，在场的开发商“有些反应不过来”。之后基本是绿城与龙湖鏖战。龙湖举出12.5亿后，绿城加了1000万，龙湖没再跟进。12.6亿，比宋卫平的心理价位低了3000万。

从竞标现场出来的宋卫平，额头渗汗。6分钟时间，6万平方米的D1地块，楼面地价比C2地块的6676元/平方米几乎翻倍，高达1.25万元/平方米，成为上海的新地王。而此前的地王是上海珠江投资有限公司在2005年初以接近16亿元总价、楼面地价5600元 / 平方米拿下的C1地块。目前在C1地块上开发出来的合生江湾公寓成交均价在1.4万元/平方米左右，最高成交价则超过1.5万元/平方米。

新江湾城位于上海杨浦区，总面积达9.45平方公里，规划毛密度为0.6，居住用地平均容积率约为1.0，综合绿化率达50%以上，规划居住人口6万—8万人。上海世博会前全线建成并运营的轨道十号线，起点站设在新江湾城。因此新江湾城在土地交易市场上一直受宠。

近5个月后，11月8日，新江湾城D3地块拍卖时，尽管调控已经使深圳房价调头向下，华润、绿城、仁恒、嘉华、丽丰、佳兆业、庆隆以及上海城建八家开发商还是出现在上海土地交易市场。

为了“能够尽量稳定地价和房价”，10月下旬上海土地主管部门出台《关于调整住宅类用地挂牌现场竞价规则的通知》，规定地块现场竞价采取竞买人书面报价的方式进行，即由竞买人当场书面填写现场报价单，密封交给工作人员，后者当场拆封报价，价高者得。如果有出价相同者，再重复竞价一次，直至有人胜出。若最高报价低于该幅用地出让底价，竞价就会终止。这一新规则适用于纯住宅用地以及住宅用地面积占总用地面积50%以上的地块。D3地块为执行新规的第一次土地出让。

拍卖的话，价钱还可以视对手情况而定，这次比对手低了，下次可以高过对手。一次过的书面报价，机会只有一次。为确保拿下，根据预估的未来房价，仁恒将楼面地价定为2万元/平方米。“这个落手下去，你要填多少钱就是运气跟智慧相结合的一个东西。”仁恒内部人士说。

仁恒一直走豪宅路线，在上海市场有固定追随的“粉丝”买主，普遍开发价格高出周边项目30%。这样的价格，仁恒算下来“能够略有盈余”。仁恒内部人士称志在必得的主要原因还在于其只能在公开市场拿地：“拿地没有优势，我们唯有在产品上精益求精才有立足之地。所以我们的发展也是市场逼出来的。历史上我们拿的地，实际上要么是金融危机别人不要了，我们拿下来，要不就是当初这块地块是别人不看好的化工厂的原址等。”

竞价现场，每个开发商领到一张表格，填报价格的时间被限定为10分钟，之后将表格放入投票箱，在公证员确认后，由主持人逐个将各个公司的报价进行宣读。

仁恒13.01亿，绿城10.8亿，华润和上海城建等4家开发商报价在10亿至11亿区间，福永集团及盈莉集团的两家“神秘”企业分报6.505亿和7.18亿，佳兆业弃权。如此，仁恒成就上海新地王。事后，参与现场竞拍的一个开发商开玩笑说“快晕过去了”。

新“地王”的楼面地价足足高出前“地王”40%。“秒杀”显示，“闭卷”对抑制地价上涨过快未发挥显著作用。盛基集团副总裁朱咏敏称，如果孙宏斌和顺驰还在，每次拍卖都志在必得的话，“闭卷”相当于把原来的现场竞争对手变成想象中的商场敌手，为了获得土地，往往会报出更高的价格以求出奇制胜，更加缺乏理性。“那些认为这样一来，开发商就会在精确计算成本的基础上作合理报价的想法，只不过是某些学者的书呆子想法而已。”他说。

“地王”之“黄金”时代

社科院首份《住房绿皮书》称，2009年宏观经济表现了V形的反转，房地产也在这个年度形成了V形的反转态势。特别是在2009年二季度，趋势非常明显。沉寂一年多的房地产商们又开始“哄抢”土地，制造一个又一个“地王”，尤以实力雄厚的央企、国企为盛。战火从北京一路烧到上海、苏州。

北京

离现场拍卖还有一个半小时，领取举牌号的办公室门前已经排起了长队。这种抢购紧俏商品式的景象，出现在北京市国土局二楼交易大厅对面。排队的是18家房地产商，包括富力、合生、奥园、城开、中信、金地、华远、天恒等。拍卖前5分钟，人流开始涌入交易大厅，大门一度被堵塞。下午3点30分，交易大厅全部过道和拍卖主持人所在的主席台都被人站满，像热闹的集市。主持人不得不手持话筒，一遍遍地要求人群离开中间过道，以防挡住竞价者举牌。如此仍然不能维持秩序，只得让保安搬出隔离墩和隔离线，将主持人和拍卖席与围观人群隔离开来。

2009年5月21日下午，300人为北京市广渠路10号地块拍卖而挤作一团。其中不到100人是参拍人员，其余则为作壁上观的房地产商们。竞拍因此延迟10分钟。这种火暴场面，堪比2003年12月8日的“京城世纪第一拍”。那一次是2002年5月9日国土部公布11号令后、土地供应制度改革以来，北京市首次采取拍卖方式出让国有土地使用权。

事后回顾，这场拍卖算是2009年新“地王”时代的序曲。不久，参拍的11号买家将领头改写中国土地出让的格局。

拍卖从7亿元开始，很快扶摇直上。由于这块地在富力的北京项目富力城中，富力极欲拿下，其北京公司总经理张辉亲自举牌。由于紧张，张辉在自己应价9.1亿元时，竟然再次举牌。过了9.48亿元后，无人了解的11号买家与张辉一直死磕。11号每报出一个新价，张辉第一时间便举牌应价。下午4点09分，11号报出了10亿元，现场响起了掌声。4点12分，张辉举起10.22亿元，11号不再应价，富力终于拿到了广渠门10号地，楼面地价1.514万/平方米，成为北京楼面价新“地王”。

神秘的11号，被证实为中国电子信息产业集团旗下的地产开发公司。中国电子信息产业集团是国资委直管的国有独资特大型企业，拥有61家二级公司，13家控股上市公司，员工7万人。地产界有个不成文的原则，竞拍地时，一般母公司不出面，往往以其名下一家项目公司或子公司的名义去竞拍土地。

根据出让公告，该地块原土地方要回购1万平方米的住宅，回购的价格与成交价挂钩，开发商无法赚这部分的钱，因此其实际楼面地价还要更高。此时楼市刚回暖，政府供地量还少、住宅用地项目开工不足，这种价格让在场的房地产商觉得实在“疯狂”。张辉则表示无奈，强烈呼吁同行们在竞争时“多一点理性”，避免付出过高的代价。

稀缺才会哄抢，推出更多的土地供应市场是否可以平抑地价？拍卖主持人亦多次强调“北京马上还有很多好地要推出来”，除了大兴将推出一些地块外，还有奥运村乡地块等将近90公顷的土地将上市，并且包括广渠路15号住宅用地在内的150多公顷土地即将推出。

土地供应确如所诺，然而价格却不从人们所愿，反倒如破土之竹节节拔高。

事隔一个月零五天，6月26日，11号买家再度现身北京市国土局交易大厅。这次它换了个马甲，名为成都中泽置业，竞拍朝阳区奥运村乡住宅地块。这块地位于奥运会主场馆“鸟巢”正南方，吸引来18家房地产公司，包括万科、中海、华润、中信、保利、华远、北辰、兴业万发等。同一天，在搜房网2009中国家居产业百强研究会成果发布会上，住房和城乡建设部政策研究中心副主任秦虹称，1—5月份销售数据表明，全国房地产转暖趋势明显。房地产商拿地的热情已跟随房价上涨。

多家公司志在必得，中信地产甚至闹出笑话，在其他公司未应价时两度连续举牌。当楼面地价到达1.5万元/平方米的“地王”价时，拍卖师提示注意风险。这个价格也是该地块周围二手房的房价，区域中唯一在售的新盘“远洋·万和成”在2.2万元/平方米左右，“面粉”跟“面包”一样贵了。业内通常管地价叫“面粉”，房价叫“面包”。

兴业万发报价19.05亿元，中信地产现场竞拍人没有立即应价，开始打手机，其同伴则紧张地用桌上的计算器算着。中信地产代表一边挂机，一边举牌，19.1亿元。等兴业万发应出19.35亿元的价，中信地产代表的手机才收起。这个价格，意味着楼面单价已经超过了15000元/平方米。然而之前并未紧咬的成都中泽置业却突然发力，即刻举牌，随后与兴业万发贴身肉搏5轮，终以19.6亿元得手，高出底价8.74亿元一倍多，楼面地价为15217元/平方米，夺下北京单价“地王”之冠。

这一遭，成都中泽置业这匹黑马引起了公众注意。在北京市场闻所未闻的企业，仅在成都有一个名不见经传的项目“颐和家园”，却对高地价如此麻木，背后的根源何在？地产业内人士开始认为，国家的4万亿，多数落到国企口袋里，并被投向回报高的房地产行业。这钱，本来是国家为应对全球性的金融危机、扩大内需而拿出。然而，国际市场一片萧条，拿到钱的实业公司根本不敢扩大生产。

因此，四天后，当SOHO中国董事长潘石屹准备去竞拍北京广渠路15号地块时，华远总裁任志强劝他别去，去了也拿不着。

广渠路15号地，被地产业内人士视为北京CBD区域的“绝版黄金宝地”，规划有住宅和商业建筑。潘石屹极欲拿下。中午，他在公司开会研究竞标方案时，把原来测算的极限接受楼面地价1.4万元/平方米，总价为35.4亿元左右，上调了1000元/平方米，即1.5万元/平方米，总价约38亿元。原来他预估商业和住宅的平均售价可到2.4万元/平方米。他们一边吃饭，一边开会。潘石屹很紧张，两次咬破了嘴唇。从商20年，他知道一块土地常常能定房地产公司的生死。从1998年国家进行住房改革，取消福利分房，到2008年，也就是房地产业内所谓“黄金十年”，他见过不少公司因一块地死掉。这里面还不包括20世纪90年代初深圳、海南那些非正常死亡的房地产公司。

“为什么拿不着？”潘石屹不明白。

“政府给国有企业这样多的钱，它们可疯着呢。它拿着这些钱该干什么去？没地方去。这块地，它无论如何也会发疯的。” 任志强答。

潘石屹没听劝阻，和老婆张欣到了竞拍现场。万科执行副总裁丁长峰正好坐在他旁边。事隔一年，SOHO又和万科一起，人是，物却非。

2008年年初，万科总裁郁亮找潘石屹，希望联手拿下这块地，万科做住宅，SOHO做商业。郁亮此计，为求给万科2007年拿下的北京“地王”解套。当时，那块“地王”楼面地价近1.3万元/平方米。周边的住宅价格此前没有超过1.7万元/平方米，开工就意味着亏本。广渠路15号，正好在万科“地王”对面。可当两家组成的工作组准备出7000元/平方米的楼面地价去参加招标时，郁亮反悔了：“王石对媒体承诺了，我们不能拿地王。” 这块地，本来就他们两家要联手去招标，因为不够三家，便流标了，又被北京市国土局收回。这一回，北京市政府把原来那块地靠着路边上“最好的一块”14万平方米切出来，做北京市档案馆。42万平方米 “瘦身”，成了28万平方米。

“你说说，一年前，7000块钱，咱们非不要，非让它流标了。同样的一块地，现在留下了一小块地，还不如原来好了，16000了，咱俩却来这里，举牌子来了。你说我们是不是有病啊？”潘石屹说。

“这也没办法。”丁长峰答。

广渠路15号还不仅这点背景，之前更命运多舛。2004年，曾被首都城市房地产开发有限公司以18.2亿元竞得，但因未能及时缴纳土地出让金又被收回。2006年国庆前后，北京市国土资源局将其列入第一批入市的两限房用地。2007年第二季度，被列入当期供地计划。2007年年末，再度入市，变身为商品房用地。

周围都是潘石屹认识的开发商。左边坐着远洋，右边有保利，前面是城建。丁长峰旁边是华远、城开。他们的后面坐着位新面孔，潘石屹礼貌地向他们问好，询问是哪家公司。“小公司。” 新面孔回答。SOHO总裁闫岩小声介绍：“这是中化方兴。”

由于远洋地产在挂牌阶段就加高了8.4亿元人民币，现场竞价从26.2亿元开始。为了加快竞拍进度，拍卖主持人、北京市土地整理储备中心市场部部长雷蕾把举牌的价格区间，由原来的600万提高到2000万元。

11家地产公司开始“厮战”。他们以金钱为兵力，各自将数千万元甚至亿元派出去，进行杀伐。中信、方兴、SOHO的报价速度极快，保利、安联等亦不甘示弱。远洋每次都是整数报价，30亿，31亿，32亿。不到10分钟，价格已经抬到34亿。万科仅举牌两次，33.1亿退出。首城国际也很低调，被人戏称“抬轿者”，如果地价低，顺手捡个便宜；如果地价高了，周边自己的楼盘跟着涨。

价格升至36亿元，现场只剩“小公司”、保利与SOHO中国三家缠斗。保利突然“积极”，在36亿、37亿等多个心理关口，均为第一个举牌。而“小公司”在SOHO和保利报价后不用一秒就举起牌。方兴的报价速度远超出另外两家。

超过38亿后，潘石屹手里已经没有测算表，临时追加价码，最后一次举牌，39.5亿元。“他不是老压我吗？”事后，潘石屹对南方周末记者称，他的一位大学朋友与“小公司”老总相熟，后来告知他中化方兴“策略就是潘石屹只要举，我们就压他”。当“小公司”副总裁盖剑高又一次迅速举牌后，潘石屹与张欣相视而笑，并对身后的盖剑高伸出了大拇指。

5点15分，“小公司”叫价40亿。一旁观战的知名地产人士毛大庆（即将赴任万科北京总经理）不停摇头，连称“疯了”，“这已经不是‘面粉’”了。此前，周边的住宅价格未超过1.7万元/平方米。潘石屹站起来，对“小公司”喊：“你牛！”保利也不退让，马上叫价40.5亿。现场响起一阵掌声。5点20分，“小公司”再度紧跟，举出40.6亿牌子。经历97轮竞标、一个小时的鏖战，主持人最终落槌，“小公司”拿下此地块，楼面地价1.6万元/平方米。北京单价“地王”易主，“小公司”中化方兴一战成名。

中化方兴是央企中化集团在香港的上市公司，虽然名下拥有“中国第一高楼”上海金茂大厦，实际上却是房地产业新手。据潘石屹介绍，金茂大厦是原对外经济贸易部主建，华润等为承建商，建了差不多10年。中化方兴2007年到香港上市后，金茂大厦这一国有资产注入给它。中化旗下地产公司除了方兴地产外，还有一家在业内知名度更大的房地产公司，即远洋地产。

央企，还是央企，四天之内“地王”的两度更迭，让人们对4万亿的去向笃信不疑。外界揣测中化方兴因钱多而失智。在事后接受采访时，中化方兴副总裁盖剑高称此价格“处在一个理性的价位，体现了北京市场真实的、合理的发展水平”。这块地是一次性付款，据中化方兴内部人士透露，在拍卖前，所需资金就已从上海调拨到北京。显然中化方兴是有备而来。

“把中化集团的财务报表打开一看，我发现中化集团手中有245亿元的银行信贷，哎呀，非常地同情它！好不容易才花掉40亿元，我都替它烦恼还有200多亿元怎么办，我为它烦恼得最近都睡不着觉。”郎咸平在博客文章《中国经济回暖与华尔街的阴谋》中，如是戏谑。

在口水战之外，明白无误的事实是买地的角力已经明显发生量变。金融街的一位高管对此体会最深。他们参加了奥运村乡地块和广渠路15号地块的现场竞价，但还没来得及举牌，报价就已超过他们预期的上限了。

也有房地产商截然不同于潘石屹的失落。业内盛传北京万科当晚举办了庆功会。新“地王”使该区域未来房价可能奔向中化方兴的目标售价3万元/平方米。

上海

如果6月属于北京，9月则是上海的专场。9月聚集多个“地王”，两度拍出上海总价和单价“地王”，一家荣登全国“地王”宝座。其间，竞拍失败者转往苏州暂时拿下全国“地王”，并且彻底印证了央企、国企等“黄金至上”的规律。

9月10日，位于上海浦东房地大厦的上海土地交易市场来了15家地产公司：万科、保利、仁恒、绿城、中海、华润、招商、凯德、三林万业、国浩、复地、苏宁、九龙仓、卓力投资以及中华企业。其中两家是现“地王”，一家是“地王”的功败垂成者。

前“地王”是仁恒地产，在新加坡上市，谋求二度加冕。2007年11月，仁恒战胜绿城、华润和上海城建等，以13.01亿元、楼面地价定为2万元/平方米，拿下新江湾城D3地块。在仁恒称王前五个月，绿城封王，拿下新江湾城D1地块，楼面地价1.25万元/平方米。

功败垂成者是中海。2005年初与广州合生竞标C1地块。当时，采用“暗标”，除了考量投标的价格，重要的是评标。综合打分后，中海以“微弱差距”惜败。合生当时的楼面地价为5600元/平方米。中海集团总部的张磊对南方周末记者说：“中海开始不爽，跟下来一看它被套住了，我们又笑了。套了一下，发现解套了，又觉得还是该拿。”

虽然6月11日长宁区周家桥街道91街坊地块拍出的楼面地价达到2.198万元/平方米，9月2日徐虹北路8号地块为23244.6元/平方米，但它们均为袖珍地块，一个出让面积8531.9平方米，总价4.22亿元，一个不足5000平方米，总价2.8亿元，对市场影响不大，因此不计入本书考量范围内。

2008年7月，上海市房地局曾推出长风7C北地块，土地面积6.8万平方米，出让面积5.08万平方米。当时地块报价为16.05亿元，楼面地价高达14364元/平方米，吸引了近30家开发商领取挂牌文件。但此后大部分开发商资金链趋紧，导致该地块在当年9月流标。现在，长风7C地块二度上市，出让方将南北两块合并，再加上相邻的6B地块，土地单价大幅下降。长风7C和6B两块地块，总出让面积约14.21万平方米。出让底价已经达30.58亿元，楼面地价为9781.31元/平方米。刚公告，业内就认为它将是上海的新“地王”。

2008年年底，命悬一线的绿城将其新江湾城项目以股权置换的方式，转让给九龙仓。到长风地块，则高调宣称“我们回来”了。竞拍提前两天挂出了56.28亿元的最高价。它还有了新搭档。前一天，平安信托宣布了与绿城集团签署的合作投资战略框架协议，在未来三年内实现150亿元的信托资金投资规模。

同时，平安信托也是前来竞拍的金地的搭档。一旦保险资金投资房地产开禁，平安的险资将通过合作开发商投入房地产开发行业。

长风地块是上海天原化工厂的旧址。天原化工厂位于苏州河南岸的旧址早被仁恒拿下，开发为仁恒河滨花园，是上海的豪宅之一。仁恒认为自己对于化工厂旧址的处理方法上面有一些经验。更重要的是，仁恒已经跟开发公司就这块地谈了一年。

各开发公司预备推地前，会找各家地产商谈。一般总会有人看中，看中的人多，就走拍卖，价钱自然往高走。即使看中的人少，还能以双方都能接受的价钱，用投标形式推出。当时，开发公司以10000元/平方米左右的价格跟仁恒谈。仁恒接受，开始着手做项目规划方案。不过，从谈到真正拍地，开发公司光办内部手续的时间就需要四五个月。在此过程中，土地市场形势不断好转。谈了很久，长风地块迟迟不挂牌。随着时间推移，仁恒只能“眼巴巴”地看着它一天天上涨。等到公开挂牌，形势已经“完全是冰火两重天”。

这次仍然沿用书面竞价。2007年11月，上海市为了“改变拍卖可能导致的非理智情况”，出台了新土地挂牌竞价规则，先实行网上竞价，截止时间到仍有人愿意竞价，转入书面竞价，每家公司只能填一次报价，开报价后，由最高报价者竞得。当时，新江湾城D3地块成为第一块新规则的适用地。

报价的只有仁恒、绿城、保利、中海、苏宁。苏宁代表开始并没有上去领单子，在不断打电话同上层沟通之后终于上台。没有一家高管现身，但现场已然剑拔弩张。

没有一家严格意义的外资公司竞投，情形亦如三个月前的北京。大摩从2008年起将持有的全部物业对外出售，高富诺将刚刚买进的物业出售，麦格理折价出售城市酒店公寓。从目前各家外资的行为上来看，它们共同遵循着同样的目标：尽力出清上海物业。

颇有意味的是，大摩在2004年提出要长期持有中国房地产，并喻称“香槟要有泡沫才更加醇香”。

在竞买主持人拆开最后一个密闭信封前，仁恒报出的65.97亿元是当时的最高价，21100元/平方米的楼板价已经超过了区域次新房的成交价格，绿城的64.11亿元居第二。可是中海的报价却是70.06亿元，以4亿元的优势一击锤杀所有对手。其楼面地价为22409.3元/平方米，夺下上海总价“地王”。一名失利的地产商代表称：“很想回家开一家银行。”

因中海的地王，央企、国企再度引起人们的诟病。对此，中海集团的张磊否认中海上海拿地是因为国企钱多而失智，这一次纯属要进入上海这个房地战略高地。“上海，一直可以说（是）内地房地产的兵家必争之地。因为上海这个城市它的市场容量很大，不管做多么高端的项目，都是有买家的。然后，它的利润空间也大。所以，在上海拿地，应该说是在中国想做出点样子来的房地产开发商的一个规定动作了。”张磊说。

失利后的绿城在13天后——9月22日——在苏州擎起王旗。这一次宋卫平亲自带队，穿黑T恤上场。业内说宋卫平在绿城只做两件事：拿地和带足球队。如果是志在必得的地，他一般穿红色T恤。他跟中信、招商、华润、新鸿基竞争。最终拿下了著名的金鸡湖板块的两块地。其中06号地块36亿元，楼面价28057元/平方米，07号地块25亿元，楼面地价20075元/平方米。

如果不是上海采用一次性的书面竞价，宋卫平认为自己早就封王了。他更习惯传统的拍卖形式。他说在苏州很不巧遇上了中信，曾经想放弃，最后是咬牙切齿地拿下。

不过，绿城只在王位上呆了八天。

国庆长假前的最后一天上午，上海土地交易市场仍然没歇业。平时人满为患的交易大厅却突然空落，静如一池死水，媒体记者们都没来。虽然2009年全国持续“土地高烧”，但他们以为中海地产已经演绎了“地王”的全本。无人料到这块地最终会拍出个全国“地王”，并续写了地产业的国企神话。

此次拍卖的是徐家汇龙华路1960号地块，9万平方米，规划总建筑面积约26.6万平方米，包括建筑面积约17.75万平方米的商办项目、8.6万平方米的住宅项目。这块地位于上海市的商业中心，靠近在建中的轨道交通7号和12号线，是徐家汇最后的综合用地。

记者们可能被长假冲昏了头，忘了这个地块的底料。在8月底上海市规划和国土资源管理局发布的第64号土地公告里，它的挂牌起始价为34.26亿元，超过了长风地块的30.58亿元，是上海土地市场上推出的底价最高的地块。拍卖前已经有25家地产公司领取了竞拍申请书，其中包括万科等历次竞拍“失败者”。业内人士早就预测它将成为新的上海总价“地王”。

除保利外，来了五家上海本土地产公司：中华企业、上海申通集团与古北集团联合公司、世茂集团、绿地集团，以及今年第一家在香港上市的内地地产公司恒盛地产。多次派人来交易市场观摩“土地战”的世茂集团，此次高调现身。其老板徐荣茂之子、公司副主席徐世坛率队前来。其他公司则无高管亲临督战。

因为非纯住宅，这次拍卖又恢复为传统的举牌。

10点，举牌开始。除申通没有举牌外，其他五家打胶着战，500万、1000万地加码。举过70亿后，世茂退出，主要是绿地和保利缠斗。11点过，“72.45亿”，拍卖主持人喊第三次时，众人以为战斗仍将持续时，主持人突然落槌。上海老牌国企绿地集团向中国房地产涟漪稍息的湖面，再掷一块巨石——72.45亿，楼面地价27231元/ 平方米，不仅是上海双料“地王”，更是全国的楼面地价“地王”。

楼面地价奔3万元/平方米，似乎指日可待。

“看好上海发展的前景。综合看来，价格仍在合理范围。” 事后，绿地集团的相关负责人沿用历任“地王”的标准句式，对媒体如是称。

不足两个月，全国“地王”的王冠又返回北京。11月20日上午11时20分，190轮竞价后，国企北京市大龙房地产公司以50.5亿元竞得顺义区天竺开发区的一块住宅用地，楼面价几近3万元/平方米。

该地块土地面积52.67万平方米，规划开发成联排别墅、叠拼别墅加公寓，容积率为0.62，被业内称为“中央别墅区最后一块低容积率用地”。

然而这顶“地王”王冠，大龙地产只戴了两个月。2010年1月22日，因欠缴地价款，北京市国土资源局发布《关于加强北京市闲置土地清理处置问题的公告》，大龙地产被暂停在北京拍地，已经交纳的2亿元竞买保证金将不予退还。

第三篇

地方政府，房价上涨的推手？

“地王”频出，最乐见的是地方政府。土地已经变成地方政府的主要财政“水龙头”。拧开它，才能畅顺地维持地方运作、城市建设，官员也才有政绩可言。

逼出来的分税制①

地方政府卖地，实因“分税制”后地方财政困难。然而，当年未实行“分税制”时，中央一度连工资都发不出来。

今天，大国形象成了国家的公共话题，4万亿说掏就掏。谁能想得到在1993年1000亿会难倒当时的财政部部长刘仲藜？

无数双手伸向财长：粮食收购财政亏损性补贴，国防、基础研究、铁路、港口、民航等重点建设项目、重点生产企业和重点出口企业等。其中按照往年的进度，重点建设资金上半年至少要拨付全年的40%，而1993年上半年只拿得出19.5%，相差一半。更为窘迫的是，如果不借钱，某些中央政府部门就发不出工资。

尽管当时的国务院副总理兼中国人民银行行长朱镕基掷地有声地宣布“财政再困难也不能到银行透支”，财长仍然不得不三次找上门，希望朱镕基批个条子向银行借钱。

这位1992年刚上任的财长手中攥着这样一张国库报表：1992年全国财政收入3500亿元，其中，中央收入1000亿元，地方收入2500亿元，中央财政支出2000亿元，赤字1000亿元。朱镕基看过后，并没借钱，只说了一句话：“你这个财政部长真是囊中羞涩呀！”

在该年7月23日的全国财政、税务工作会议上，朱镕基警示全体参会人员：“在现行体制下，中央财政十分困难，现在不改革，中央财政的日子就过不下去了，（如果这种情况发展下去）到不了2000年（中央财政）就会垮台！”

1980年改革开放后，中国经济持续高速增长。1980—1990年，国内生产总值平均增率为9.5%，而政府财政收入占国内生产总值之比，却由1978年的31%下降到1992年的14%。

中央财政收入的比例不断下降，源于1980年开始的中央与地方财政上的“分灶吃饭”。乡镇企业税收几乎全部落入地方政府之手，让利放权催生经济

①此部分内容，主要参见《瞭望》杂志、《中国财经报》、《21世纪经济报道》、《新京报》和《南方周末》等。

高速增长的同时，中央财政收入占全国财政收入的比重却以每年1%以上的速度下降。

当时，全国的财税体制为“划分收支，分级包干”式，根据不同地区的情况，分为六种不同形式：收入递增包干、总额分成、总额分成加增长分成、上解额递增包干、定额上解、定额补助，另外还有五五分成的分税制试点，被喻为“一省一率”。比如，上海实行的是定额上解加递增分成的模式：每年财政收入165亿元，100亿元归中央财政，65亿元归地方财政，每增加1亿元，中央与地方五五分成。上海实行财政包干5年，年年财政收入在163亿元至165亿元之间，毫无增长。北京则是收入递增包干分成模式，约定的年增长率是4%。在此5年间，北京每年财政增长4%。在实行分税制之后，发现北京隐瞒了98亿元的收入。

所有财政收入中，中央占三成，地方拿七成，财政支出却倒过来，中央支七成，地方出三成。按财政部原部长项怀诚的理解，税收被包死后，中央没有增量，只能变成“弱中央”。

这种包干还包盈不包亏，一旦物价上涨，税收来源便困难。而地方政府则另有小九九：增收一块，拿走几毛，如果不增收就一点都不拿了。各地大行“藏富于企业”、“藏富于地方”，企业被减免产品税，被“不增长”，之后再通过非财政途径的摊派收取费用。结果生产迅速发展了，间接税（产品税）却收不上来。中央财政困难变弱，地方的日子却滋润得很。

却不能全怪罪地方政府小肚鸡肠。项怀诚说：“在分税制改革之前，我们的财税体制始终处于多变的、不稳定的状态之中。1993年之前的40多年里，变动了不下15次，最短的一次财政体制只维持了一年。” 1950—1952年、1969—1970年全国实行统收统支体制。其余年份则实行小有改动的分类分成或总额分成。20世纪80年代改革开放之后，沿用农村联产承包责任制、国企承包制的思路，开始实行“包干制”。如此频繁、轮番变换的财税体制，引致地方对中央猜疑。

“分灶吃饭”扩大了地方政府财权，调动了地方政府理财和发展地区经济的积极性。“多劳多得”的刺激，使广东、浙江等沿海地区经济迅速崛起。投资权和财政收入处置权的扩大，使得地方政府投资动机空前高涨，带来了重复建设、结构失调、地区封锁、资源配置扭曲等问题。地方政府主导的投资过热，最终引发了1993年的严重经济过热。地方保护主义也相随而生。经济区域的封锁，引发苎麻、羊毛、棉花、桑蚕等纤维原料的抢购大战，使得纤维质量下降、流通秩序混乱，阻碍全国统一市场的形成，最终导致纺织工业遭受损失，国家宏观控制困难。

“分灶吃饭”刚过一年，中央便连续两年向地方“借款”，每次总数大约二三十亿元，之后宣布不仅不归还“借款”，还要将之打进基数，成为固定的体制调整措施。

“税”收不上来，政府就在“费”上动脑筋。刘仲藜说那时候每年财政会议之前，总要千方百计地出台一些收费措施，20世纪80年代中期有“能源交通基金”，在原有的基础上增加 10%（整体约100多亿元），1989年有“预算调节基金”，同样的口径增收5%。

即使如此也难以解决财政赤字。每一年度的全国财政会议本来主要议题是下一年度的财政预算，结果变成财政部让地方领税收任务。此会一开就是半个月至20天，财政部被“围殴”。税务局称无法收这么多，地方财政厅厅长，尤其是富裕地区的，也不买账。财长使尽浑身解数，威逼、利诱或者妥协。1991年的会则变成了“劝捐会”。上年税收只有2970多亿元，很多地方非常困难，贵州遭遇大灾。当时的财长王丙乾要各省作“贡献”，从1000万元到1亿元不等。各省财政厅厅长毫无恻隐之心，有的跟王丙乾说：“跟我要钱，我可没有！”广东财政厅厅长则直接翻脸，“六亲不认”了，让王丙乾下不来台。中央给了广东很多优惠政策，连关税都留给了广东，王丙乾原以为对方起码会不看僧面看佛面。根据包干制，广东每年只向中央财政上交22.74亿元，递增9%，再要钱就超出合同。“那时做财长非常可怜。”这一幕让一位财政部干部多年后仍为王丙乾感到难过。

分税制改革一波三折，历经“八年抗战”。

早在1986年，决策层曾在国家机关和研究单位中安排了规模甚大、为时很长的“价格、税收、财政”配套改革方案的设计工作，拟于1987年初出台。刘仲藜说，当时分税制只是一种理想主义的设计。在中央经济工作会议上，中央政治局常委、国务院副总理姚依林提出相关设想。由于当时社会经济环境没有要求实施分税制的动因，也不具备实施分税制所要求的市场经济财税体制，计划经济下是无法搞分税制的，所以遭到了几个省的强烈反对，因为这直接触及到了地方的利益，因此这次尝试没有成功。

4年后，时任国务院总理的李鹏在《关于制定国民经济和社会发展十年规划和“八五”计划建议》中提出，要在“八五”期间有计划地实施分税制。鉴于当时的状况还要不断完善财政包干制，同年，财政部提出了“分税包干”的体制方案。

1992年年初，邓小平发表南方谈话后，社会主义市场经济闪亮出场，分税制再次被提出。

1992年党的十四大报告提出“要逐步实行税利分流和分税制”。同年，中央选择天津等九个省、市、区进行分税制试点。

1993年11月，中央十四届三中全会，分税制改革被正式写进《关于社会主义市场经济若干重大问题的决议》。

1993年中央财政完全站在了悬崖边。财政收入一季度比1992年同期下降2.2%，按可比口径也仅仅持平；工商税收1400亿元，比上年同期增12%，去掉出口退税10%，仅比上年同期增长1.4%。而1993年上半年GDP增长达到14%，远高于1992年的12.8%。

为了不掉下悬崖，中央动了真格。是年7月23日的全国财政、税务工作会议上，发表完“中央财政垮台论”，朱镕基继续说：“目前中央财政收入占全国财政收入的比重不到40%，但中央支出却占50%多，收支明显有差额，中央只好大量发债，不然维持不下去。去年，内外债务，向银行借款900多亿元，今年预计1000多亿元，中央背着大量的债务，而且越背越重，中央财政困难，而且是加剧的趋势。一般来说，发达的市场经济国家，中央财政收入比重都在60%以上。而中央支出一般占40%，地方占60%。但是我们正好相反，收支矛盾十分突出。这种状况是与市场经济发展背道而驰的，必须调整过来。”

是次会议前一天，财政部已经拿出了第一个方案的初稿，摆到时任中共中央总书记江泽民的办公桌上。朱镕基向江泽民同志承诺一个半月之内要拿出初步方案，向中央汇报。8月30日，分税制改革的第一个方案拿出，9月2日中央政治局常委会议讨论通过。

在分税制中，增值税是最大的税种，实行了中央和地方分成，中央得75%，地方得25%，消费税100%归中央。特别是增值税年年增加，地方得不到多少好处。“分灶吃饭”受惠最多的广东坐不住了。广东省委马上给中央写报告，要求广东单独实行包干。广东两位主要负责人北上，与朱镕基谈了两个多小时。他们问朱镕基：“广东的特殊政策还要不要实行？如果包干制取消，我们还要不要在20年内赶上‘四小龙’？”如果按财政会议上所提出的办法，他们认为广东就什么大事也不能干了。个别省长窃窃私语：“以后我们要到朱镕基那里领工资。”

虽然邓小平和陈云支持中央适当集中财权，中央仍须“诸侯”配合。江泽民多次分片主持召开各省、市、自治区的书记、省长座谈会，讲政策，听意见。1993年9月初，在广东的珠岛宾馆，江泽民召开中南和西南两大区10个省的书记、省长座谈会。会上有位省长对分税制提出一些意见，因为涉及许多具体政策，而财政部没有随行，曾庆红马上通知项怀诚尽快到会。接完电话，项怀诚来不及带换洗衣服，直奔机场，当晚赶到广州。

江泽民开局后，9月9日到11月21日间，朱镕基带领60多人的“谈判团”，前往17个省、市、自治区。“谈判团”成员来自体改办、财政部、国家税务总局及银行，将与每一个地方细算实行分税制税收对比的账。

“谈判团”还未适应广州闷热潮湿的天气，广东省委、省政府领导便开宗明义——不同意搞分税制改革。到9月13日开会时，朱镕基才有机会亮出底牌：“这次我与铁映同志带领有关部委的同志来广东，是受江泽民同志、李鹏同志委托来的，是来向同志们传达、介绍党中央、国务院关于财政体制、金融体制、投资体制等方面的改革内容，同时与广东同志一起就落实改革方案进行商量，一起算账。”

仿佛面对叛逆期少年的老师，朱镕基开始苦口婆心地说教：现在的方案与财政工作会议时已经有很大变化，增加了两税比上年增长部分以1：0.3返还地方的政策，并介绍为什么要实行分税制改革，分税制是什么内容、如何搞，分税制改革是否损害了地方利益，实行分税制广东到底要吃多大亏。

晚饭前，广东省交给朱镕基两张表格，一张是包干体制10年不变情况下，地方财力如何，另一张是实行分税制后的10年内，中央将从广东多拿走1000多亿元。朱镕基把财政部部长及地方预算司司长叫到他的房间，神情严肃地说：“看来分税制是搞不下去了，将来拿地方这么多的增量，如果广东搞垮了，追不上‘四小龙’，就成了咱们的罪状。”之后，他在房间里焦急地踱步。

“按照已经修改的方案，广东账口径不对，因此误差很大。”地方预算司司长说。分税制已经确定增值税中央和地方按75：25分成，并会给地方一个增长率，分税制中央会从广东多拿一些财力，但是将营业税留给地方，也会给地方带来相应的增量。朱镕基要求当晚做出10年两种体制的详细测算账。到凌晨

1点，他还在等。

两种体制测算，非常复杂，工作量也大，直到早晨开会之前才算出来。最后测算的结果，中央从广东预想少拿了300多个亿，但是分税制之后，蛋糕做大了，地方的财力也会有更大的增长。朱镕基放心地笑了，因为这样就不会因此影响广东的开放和追赶“四小龙”的速度。

广东方面并不就此罢休，又提出四条意见，核心要求是以1993年为基数。他们认为小平同志南方谈话是1992年上半年的事，下半年的经济发展只会反映到次年的财政收入上。如果以1992年为基数，小平同志南方谈话成果都没有包含在内，这怎么行？

只要不再纠缠于是否实行分税制，万事好商量。来之前的一次内部会议上，朱镕基表示只要广东同意搞分税制，有些地方可以妥协，大家思想愉快，不然改革搞不好。9月14日下午，在内部会议上朱镕基明确表示，对于广东提出的四条，可以同意两条，否定两条。即同意以1993年做基数，中央对重点建设一视同仁。不同意增值税分成比例广东单列、按广东计算的中央收入增长率来确定返还数增长率。

刘仲藜和项怀诚都不同意以1993年为基数：“担心地方的数字弄虚作假，担心钱在1993年都收光了，都成了地方政府的基数了，以后年年要给它。担心今年收入上去了，明年又下来了难以为继怎么办？”

朱镕基指着项怀诚说：“老项，你们财政部不就是以基数治天下吗？你这些东西，我耳朵里的老茧都听出来了。”

面前的老虎不是基数，而是广东是否同意实行分税制改革。他们接受了朱镕基的意见。2008年回忆分税制改革时，自认不是谦虚人的项怀诚，对朱镕基的政治魄力心生钦佩。“现在我对于以1993年为基数的政策已经心悦诚服，这个政策说明，在推进重大财税改革时，必须要取得地方政府的强有力支持。这是必要的妥协，这个代价必须付出，这一让步争取了民心，统一了思想，保证了分税制改革的顺利推行。因为这场宏观经济体制改革如果进行不下去，社会主义市场经济就是一句空话，它是为社会主义市场经济奠基的，对中国来说，它是经济发展、长治久安的基础。”

次日，广东再次提出不搞分税制。朱镕基说：“至于广东是否继续实行包干体制，没有授权我在这里研究这个问题，不能在这里讨论包干问题，不然我可回不去了。我想，我们搞分税制应该比包干制好，不然就倒退了。”广东不再讨价还价，实现双赢：中央财政从广东拿回来的钱，相当于它在原体制下上交的两倍，而广东则开心能以1993年作基数。

财政体制改革一是集中中央财力，二是缩小东西部财力差距。然而，那些分税制改革的直接受惠省份，未如预期地站在中央这边。之前，在江泽民出席西部六省座谈会时，贵州省省长站出来谈了分税对贵州的影响，表示反对分税制。贵州、云南、广西都是“烟酒财政”，长期靠烟草、酒业支撑。分税制方案决定对烟、酒征收消费税，消费税增量100%归中央。算下来，他们吃亏了。后来，中央给了他们一些不同的照顾。

新疆要求“谈判团”增加增值税、消费税的分成比例。朱镕基晓得大义：“分税制改革对贫困地区是有利的，你们应该举双手赞成。但是你们也不能太焦急，不可能一下子就得益很多，分税制之后，中央财力可集中一些，对民族地区的支持也可增加，但是目前还不行。税制改革，全国必须统一，你们提出的要求增加增值税、消费税的分成比例，这些要求一概不能接受。税制必须统一，没有哪个地区可以搞特殊。”

只有上海最顺利。那几天曾在上海主持过工作的朱镕基避嫌“不干活”，由项怀诚与上海市市长徐匡迪和上海财税局一起对账，共同确认了1992年上海市的财政支出和各项基础数据，在1993年财政收入的预测、上海上缴中央财政的计算口径、分税制方案和相关政策中的问题上，看法趋向一致。即将离开上海时，朱镕基说：“上海同志们最后都是‘讲的北京话’，讲得很好。”

其实，上海一直都在讲“北京话”。据《上海财政税务志》记载，从1959年到1978年，上海地方财政收入平均占全国的15.41%，1960年最高，达17.49%，而上海地方财政支出仅占全国的1.65%。1984年以前中央对上海的财政收入实行“统收统支”，上海每年上缴中央的财税占地方财政的87%，只剩下13%自用。1985年后，中央对上海财政政策调整为“核定基数、总额分成”，上海每年上缴中央105亿元，超收部分再按比例与中央分成。1988年开始实行“财政大包干”，只交105亿元，节余自用。自此，上海上缴中央财政的比例才逐渐降了下来。据查，从新中国成立到20世纪末，上海共上缴国家财政收入近4000亿元，占全国总收入的1/6。

“你们知道为什么只有上海有半斤的粮票吗？是因为我们收入的10斤粮票里有9斤5两都是给了你们外省了。”“海派清口”周立波如此反击嘲笑上海人小家子气的外地人，看来确有影踪。

最后一站河北，分税制方案成形：承认地方税收基数全部返还；中央与地方按照75∶25的比例分享增长增值税外，还按照1∶0.3系数返还办法激励地方增收。朱镕基借对方一日三餐离不开的面粉作喻："这种改革是非常温和的改革，地方既得利益没有损害，而且退回去的不是'死面'，而是一块'发面'。"

"发面"使用至今，但其激励弹性已随时间逐渐收缩。1∶03系数，时间越长地方拿得越少，按照公式计算，最后趋于无限小，但是永远不相交。分税制实施十年后，地方拿到的已经只有0.1左右，现在则更少。

朱镕基回忆："实行分税制，来自地方的阻力非常大。我是一个省一个省地去谈，商量，妥协，总算谈下来了，我自己则掉了5斤肉。"

之后，"朱老板"的称谓不再限于银行系统，"经济沙皇"的称谓亦不胫而走，尽管朱镕基本人不喜欢。

实施分税制改革后，中央与地方仍然继续博弈。

1994年2月8日，除夕前一天，北京正刮八级大风。项怀诚得到1月份的税收数字，"高兴得无法形容"，赶紧告知正在北京税务局检查工作的刘仲藜："部长，税收增长61%，180亿拿到手了，我们可以喘一口气了。"

可能让刘仲藜下台的事没有发生。此前，刘仲藜一直担心三件事：分税制会否推动通货膨胀？设计方案的税率比原来高，企业便把费用转嫁给消费者；税制不合理，打击了生产，经济增长会往下走；新方法企业不懂，经过大规模培训的税收征管人员也不懂，钱收不上来。刘仲藜对同事说："如果出现其中一件事，我这个部长就得下台。"项怀诚也一直睡不踏实。春节前，只要有税收的地方，比如商场、企业，刘仲藜就去实地了解会计会否用新方法做账。未雨绸缪，刘仲藜从中央银行临时借了120亿元放在国库里，三个月期限。

接下来，税收每个月都在增长。1993年，全国地方财政收入比1992年增长39.9%。其中山东增长39%，收入达到193亿元；江苏增长45.3%，收入达220亿元；福建增长46.9%，达到110亿元；上海增长32.3%，达到232亿元；安徽增长32.8%，达到73亿元；江西增长30.8%，达到66亿元；广东增长56%，达到346亿元；四川增长42.2%，达到201亿元；浙江增长38.6%，达到166.6亿元。由于中央在9月下旬决定以1993年为基数，9月份税收同比上涨60%，10月份增长80%，11月份90%，12月份120%。

报表一出来，财政部马上报告朱镕基。项怀诚察觉朱镕基的反应与他们不一样，平静如常，“所发生的一切似乎都在他的意料之中”。

高兴劲还未过，财政部猛地慌了神。1993年9月份税收急剧上涨，10—12月份的收入比上年多了600多亿元，当年的财政收入增加了900多亿元。按照正常情况，地方每年给中央财政上缴增量200亿元左右。1993年全国财政工作会议，希望超收300亿元。现在地方税收几个月内增长了50%—60%，如果全部返还，中央的算盘必定落空，因为以1993年做基数，所有在1993年增收的部分，最后都要返还给地方。

浮夸风又起？财政部马上派工作组下去检查1993年收入的真实性。然而，他们无法证伪。为了抬高基数，地方花样百出：让已经减免税的承包企业先交税，把基数抬高后再私下返还；倒闭企业“死而复活”，通过转账或从银行借款帮倒闭企业缴以前未缴的税；寅吃卯粮，明年的税今年收。明显是所有环节无缝链接的“杰作”，财政厅出主意，省长市长批准，银行拿钱，企业肯负债。

专业性“犯罪”惹怒了朱镕基。在河北，他指着财政厅厅长说：“请你向你的部下约法三章，千万别出馊主意，别弄虚作假，大家规规矩矩，实事求是。你只要真正增收了，我一定退回去，一定给大家减免基数或者减免递增比例，能够减掉多少，要看能收多少。如果你搞过头税，把明年的税拿到今年收了，到那时，我不但不能返还，我还要查税票，只要查出，必须撤几个人，甚至刑事处分。但是，你收死欠（倒闭企业积欠的税）是可以的，把十几年欠的税都收了好呀。因为是以前的欠的，不能作为基数返还。”

浙江省财政厅厅长却大呼冤枉。他指出改革开放后，长期实行减税让利政策，社会上积蓄的税源比较丰富，只要依法征税，税收增长比例高于正常年份的水平是不足为怪的。1993年下半年，地方各级领导都在抓经济以保税收，甚至出现财政给税务出费用抓税收。

吵归吵，问题仍然明摆着。经过测算，财政部发现1993年财政新增的900多亿元收入中，中央要返还地方的基数所占比例过大，中央净得收入的比重达不到预定要求。如果都返还给地方，1994年的财政预算将有300亿元窟窿。

财政部做出三套解决300亿元的方案：税收增长与各地方GDP增长率挂钩；把300亿元按照各省的基数增长率进行相应的抵扣；承认地方上报的1993年基数，在此基础上增长16%。

1994年7月13日至15日，在北京刚刚建好的德宝饭店，刘仲藜、时任财政部副部长的金人庆和调任国家税务总局副局长的项怀诚请北京、上海、浙江、江苏、辽宁、湖北、广东、云南、黑龙江、陕西和大连财政厅局长支招。浙江财政厅厅长不同意对各省市实施扣减基数的办法，建议对各省下达两税增收指标。上海、广东、江苏、山东省附和。如何下达增长指标，有两种意见：一种是与各省GDP增长比例挂钩；另一种是与各省1993年“两税”增长幅度挂钩。第一种意见，由于GDP本身有水分，如一挂钩GDP的绝对额将会出现“缩水”问题，可能给国外造成中国国民经济搞不上去的感觉，副作用太大，特别是与邓小平把国民经济搞上去的要求大相径庭，财政部门自身政治风险实在太大。第二种意见多数人认为较为合理，1993年得益多的省市增幅相对高一点，应该多承担把财政收入蛋糕做大的任务，对中央多贡献一点。

会议期间，国务院原则同意了第二种意见。随后，形成了四条意见：第一，以1993年当年“两税”增幅的1/3即16％为目标，各省以本省上年增幅的1/3为目标。第二，完不成“两税”增收任务的省市以地方收入赔补，完不成上年基数的要扣减返还基数。第三，凡完成“两税”增长目标的地区，中央对其税收返还基数按当年本地区“两税”增长率的1∶0.3返还。凡“两税”收入超过增长目标的地区，其超过部分给予一次性奖励，返还系数由1∶0.3提高为1∶0.6。第四，1∶0.3返还系数不再与全国平均“两税”增长水平挂钩，而与本省上划“两税”增长挂钩。

果然和气生财。统计数据显示，全国财政收入由1993年的4349亿元，增加到2007年的51300亿元，14年平均年增3354亿元，平均年增长19.3％。2007年中央对地方的转移支付达到13991亿元，相当于1994年550亿元的25.4倍，年均增长28.3％。

如果当年硬挤水分，削减各省返还基数300亿元，后果难料。

分税制改革使中央得以集中财权，增强了宏观调控能力，并使财力性转移支付、专项性转移支付的体系逐渐成形，增量的大部分转移支付给中西部地区，缓解了我国财政纵向和横向不平衡的矛盾，促进了基本公共服务均等化。与之前分灶吃饭的体制相比，分税制鼓励了地方政府的积极性，让地方政府在一定程度上成为“经纪人”，激励了其发展经济的动力。

无奈的土地财政

不过，分税制改革却遗留下财权与事权不匹配的问题。

中央政府甩公共支出包袱，地方政府只能以较少的财政收入承担更大的责任。基础教育、基础设施建设、公共安全和公共卫生等原本需要中央政府提供的公共产品，已逐渐成为地方政府的重担。地方政府以较少的财政收入承担了更多的责任。如此，可能导致宏观调控的目的无法实现、政府和金融体系的潜在风险却同步增加的后果。

分税制后，地方政府的财政收入占整个财政收入的比重逐年下降，从1993年的78%下降到2004年的42.7%；中央政府的财政收入占整个财政收入的比重却明显上升，从1993年的22%上升到2004年的57.2%。

但地方政府的财政支出占整个财政支出的比重却没有相应的变化，一直在70%左右波动，相当于地方政府用43%左右的相对财政收入支撑了70%的相对财政支出责任。而分税制改革前，地方政府只用68.4%的相对财政收入支撑59.0%的相对财政支出。

按照1994年实行的分税制财税管理体制，仅有营业税、契税等税种可以由地方独享，所以，很多地方政府将其作为最主要的财源培养目标，而对分享比例较低的增值税所涉及产业则表现得异常冷淡。譬如说，建筑业和房地产业不仅会带来可观的营业税，其巨额利润还会带来可观的企业所得税。此外，土地出让金、项目配套费也均归地方政府所有。无怪乎，中央政府出台各种遏制房价的调控政策往往频频被地方政府的“太极拳”挡住。土地财政已然是地方政府的财政命根。

杭州将土地财政演绎得淋漓尽致。

早在2000年，杭州市政府就意识到土地是一座富矿，无需修炼即可成点金术士。在杭州已经崭露头角的绿城老板宋卫平，也“开始想通了土地与地方财政的利益关系”。从杭州市土地储备中心公开的资料看，至2002年初，其收购土地的平均资金每亩约57万元，加上土地运作成本，每亩不超过100万元。经杭州市土地储备中心的“规划加工”后，每亩可卖到数百万元。杭州土地储备中心上交杭州市财政的资金，每年以56%的比例递增，从1997年的几亿元，上升到2008年的40多亿元。上交的比例是出让价的55%，其余的45%为土地的运作成本。

继开创土地招拍挂之后，带着浙商气质的杭州市政府“高管团队”还率先借鉴包装和推销的营销手法，2006年开始持续推出类似杂志的《读地手册》，每年分若干期。这是一本图文并茂的“土地产品”广告，制作精良，既能俯瞰杭州的房地产状况，亦能远眺、近览每一幅地块。解说词用尽匠心，地产公司完全可以直接拷贝。比如2009年第3期《读地手册》“之江新城”——“春有和风，夏有浓荫，秋无萧瑟，冬无阴霾，再加上中国美院浓郁的人文学术氛围，之江新城正以特有的景观和完善优质的配套设施为您营造出温馨舒适的人居养生氛围，让您在云水之间静享健康”。起初《读地手册》的首发仪式设在香港，向全球推介土地的派头十足。内地地产商还得通过“地下转口贸易”渠道才能得知究竟有哪些地要卖。

2009年，杭州又拿了全国“头奖”，土地出让金1200亿元。比2008年的243.3亿元增长393.22%，其中住宅用地814亿元：老城区宅地582.6亿元、萧山区75亿元、余杭区156.2亿元，商业用地114.6亿元，工业用地271.6亿元。

杭州2009年其他项财政收入为459.43亿元，而全年光土地出让金上缴财政一项却达到660亿，超过半壁江山，使杭州财政收入迈入千亿新时代。杭州财税局毫不掩饰地承认12%的同比增长主要来源于房地产：“房地产回暖对地方财政的贡献度一路爬升。”

支撑家庭的长子最受宠，占尽资源，政府亦概莫能外。在2008年房地产行业调头向下时，10月14日，杭州出台了《杭州市人民政府关于促进杭州市房地产市场健康稳定发展的若干意见》，一共24条，动用了政府所用行政极限，被业内戏谑地称为“地主救长工”。

中国大城市铁硬的户籍首次因“长工”而变得低眉顺眼，杭州所有的主城区，包括下城区、上城区、西湖、江干和拱墅区均可购房入户，除了上城区要求在100万元以外，其他都是80万元。

其他还有一系列针对购房者的优惠：住房公积金贷款最高额度由50万元提高到60万元；公积金贷款首付款比例由30%降低至20%等；自《意见》发布之日起至2009年12月31日止，对个人购买普通商品房的契税、印花税、交易税地方部分全免；个人买卖普通住房的，买卖双方缴纳的税收收入根据地方体制分成部分给予全额补贴。

在购买第二套房的贷款政策方面也有所松动，明确界定购买第二套住房的对象，对一户家庭中年满18周岁子女购买第二套住房，可比照首套住房贷款政策执行。

针对“救政府财政”的质疑，8天后，当时还在市委书记任上的王国平用“危机管理理论”进行阐释：“处置危机，必须又快又重，出手早、下药猛，否则就会付出更大的、不必要的代价，杭州出台房地产新政，应该说是适时的、正确的。”

王国平指出，目前土地出让金是解决民生保障的重要来源，杭州有6项涉及民生保障的资金直接来源于土地出让金，包括土地收益基金、廉租房保障基金、城管基金、农业土地改善基金等。前三季度，杭州有37.68亿元土地出让金投入到六大基金中，估计全年投入总数将超过50亿元。土地出让金中，还有部分用于经济适用房建设，目前，杭州的经济适用房已经做到“房等人”，原则上，1985年出生的23岁小青年，符合申请条件的，也能申请到价格大大低于商品房的经济适用房，这在全国还是首例。如果土地市场不景气，相应的城市建设、城市管理和民生保障资金也会大幅减少，最终受影响的还是老百姓。

“我认为，‘救楼市’不是为了救房地产企业，而是为了救经济、救银行、救百姓。”王国平说。

理由有三。其一，目前杭州88%的家庭拥有自有住房，个人购房贷款余额达1077亿元。一旦杭州楼市大落、房价大跌，这些家庭的资产就会大幅缩水，贷款购房的家庭甚至会变为“零资产”、“负资产”，从而就有可能发生大量“断供”事件，直至拖垮银行。其二，房地产业是杭州的支柱产业，也是带动性很强的龙头产业。一旦杭州楼市大落、房价大跌，必然拖累建筑、建材、家电、设计装潢、金融保险、广告传媒、旅游休闲、餐饮娱乐等行业。其三，土地市场与房产市场息息相关。一旦杭州楼市大落、房价大跌，土地市场必将进入不景气周期，政府土地出让收益会大幅减少，相应地城市建设、城市管理和民生保障的资金也会大幅减少，最终受害的还是老百姓。更严重的是，资产缩水、失业增加、公共服务减少，最终必然严重影响社会稳定。

王国平称杭州推出的“房地产新政”完全符合中央要求，也得到了国家有关部门的肯定。“这不仅是杭州的需要，而且是全国的需要！”王国平说。

其时，全国已有18个城市出台稳定房地产市场政策，国家也陆续实施相应举措。10月17日，国务院常务会议提出，加大保障性住房建设规模，降低住房交易税费，支持居民购房；10月22日，财政部新闻办公室公布，11月1日起，对个人首次购买90平方米及以下普通住房的，契税税率暂统一下调到1%；对个人销售或购买住房暂免征收印花税；对个人销售住房暂免征收土地增值税等。

因“杭州的房价下跌了，最终吃亏的还是杭州的市民”的言论，王国平一跃成为全国最著名的市委书记，被网民视为高房价的捍卫者。次日，杭州市政府召开经济形势分析会，公布了“不及格”的财政收支单：9月份，财政总收入和地方财政收入同比出现负增长，分别下降了1.1%和2.6%。

经济形势差强人意时要救市，强劲增长时杭州仍然百般照顾“长工”。2009年，杭州市政府全然不理会房地产市场4月回暖和随后的“癫狂”上涨，仍然继续执行24条。

即使调控房地产的“国十一条”出台，杭州市政府仍然像过度溺爱孩子的母亲，我行我素。

继2009年底中央密集出台一系列楼市调控政策后，2010年1月10日，国务院办公厅发出《关于促进房地产市场平稳健康发展的通知》，全方位涵盖房地产业所涉层面——增加供给、抑制投机、信息透明、防控热钱、地方政府问责等，简称“国十一条”。

就在同一天，杭州出台《关于加强保障性住房建设，支持自住型和改善型住房消费，促进房地产健康稳定发展的若干意见》。扯了个“加强保障性住房”的幌子后，其“支持自住型和改善型住房消费”疑似高价托市：在市区首次购买140平方米以下的普通住房者，以及在市区仅有一套住房，在2010年1月1日至2010年12月31日期间出售住房，并重新购买普通住房者，给予房款总额1.3%的购房补贴；因房屋拆迁（含危旧房改造）选择货币安置的，在市区购买普通住房者，给予超过货币补偿款部分1.3%的购房补贴。其“继续营造良好的住房消费环境，促进房地产市场健康稳定发展”旗下18条基本就是2008年24条的翻版，“继续执行购房入户政策”、“继续执行现行的住房公积金贷款政策”等。优惠略微少了一点，原先各项税费减免1%－3%，现在直接给补贴。

根据浙江省政府的最新民意调查，针对当时房价上涨的最重要的原因，最多的选票指向“地方政府出于利益考虑，遏制房价过快上涨执行不力”。

在“阳谋”背后还有许多不为外人所知的内幕。

比如杭州2009年推的地无规律可言，不像以前跟规划相关，城区、郊区有，而是忽儿推这里，忽儿推那里，毫无规则。某杭州地产商透露：其实许多地上年都已经推过，政府需要一块好的地，把价格抬高，让大家知道现在地价是这个水平，然后再把那些不那么好的边角料搭进来，如此边角料的价格也就不会低。地产商们也不会去找政府勾兑，已经得了好处，得罪了其他几家，犯不着。何况现在土地又不难卖。

在杭州，土地款和土地开发时间都可以申请延期六个月至一年。首付款的比例也可以调节。一位业内资深人士介绍：“没人去想像这种首付款都有问题的地产商怎么保证后续资金有无问题，政府只考虑财政收入不受影响。而且地产商拿地还有一些返还，拿地多了，奖励或者返还多少比例。地产商可以静待房价的上涨，等到价格上来了，可以保本的时候再卖。如果觉得实在不行，没有办法和能力再开发，还可以退还给政府，只被收保证金，得回土地款。”

如此，“地王”可以抬高另外一块地的价格。过了两年，“地王”退掉，另一项目的钱已经赚到。“地王”等于做了两年的托，还不用付租金。政府也不吃亏，两年后市场好了，又拿出来拍卖，政府又赚了钱。

2009年8月18日，宋卫平与西子地产负责人那“相视一笑”似乎道尽了一切。那天，馒头山29号地块出让起始楼面地价为7462元/平方米，总成交价7.7777亿元，最终竞得楼面地价为24295元/平方米，成为杭州新地王，绿城地产与西子地产一直缠斗到最后。西子地产拿下后，宋卫平带头鼓掌，与西子负责人相视一笑。西子一向是绿城的合作伙伴，事隔不久，宋卫平即宣布与西子合作此项目。

政府是城市的CEO

在市场经济始兴之前，政府的主要功能是管制城市。随着市场经济的发展，地方GDP成了对地方官员政绩的重要考核因素。当城市追求起经济效益

时，政府就变成了CEO，把城市当公司来经营。基础设施是城市在招商引资方面显性的竞争力，然而进行城市改造、升级无法指望中央拨款，靠现有的地方财政也不行，地方政府能变卖的唯一家当只有土地资源。

“政府把自己当作城市的CEO，把城市当公司来经营，追求经济效益。”面对公众因高房价而对地产商的责难，章秀成说板子更应该打在政府身上，“我们只是羊，政府才是牧羊人，喂羊吃草、羊生病时看医生，这都是为了剪羊毛。”

章秀成是杭州一通房地产开发有限公司总经理。一通公司早在2005年3月就当上了全国“地王”，楼面地价超过2万元/平方米，并且这个纪录在四年半后才被刷新。这块地后来建设成“西湖8号公馆”，2007年销售时每平方米卖12.2万元，比上海汤臣一品还贵，引来对高房价的讨伐。汤臣一品11万元/平方米的开盘均价一度在全国引起巨大震动。一通公司使用“距西湖200米”的广告，杭州市物价局勘测实际距离为677.8米，由此认定其使用欺骗性语言、诱导他人交易的意图，对一通公司罚款15万元。

确实，在地价跷跷板的另一头坐着“经营城市”。

“经营城市”变成公共话题，是在2001年6月中国市长协会第三次代表大会上。当时与会的500多位城市市长和副市长均感觉到市场经济的发展对城市管理提出了新挑战，如何经营和管理城市变得十分紧迫。与会的大多数人认为，只有实行城市经营，才能实现城市的跨越式发展。

这个新概念由原杭州市委书记王国平最先提出，并成为他十年任期的中轴。

2000年4月至2010年1月，杭州在国内率先操作土地“招、拍、挂”的运营模式，杭州的城市规模迅猛扩张，余杭和萧山正式并入杭州市区，并先后设立了钱江新城开发区、下沙经济开发区、杭州西湖高新技术开发区等多个新兴经济开发区，进行城市“东扩”。此外王国平亦强调基础设施建设，曾提出“大刀阔斧”进行城市改造的口号，在杭州城区范围内进行“二纵三横”道路等多项改造。杭州的地产价格也在此十年内跨越式走高。同样在其任期内，西湖景区实现“西进”，并相继推出西湖新十景和西溪湿地景点，恢复举办西湖国际博览会。

“经营城市”也是青岛的主张。2000年年底，青岛市委、市政府力倡“学上海”，并组队考察上海。该年的最后三天，《青岛日报》连续刊登《资本化的上海》、《高新化的上海》、《全球化的上海》三篇文章。其中《资本化的上海》指出，在城市建设及管理上，上海提出了经营运作城市的概念，而不是单纯管理、管制城市，由此对城市基础设施进行资本化、市场化、社会化运作，上海改变靠政府拨款、靠财政的单一投资渠道，建立了市场化、社会化的多元融资渠道，一举解决了城市建设特别是城市改造资金不足的难题。

次年2月，在青岛十二届人大四次会议上，《青岛第十个五年计划发展纲要》报告第一次明确提出“经营城市”概念。接着，青岛展开“经营城市大讨论”，指出：“城市土地是城市赖以生存和发展的基础，是重要的国有资产。经营城市土地是经营城市的主要内容，也是城建资金的主要来源。”此后，青岛的地价越卖越高。每卖出一个高价，当地报纸上就宣传：这是青岛市“经营城市”的伟大成就。

青岛市国土资源和房管局用地处处长潘琪则挑明“要最大限度地盘活土地资产，把资源变成滚滚财源，增强宏观调控能力，促进城市基础设施建设”的意图。杭州的经验马上被移植到青岛。

2001年8月25日，青岛市举行第一次土地使用权和房屋联合拍卖会。3个地块吸引了51家开发企业竞相举牌，其中起拍价为2800万元的地块最终拍出5600万元。参加拍卖会的青岛市副市长杨军指出，这是政府、开发商和老百姓共同受益，并表示要加大主动储备土地的力度。2002—2003年，青岛连续两年召开“经营城市促进周”，政府的招商、土地集中拍卖是其重要环节。被一些市民戏称为“卖地周”。

其间青岛几个主要的城建项目，如滨海大道、浮山小区改造工程、东西快速路、安杭快速路、滨海步行街，几乎都是采用了政府以土地换投资的模式。

仇保兴将“经营城市”的理论升华。他当时是王国平的助手、时任杭州市市长。中国市长协会第三次代表大会后三个月，他撰文《经营城市与城市竞争力》，刊发在当年11月的《中共中央学校学报》上：“在城市相互竞争的过程中，谁在基础设施上先行，谁就奠定了竞争力的基础，所以每个城市都争相扩大投资强度。世界银行提示，发展中国家在人均收入超过1000美元时，基础设施的投入就显得越来越重要，而且在此阶段的某些发展中国家，对基础设施的投入将超过私人资本投入，因此建议基础设施的投入不能少于GDP的5%。如果城市政府按照这一比例进行基础设施政策，那么大部分城市所有的财力全部投入基础设施可能还不够。所以，每一个城市政府都希望能大量举债经营。这实际上是一种寅吃卯粮的行为。朱镕基总理最近就指出，地方政府不能过度举债建设。波兰曾经因地方政府大量举债而出现危机，因为地方政府的举债，最后只得由中央政府来偿还。结果，波兰出台了世界上第一部政府破产法律《地方政府破产法》：地方政府大量举债无法偿还，就实施破产，中央政府不承担债务偿还。这就要求每个地方政府在经营城市中，应实行有效的开源节流。”

至于开源，这位双料博士（复旦大学经济学专业经济学博士学位、同济大学城市规划专业工学博士）市长给摸索中的市长们指引了“杭州经验”：“首先是土地，因为土地凝聚着城市基础设施渗透的价值。所以杭州市从2000年开始，就对经营性土地全部实行公开招投标出让。就杭州市本级来讲，公开招投标出让与协议出让，同样的土地出让量，通过公开招标出让所得收益绝对量每年可增加12亿元，相对量增长40％左右。这不仅实现了土地资源价值的最大化，而且也消除了诸多暗箱操作的腐败因素。”

此文发表后的当月，仇保兴升任建设部副部长。此后，众多业内专家纷纷讨论“经营城市”，全国城市市长们则将之当作政治时尚，开始唱和。

2002年5月9日，国土资源部签发11号令《招标拍卖挂牌出让国有土地使用权规定》，规定自7月1日起，商业、旅游、娱乐和商品住宅等各类经营性用地，必须以招标、拍卖或者挂牌方式进行公开交易。

由于11号令以法规的形式肯定了“经营城市”的图谱——卖地修路，以土地做抵押获取银行贷款后再开发，于是地方政府的行政性投资冲动找到决口，“经营城市”之潮越发急啸。

此时沿用多年的协议出让土地仍是全国多数城市出让土地的主要形式，缓刑两年后，“8·31”大限才真正终结协议出让。

在2002年9月1日青岛香格里拉饭店召开的青岛“经营城市促进周”的经营城市论坛上，已经升任建设部副部长的仇保兴称经营城市要防止进入五个误区：“一是竭泽而渔式的经营城市。将有限的土地资源全部卖掉，结果出现了圈地运动。二是脱离规划式的经营城市。一切都由开发商说了算。经营城市不能背离规划，否则珍贵的历史、文化、景观资源就没有了。三是被动滞后式。生地还没有变成熟地，就忙着出让、开发。四是封闭捆绑式。主要表现为，一些单位为了搞项目，先向政府伸手要土地，然后再用土地的收益搞自己的项目。五是急功近利式。只顾眼前利益，忽视了可持续发展。”

央行原行长戴相龙也立于潮中。他2002年12月就任天津市委副书记、市长。在他到埠前三个月，青岛的“经营城市促进周”又吸引了全国的眼球：土地拍卖和挂牌出让9宗43公顷，成交金额达4.96亿元；住宅交易会成交和意向金额1.3亿元；通过拍卖、招商等方式，124个城市建设和奥运项目签约及达成意向金额总计22.33亿元。杭州的情况更令人眼红。由于率先以招拍挂形式进行土地公开出让，杭州房价昂头向上，销售畅旺，而周边城市的房地产市场，包括上海还处于萧索中。

天津率先执行11号令。2003年年初，天津市城建部门制定了中心城区土地市场建设“四个100%”的工作目标：凡《划拨用地目录》外的土地，100%实行有偿使用；凡各类有偿使用土地，100%入市交易；经营性建设用地，按照向国土资源部上报的方案100%实现招标、拍卖、挂牌转让；土地出让全市政府收益在2002年的基础上力争实现增长100%。明确鼓励更多的地产商激烈竞争，增加政府的财政。随后，天津制定了《国有土地有偿使用办法》，确定土地交易中心作为全市唯一的土地市场和土地交易的专门机构，保证了土地一级市场的政府垄断和全市土地集中统一管理。

除此之外，天津市政府像CEO一样，抓住一切可能的机会包装并推销城市。比如，住交会本是个揽广告的房地产展会，天津市政府却将其当作一个重要的展示舞台。在第五届住交会前，天津日报报业集团应天津市政府“宣传天津、展示天津”的要求，策划了天津市政府商务代表团系列活动，由天津市建委、规划局、房管局、津报集团主办，《天津日报》、《每日新报》、《城市快报》、《假日100天》为媒体主办单位，顺驰集团为特约顾问单位，进行天津市城市整体形象的营销。他们向展会提出举办“天津日”。“天津日”前一天，天津市副市长陈质枫率200人的政府商务团乘坐“天津日报号”飞机抵达深圳，每人胸前佩戴银底红色“天津”字样的徽标，十足外交访问的派头。“天津日”举办地五洲宾馆迎宾路两侧，插满“天津——希望热土、商机无限”的彩旗，宾馆前院摆着天津城市形象工程“银河广场”的微缩景观。展会期间，深圳高交会馆和五洲宾馆处处是标有“天津”字样的彩旗、气球、展板、拱门，300平方米的红色横幅仅现“天津”二字。

当时便有人预言，这又将是一个经营城市与招拍挂完美结合的范例。像庞大的地龙一样疯狂吞噬土地的顺驰从天津走出，自然不足为怪。

不过，“经营城市”这个新概念是舶来品。在日本出版于1971年的《城市的经营》里，就介绍了神户的城市经营案例。在广扩财源方面，神户发行地方公债和外债进行填海造人工岛的大规模城市开发，超前收购土地以备市政基础设施建设之需、据受益者负担的原则让房地产开发商负担相关城市基础设施的全部或部分建设资金等。然而，神户城市经营放在首位的是提高公共服务效率。神户市实施了对全体居民的问卷调查，以更好地把握市民对市政管理的需求；建立了审议会、市政监督员、市政恳谈会等多项制度，积极推进居民对市政的参与；市政府与当地的大企业签订了“公害防止协定”，明确了减少污染排放的目标与责任，尽量减小市场经济带来的外部负效应。当时的神户市长宫崎辰雄认为，一切行政活动的终极目标都是最高效地提高市民的福祉水平，如果说企业经营的理念是“以最小的成本获取最大的利润”，那么城市经营的理念就应当是“以最小的市民负担获取最大的市民福祉”。

在中国版的经营城市里，躲在市民的福祉背后的地方官员政绩才是主角。而地方官员短期出政绩之路只有一条快车道：城市建设，增加财政收入。地方官员们在这条快车道只懂驾驶“卖土地”这辆车。据国土资源部统计，至2002年底，全国累计收取土地出让金达到7300多亿元。在很多地方，来自土地出让的收入规模甚至不亚于税收收入，成为城市建设的主要资金来源。由城市政府建立“土地储备中心”垄断土地一级市场、以非市场化的方式低价征地后在二级市场上高价出让，成为各地城市政府的第一要务。

服刑中的青岛原市长助理、崂山区委原书记王雁曾对新华社记者说，地方官员短期出政绩就要加速城市建设，增加财政收入，房地产开发是最快捷的；房价上去了也就是地价上去了，城市的形象也就能上去。此种逻辑，无疑决定了地方政府官员以房价高低判断“经营城市”能力的思维定式。

卖地的冲动来自地方官员的政绩需求这一内驱力。青岛是国内15个副省级城市之一，青岛市委原书记、现因受贿罪被判处无期徒刑的杜世成很爱把青岛跟其他副省级城市比，据说排名上升一位就非常高兴，落下一两位就很郁闷，责怪下属。

任期内的GDP增长是考核地方官员政绩的硬条条，分解后就主要变成城市建设和招商引资。由于招商引资需要良好的城市基础，实际操作时便倚重城市建设。另外，如以城市化进度作为政绩目标，也需要城市基础建设和住房建设。

城市建设需要大量资金投入，但我国1994年实施分税制改革后，过去的“富地方、穷中央”一变而为“富中央、穷地方”，75%的增值税收归中央，地方只留25%，但地方政府得做的事一项没少。“政府一毛不拔，各项事业兴旺发达”的卖地，实则也是地方政府穷则思变的结果。

此种政绩观亦由我国现行的官员任期制决定。在目前的卖地体制下，在任地方官员卖了土地，收益便由他支配，用于本期的建设投资，打造出政绩。如果还有腐败收益，他所获利益就更大了。激励和约束不成比例，自然刺激地方政府热衷于卖地。

客观上，工业化和城市化进程，也从另一头要求土地由农业用途转向非农业用途。在现行制度下，集体土地不能出租、转让、抵押，只有变身为国家所有才能进入二级市场。因此，城市政府又找到一项财源——低价征用集体土地，再高价出让。政府的“七通一平”虽然能够产生一定的开发效益，但显而易见，最根本的收益来源是土地用途转变以后产生的级差收益。

通过经营城市，杭州不再破烂，西湖景区成为中国唯一不收门票的5A级风景区，开始有了经济适用房，医保范围覆盖至城市无业居民。

北京申办2008年奥运会成功后，青岛击败大连成为协办城市。青岛成为全国少数几个同时拥有经济技术开发区、高新技术产业区、保税区和出口加工区四个国家级开放区域的城市之一。这四大区域构筑起对外开放的大青岛新格局。

然而，经营城市的滥用，除高房价外，还增生其他问题。如2002年开通的青岛东西快速路，本来想成为解决“东西平衡、南北差距”的城市动脉，但因政府和投资商就土地问题产生异议，使快速路的设计缩水，几个立交桥衔接路段由宽突窄，四车道突然变成两车道，快速路不快反而变堵，尤其在上下高峰时。青岛市民讥讽它是“青岛最大的停车场”，杜世成的“堵死城”绰号也由此而来。

“经营城市”的风，今天仍在呼呼地刮。

2010年1月7日，邳州运河镇河湾村村支书孙孝军涉嫌组织200多名社会人员暴力征地，护地的22岁村民李冬冬被当场刺死。这一悲剧源于邳州的“经营城市”。2001年，邳州城区面积19平方公里，当时任市长的李连玉却想“五年再造一个邳州城”。在2007年扩大到50平方公里后，已任市委书记的李连玉不满足，要搞98平方公里的城市框架。在邳州市政府文件里，全市城市规划区共331平方公里。李连玉在2006年时曾向媒体解释大兴城建的目的，其中主要是经营城市，“以地生财”——由政府垄断土地一级市场，对经营性建设用地全部市场化运作，优先建设好周围基础设施，造就黄金地段，提升土地价值后，挂牌出让。

与扩张相对应的是大量侵占耕地。2007年国土部向全国通报8起违法征地典型案例，邳州市排名第二。由于国家死守18亿亩耕地红线的政策毫不松动，邳州市政府想出了很多“聪明”的招：每隔两年修改一次土地利用总体规划，将基本农田保护区、耕地位置等不断调整，例如将基本农田改为耕地，耕地改为荒地等；国家要求占地后须补充相同数量和质量的耕地，邳州就在北部山区，利用山头、山坡、沟渠、滩涂“开发”农田，划成农业示范园。对付国土部门的抽查，邳州也应付裕如。2009年11月国土部门抽查时，邳州在炮车镇、运河镇等地，在占用的基本农田和耕地外拉了围墙，堆上建筑垃圾，造成土地已是建设用地的假象，为今后再利用土地做储备；每天出一人50元的工钱，雇村民到千岛湖工地铺稻草和玉米秆，蒙蔽国土部遥感卫星。检查过后继续开工。

沿着徐连一级路、官湖工业园、炮车工业园、运河镇业园近40公里范围内到处是厂房。筑好巢后，他们四处寻“凤凰”，每年年初，都会成立十多个“招商局”到全国各地招商引资。可是来栖的“凤凰”少之又少，引进的是在别处不受欢迎的污染严重的夕阳产业，如化工、焦化。真正开工的厂房不足一成。有的厂区有围墙，却没修大门。有的厂房修好却没人没设备。比如投资2.6亿元的金凤凰家具工业园项目，占地1100亩，里面长满芳草。官湖镇村民说，该工业园实际开工不足三个月，以前上级来检查，市里就雇他们穿上工作服充工人。村民干脆在空厂房内放牲口、种蔬菜。邳州国土局内部人士称，那些买厂房的企业，基本先低价圈地，等过两年地价上涨再倒卖。

据2005年公开数据，邳州城建对GDP增长贡献率达14.4%。2003年以来，邳州主要经济指标在江苏省的排位连年攀升，“综合实力”跃入苏北最前列。2009年7月，邳州首次进入全国百强县（市）名单，其经营城市、卖地生财的模式被称为“邳州现象”，引致跟风学习和研究，全国有20多个省的300多个县市先后到邳州取经。

第四篇

“被城市化”的人和地

城市在高歌猛进，人们不得不被裹挟。即使只是表面上的迁徙自由，人们也潮水般涌往城市，向往那捆绑在城市住房上的福利——城市资源。强劲的市场需求，抬高了房价。同时，城市繁衍为“种”房子的良田，使得危旧房拆迁这一城市改造、升级的良性行为被各种利益相中，一次又一次地跨越道德和法律的底线，一次又一次地上演人间悲喜剧。最终，偿付的所有成本，全部计入房价。

谁都拿城市化说事

“城市化”（或称“城镇化”）像一颗钻石，最早的光芒闪现在1997年提出的“十五”（2001—2005年）计划中。在随后的“十一五”（2006—2010年）计划，它继续独占王冠。新近的“十二五”（2011—2015年）规划编制，聚光灯仍然打在它的身上。

对于国家而言，工业化和城市化是现代化最核心的两点内容。一个国家如果能够达到60%的人口是城市人口，那么可以称作是达到了现代化。崛起中的中国希望通过一种城市化的发展改变城乡的二元格局结构，进行城乡一体化的发展，实现城乡统筹发展。

这颗钻石对许多房地产商而言，是中国房地产业长期发展的最大利好。

孙宏斌首先发现了它的价值，从中窥见顺驰的远大前程。顺驰原高管杨庆允对作者说：“从世界城市化的发展进程来看，房地产市场发展最快的阶段是当城市化水平在40%—60%之间时。而2003年中国城市化率达到了40%，世界平均水平为50%，不仅落后于发达国家，甚至也落后于一些发展中国家。”

随后，王石的口吻竟与孙宏斌出奇一致，尽管原先他根本不屑那个“挑战小子”。在2007年J. P. Morgan在香港举办的CEO论坛上，王石称：“房地产行业发展的核心是城市化。中国的经济继续发展，到65%的城市化之前，住宅的需求不会停止，经济发展，城市扩大，农地不能动用（18亿亩农田已经不保），因此，结果一定是城市的土地越来越贵。”

在2009年8月新书《徘徊的灵魂》签售会上，王石依然把宝押在“城市化上”：“短期看，市场永远有许多不确定性。长期来看呢？中国的城市化率每年上升一个百分点，经济增速仍保持在世界前列，居民财富增加，在相当长一段时间内，给中国房地产行业发展提供了很好的大环境，对于这一点，我有信心。”

王石判断中国的城市化率（通常指一个国家或地区城市人口占全部人口的比率）在42%—45%，低于第三世界国家平均城市化率的55%。城市化的过程中，需要建设，所以住宅一直会有一个刚性需求。

据国家统计局数字显示，目前中国的城市化率已经达到45.6%。按照每年

1%的增长速度，到“十二五”末期，保守估计，中国城市化率会超过50%，即届时中国的城市人口将超过农村人口。如果以每年1%—2%的平均速度上升，意味着中国城镇人口每年都以1500万—2000万在上升，到达发达国家70%以上的城市化率水平还需20—30年。据麦肯锡全球研究所（McKinsey Global Institute）2008年就中国城镇化步伐与模式撰写的最全面报告显示，到2030年，中国城镇人口可能会增加近4亿，达到10亿人。

随着人口从农村转移到城市，城市房价将随之同步上涨，这是房地产商们的如意算盘。

客观来说，确实如此。

城市化自然要大量兴建满足城市人口（含新增人口）居住需求的住宅，财力有限的地方政府只能拆迁旧房盖新房，最大限度地享用既有的城市资源。在中国，城市的五官和身量全由中央政府决定，包括每个城市的人口规模，教育、医疗、能源、交通等资源的配置，公务员和警察等的编制，发展规划以及相关政策等。这种原本基于户籍制度的行政审批控制，并未随改革开放而变更格局。旧有的行政优质资源向少数大城市、核心城市集中的模式不仅未破除，更迅速衍变为核心大城市与中小城市、农村天堑般的差别。这种差别在个人就体现为教育、医疗、公共服务、基础设施、公共交通、就业、保障、收入等的差别。城市公共资源，实质是捆绑在城市住房上的城市福利。人口的迁移，自然犹如百川汇海，毫无限制地集中向核心大城市。

以教育为例，我国高校考试、招生一直长期实行“户籍加学籍”的模式，考生必须在户籍所在地参加高校入学考试，其考上大学的机会大小完全取决于各高校在本地招生名额的多少、教育行政主管部门与各高校掌控分配名额的权力。如此，北京等核心城市的高考录取分数线竟然远远低于其他省市。即便在三位山东考生2001年8月起诉教育部侵犯公民平等教育权后，控额分配制度照旧铁板一块。

2001年8月23日，应届高考考生命运既定的普通日子，三个女孩子及其代理律师来到北京最高人民法院，递交行政诉状，起诉教育部侵犯了公民的平等教育权。她们是山东青岛应届高考考生姜妍（理科）、张天珠（文科）、栾倩（文科），高考总分分别是522分、506分和457分。按照山东省高考录取分数线，姜妍和张天珠只能读高职或电大，栾倩则落榜。

这一年大多数地方仍然是高考统一命题，一样的试卷，考生的命运却因地域而迥异。北京的重点录取线是文科454分、理科488分，而湖北文科524分、理科555分，与北京“手拉手”的河北则是文科537分、理科572分，跑到福建，又涨了一截，文科544分、理科605分。悬殊最大的是山东，文科580分、理科607分，足足比北京高出100多分。

姜妍、张天珠、栾倩如果身为北京人，完全可以读清华、北大。她们当年到北京，如果从济南坐快车，600公里只要五个小时。

地域的不平等在山东曾经走向极端。2001年前山东各地市高考录取线单独划线，照搬核心城市天然拥有特权的逻辑，省会城市济南和计划单列市青岛，录取线一直比烟台、威海等地低。

2009年情形依然。高考本科一批的分数线，北京文科532分、理科501分，而山东则是596分、586分，分别相差64分、85分。这时候济南到北京乘坐D字头“和谐号”动车仅需三小时。

北京成了高考的价值洼地，为了孩子顺利考上好大学，不断有外地家长设法搞到北京户口。中国人民大学教授李珍长期从事社会保障研究，原先在武汉大学任教，她的很多同事都希望调往北京，不为别的，主要就是考虑子女高考。她接受《中国新闻周刊》采访时说：“户籍问题长期以来被认为是一个城乡二元结构的问题，这是不对的，还有一个重要的方面是城市间人口流动的问题。”

对外经贸大学青年教师廉思所研究的“大学毕业生低收入聚焦群体”，更典型地映射着这种流向。这个群体有着和蚂蚁一样的高智、弱小、群居特点，廉思给他们取了一个让人心酸的名字——“蚁族”。

单在位于北京市海淀区最边缘的唐家岭村，就住了约四五万“蚁族”，其中九成以上为非重点大学、民办、专科学校毕业，而该村仅3000名本村人。大多数“蚁族”干着非体力劳动的简单活，卖保险、拉广告、推销电子器材，甚至在餐馆端盘子。据廉思的课题组2008年调查，“蚁族”月均收入1956元，而同期全国城镇职工平均工资月收入2435.75元，北京市职工平均月收入3726.25元，“211”大学毕业生毕业半年后的平均月薪为2549元。北京城市居民人均消费支出每月1464.42元，而“蚁族”只租得起每月两三百元的床位，有的每天只吃两顿饭，乘公共汽车到市内单位需要花上两个小时，甚至更多，月均消费1676元。2009年他们的平均消费支出如下：房租377.24元，吃饭529.13元，交通82.01元，电话82.01元，上网95.20元，娱乐开销281—98元，其他主要花销262.70元。

洪建修2006年7月从东北林业大学一毕业，就坐9个小时硬座来到北京，仅带了一个大书包和一张余额1200元的银行卡，书包里装着上学时的计算机专业书。一到唐家岭，洪建修对北京的梦想就给狠狠地砸到地平面以下。唐家岭完全没有北京模样，是典型的“脏乱差”的城乡接合部。街道狭小，楼房乱杂，钻击声和电焊声盖过了蝉鸣，当地居民拆、建房运动无休无止，遍布街道的两元店、三元店昭示着这里的生活水准，早餐摊点满是污垢，电线杆穿着由小广告缝缀成的百衲衣，龇牙咧嘴地招租房客，生活垃圾随处堆积，私人小诊所像游击队般四处出没。

别人帮忙租好的一间房只有一张硬板床，月租280元，两人合住。洪建修买了床薄被，几本专业书为枕。套房没有卫生间，只能上公共厕所。他说：“在里面（公共厕所）待五分钟再出来呼吸新鲜空气，就知道什么叫做幸福。”北京的夏天气温30多摄氏度，花40块钱买的电风扇吹出的都是热风，这样也只能每晚定时一小时，他怕电表走字。

北京科技大学毕业的郑章军住在二里庄小月河亿展学生公寓。不到20平方的房间似大学宿舍，三张上下铺、两张桌子，住6人，每人半年房租1350元。那里蟑螂横行。刚搬去的第一个晚上，单住对面屋的女孩害怕蟑螂，不顾忌与五个男人共处，留宿他们的空床位一晚。这个夏天的某个早晨，睡郑章军下铺的室友醒来，发现鼻子爬进了一只小蟑螂。到了周末，他们关门喷杀虫剂。等下午回来发现满地都是死蟑螂，足有一两百只。

陈华找工作时的境况更惨。拿着中央党校工商管理专业的大专文凭，他四处碰壁。这期间，他没跟安徽安庆农村的父母要钱，自己撑着。最后吃饭都快成问题，有个星期只花了十来块钱，靠馒头维生。陈华的第一份工作底薪800地，推销教育培训课程。公司在北京东南的劲松，住地在北京西北方的骚子营，来回路程六小时，单程要倒三四次公共车，他每天5点多就得起床。

一切皆为在北京站住脚，最终买房，扎下根。郑章军的前女友曾对他说：“如果你有房，今天我就嫁给你。”　刘东，湖南人，2006年毕业，数次在“聚居村”内外搬迁。他说他只需要一个首付，只要有了首付，他再苦也要买房，拥有属于自己的家。王勇月薪5000元，仍然住在唐家岭，除了房租550外，其余开销不到1000元。他说：“住这儿性价比高啊，生活成本低，攒几年钱，争取把生意做大，给爸爸妈妈买套房住。”

留在北京的原因，49%的受访者是“在大城市学习深造机会多”，28%因为“大城市工作条件好（工资高、福利好）”。一个男孩志毅说，北京的很多东西比家里便宜，比如肉。

廉思的研究小组曾对北京、上海、武汉、广州、西安五个城市进行抽样调查，估计全国约有超百万“蚁族”，北京、上海、广州十多万人。北京的主要聚居在城乡接合部，上海的多住在分隔成格子间的公寓里，广州主要在城中村。二、三线城市（包括县城）与大城市差距太大。一个男孩的回答极具代表性——“我的专业是国际金融、国际贸易、电脑编程，我回县城、农村能做什么？”并且那些地方更讲究人际资源，出身平民或农村家庭的“蚁族”们，更不易找到立锥之地。他们绝大多数来自农村或县级市，很多家庭年收入低于5万元。

对调研问卷的“你为什么留在大城市”，“蚁族”们的依次选择是：“一是为了梦想；二是为了父母，我可以过得很苦，但不能让爸爸妈妈苦，我现在苦是为了将来把父母接到北京来住；三是为了孩子，我可以苦，但子孙后代不能苦，不能奋斗了18年才和城市里的80后一起喝咖啡；四是为了爱人、女朋友；五是大城市的工作机会多、学习机会多。”

“蚁族”只是流向大城市的一支小溪流，大城市人口急剧膨胀已成不争的事实。

据统计，北京实际居住人口（常住人口＋流动人口）已超过2200万人，瞬间甚至突破3000万，外来人口实际已有八九百万，远远超过公布的2009年末北京市常住人口1755万、外来人口509.2万的数字。北京市房协学术委员会委员蔡金水接受媒体采访时说，作为新确定的国家五大中心城市之一，预计未来北京人口规模将突破3000万人，甚至达到6000万人，无论用何种行政手段都无法阻挡北京人口继续增加的趋势。

针对大城市房价高企的问题，华远地产董事长任志强在其博客上撰文指出：“不是地方政府无能，而是当地方政府为户籍市民提供了更多优于其他城市的公共资源与服务时，就拉大了区域间的公共服务分享上的贫富差别，就对无数非户籍人口产生了强大的吸引力。而地方政府却无法用柏林墙来限制外来人口的自由迁移，同时他们又没有能力超越计划管理的权限无限制地为这些非户籍人口迁移提供更多的可居住建设用地，市场就自然而然地用住房的价高者得来平衡两者之间供求严重不平衡的矛盾。”

为了让人理解，任志强不忘打了个比方：“一辆要出发的列车，如果排队的人太多了，谁都想上，本应按排队的顺序先后安排，但如果资源稀缺就会有人出高价而想排到前面。市场竞争的结果就是资源的稀缺让价高者得，房价也就成了竖在户籍制度之外挡住那些都想向资源优越的城市涌入的门槛。这个门槛也会在供求关系中潮涨潮落，少数城市的房价过高正在于这个少数的特殊性。个别城市的房价过高，正在于这些城市的个别性。”

“钉子户”时代的拆迁

《物权法》出台前，城市拆迁户的利益被公然漠视。当吴蘋作为“最牛钉子户”被媒体大书特书之后，一些大城市的拆迁户有了跟政府、开发商讨价还价的可能。

拆迁成本的增长也在垫高房价。

城市人口的膨胀，最终使城市蛛网式扩张，边际不断外扩，郊区变市区，农村变城市。如此，一部浩大的“拆迁”连续剧，跟随30多年的改革开放而播出，越来越多的城市和农村居民“被主角”。

当美国3D电影《阿凡达》在中国热映时，中国观众竟将其主题解读为反拆迁。其实，《阿凡达》讲述地球某商业公司欲夺潘多拉星球土著纳美人地下某种稀有矿石，混合人类和纳美人DNA的阿凡达，与纳美人奋起反抗。

确实，绝大多数被拆迁户完全处于弱势地位，被强制接受极低的拆迁补偿标准。如果不接纳，房子将被强行拆除，甚至会置身于黑社会电影的恐怖一幕中。

“不搬走就放火烧死他们”，这样的话竟然不是停留在嘴上的威胁。2005年1月8日晚上，居住在上海乌鲁木齐中路麦其里62号的朱水康一家安然入睡，浑然不知厄运这条狗已经蹲伏在家门口。62号是一幢三层的旧式老洋楼，朱家住在顶楼，楼下邻居已经接受签了拆迁协议搬走了，只剩下朱家三代五口。凌晨1点30分，二楼的木楼梯起了火，70岁的朱水康醒了，敲响儿子朱建强和儿媳周莉的门："好像有烟味啊。"朱水康夫妇的卧室与儿子和儿媳、孙女朱婷的卧室相隔在楼梯两边。周莉迷迷糊糊地拉电灯，灯不亮。出于本能，她冲去开门。火立即扑进屋。她赶紧抓起两只开水壶，以水熄火，却无济于事，火苗蹿得更猛。她慌了神，冲到床边，拉起丈夫朱建强，再叫醒女儿朱婷。同一时间，只听"咣啷"一声，烧着的门倒下去，楼梯和走道一片火海，周莉已经听不到公公和71岁的婆婆李杏芝的呼救。接着，冰箱"噼啪"炸响，炸裂的滚烫铁屑飞溅到周莉、朱建强、朱婷的背上。他们只能往窗口逃生。朱建强爬上窗台，伸手拉朱婷，周莉在下面推。等朱婷爬上窗台后，周莉才爬上去。几秒钟后，火舌卷到了窗口，冰箱烧爆，发出一声巨响。他们顺着窗下边沿来到隔壁三楼的平台，大呼救命。工地看守发现楼房失火，赶忙拨打火警电话。刚好工地上停着一辆翻斗车，看守叫醒翻斗车司机，将翻斗车靠近三楼平台，升起翻斗将朱家三口救下。通往三楼的木质楼梯已经完全烧毁，三楼两间房屋的屋顶也被烧塌，无法靠近。一家人只能眼望着大火哭泣，无法去救两位老人。几分钟后，吴兴、嵩山、静安多个消防中队的6辆消防车赶到现场。40分钟后，消防人员将困在房内的两名老人救出。然而，他们已经停止呼吸。

朱家这幢老楼处于水火之中并不是第一次。朱家下面的一楼发生过三次小火灾。朱家的老邻居称，在此之前，麦其里已经大小发生过至少十次火灾，大火灾至少有七八起。其中一次有报警记录。2004年4月10日傍晚，乌鲁木齐中路179弄29号底楼（麦其里小区的外围部分），该楼底层的叶金汉家被烧，目击者们回忆说"火从一楼一直烧到三楼"。叶金汉报案时明确指控此为拆迁公司所为，从2003年6月到2004年双方一直达不成协议，而拆迁公司则称是叶家有人为了想获得更多赔偿而故意纵火。

经过一个多月的侦查，2005年2月24日晚，上海市公布朱家大火的真相："1·9"纵火案涉嫌者是上海城开（集团）有限公司的下属拆迁公司上海城开住宅安置有限公司副总经理杨孙勤及职工王长坤、陆培德。据王长坤向上海警方交代，当时该公司副总经理杨孙勤授意"弄把小火吓吓他们"，陆培德转达此意，王长坤实施放火。1月9日凌晨1时许，王长坤将携带的汽油泼洒于朱家底楼楼梯及平台处，点火引燃后逃离现场。

麦其里解放前属于法租界，旧式里弄与老式别墅错杂，毗邻上海市中心，面积约2万平方米，与和记黄埔开发的上海市中心顶级豪宅之一——汇贤居仅一路之隔。2002年初，麦其里成为上海徐汇区内第一块通过市场投标出让的地块。上海城开（集团）有限公司以2.65亿元得到麦其里地块，其后动迁交由上海城开住宅安置有限公司负责。上海城开（集团）有限公司是上海徐汇区政府的合资公司，而上海城开住宅安置有限公司前身是上海城开（集团）有限公司动迁部。2000年前后，这个动迁部改制，由集团公司控股，员工和经营者持股。

上海城开住宅安置有限公司给居民们开出的两个迁居方案，一是搬迁到上海的郊区徐浦大桥一带的居民小区，二是给予货币补偿。徐浦大桥的居民区离市区远，上班不便。以朱建强为例，他每天到市中心上下班得耗在路上几个小时，路费也成为这个家庭的一笔负担。朱建强是工商银行某支行后勤部门的老职工，每月总收入仅1000元出头，周莉失业，朱婷每学期学费就要2000元上下。并且那里各种公共设施也极不健全。麦其里小区的居民一户人家一般只有二三十平方米的居住面积，像朱家30多平方米，开给他们的货币补偿仅12万元左右。以2004年的货币补偿单价标准，4500元／平方米+20%的价格补贴系数，也不过20万元。汇贤居售价达3万—6万元／平方米，以附近楼房均价2万元／平方米计，三四十平方米的小套房也需要六七十万元。居民们只想回迁。一位一直未签协议的居民说：“我们在这里生活了五六十年，为什么我们的生存与生活就要为他们的生意作非常吃亏的牺牲呢？我们什么也不要，只想回迁。”

2001年10月8日，上海市房屋土地资源管理局的沪房地资安〔2001〕532号文件批准麦其里成为旧城改造项目。依据上海市《关于鼓励动迁居民回搬推进新一轮旧区改造的试行办法》（沪城建2001第0068号）和《鼓励动迁居民回搬试点地块报批办法》（沪城建2001第212号文件），原住民拥有回迁的权利。然而，徐汇区有关政府部门和城开安置公司却声称此地早已“变性”，2001年11月23日，徐汇区计划委员会已同意将麦其里动迁项目改为“土地储备项目”。不过，至2002年2月25日，徐汇区通过《徐汇报》在报道上海城开（集团）有限公司中标麦其里地块时，使用的字眼却是“徐汇区新一轮旧城改造首次土地使用权招投标”。

上海民间学者王炼利指出，上海在1980年时中心城区有437万平方米危棚简屋，到1990年还剩下123万平方米，10年减少了314万平方米，1999年，除浦东新区外的9个中心城区还有危棚简屋42万平方米。然而到了2004年，9个中心城区危棚简屋面积仍然有26.55万平方米，五年只减少了15.5万平方米，而同期黄金地段的新式里弄房子却拆了41万平方米，一等旧式里弄拆了154万平方米。“20世纪90年代后期开始，大动迁就是致力于动迁黄金地段的房子。”王炼利说。

上海2001年的68号文件规定，旧城改造项目为了鼓励开发商吸纳回迁的原住民，可以为开发商免除土地出让金。2001年实行土地招标后，上海规定土地中标价的30％上缴市政府作为土地出让金。“旧城改造”使城开集团的唯一股东徐汇区政府可以免缴7950万元的土地出让金；土地“变性”，上海城开（集团）有限公司连原来应该给一千余户原住民的回迁安置房也可悉数吃下。若每平方米回迁房与补偿价的差额以1.5万元计，每户20平方米，1000户则达3亿元。

谈不妥，就强制拆迁。2004年5月10日，76岁的老人任菊英的家被数百人组成的强迁队伍强制拆迁。任菊英称，她的腿被拖伤，二儿子被打伤，全家的所有衣物被埋在废墟里，两万元的现金也来不及拿出来。半年多来，小儿子一直为此事在北京上访。此后，她一家只能租房住。

2003年上半年，动迁完成90％。不愿签合同的“钉子户”生活更加不安宁。断水断电、放火恐吓、泄放煤气、围殴居民、撬坏门窗、砸毁楼梯、掀揭瓦片、堵塞门锁、砸碎玻璃等“怪事”经常发生。仅在2004年8月5日至2005年1月17日之间，一家“钉子户”就在徐汇区分局湖南路警察署留下了六个报案记录，包括火表与电线被剪，玻璃被砸，煤气被放，其中在2004年11月4日，报案记录称“动迁组工作人员王长坤带人将其家的入户电缆线剪断，致其家中断电”。

还有更恶劣的黑社会手段：泼大粪，扔黑砖。一到夜里，就有人躲在暗处向出门的居民扔砖，或潜入居民家的厨房，向饭碗和面盆里倒大粪，甚至将满满一桶大便扔进居民家的窗子里。

拖到2004年底，包括朱家在内坚持回迁的“钉子户”还有70多户。周莉说：“城开公司的暴力逼迁活动越发频繁和猖獗，我家厨房的煤气灶多次被人开阀放气，或干脆拔掉橡胶软管，蓄意制造煤气泄漏，幸亏我们几次都发现及时，才未酿成煤气中毒事故。而家里的窗户玻璃则经常被飞来的砖块砸碎，麦其里有些维权居民索性把窗玻璃用透明胶带贴成‘米’字形，以防碎玻璃飞溅伤人。走进麦其里，就像穿行在空袭下的战争年代，几乎没有一家的窗玻璃是完整的。居民们在恐惧中度日如年，报警没用、上访没用，任何权利救济手段都归于‘零’，麦其里完全成了一个无政府社会！”

2004年12月14日下午5点多，王长坤带着一个民工拿着大力钳闯入朱家所住62号二楼走道剪断电线。“想到女儿晚上要做功课，想到打110没人管，想到老公白白被他们毒打，想到各级政府都不管”，周莉觉得活不下去了，便找出一块四尺长的白布，用红色油漆写上“动迁打人 揭瓦片 停电没人管”，披在背后再打个结，又拿起一瓶敌敌畏，骑自行车往康平路街道办事处。到时已是傍晚6点多，她喊完“动迁组打人、揭瓦片、停电没人管”后，打开敌敌畏就喝下去。在她住院抢救的一周内，城开公司有所收敛。待她出院一周后的一天上午，城开公司又来剪电线了。她到湖南街道办投诉，要求12点钟前接好电线，如果不接好，就拿着菜油到康平路街道办自焚。湖南街道办立即派人接好了电线。此后至“1•9”纵火案前，稍微平静，只有三次“小捣乱”。

“1•9”纵火案曝光后，2005年6月徐汇区城市规划管理局将麦其里地块用地性质调整为公共设施用地，上海的拆迁也开始由铁腕变“柔板”。

2006年8月，上海市政府发布61号文（《上海市城市房屋拆迁面积标准房屋调换应安置人口认定办法》），将“应安置人口”作为动迁安置补偿的参考依据，而非过去只参照户口。随后，此项人性化的政策导致涉及拆迁的浦东新区居民大面积“婚变”，因为除了有户口的居民外，符合条件的应安置人口的未成年子女和配偶算“应安置人口”，此外，尚在腹中、6个月以上的胎儿，凭相关证明也算一个“应安置人口”。

上海市浦东新区梅园新村街道乳山一村极为典型，被媒体报道。乳山一村一站路外就是东方明珠电视塔，距“全球第一高楼”环球金融中心不过一公里。大多数村民为了多获得拆迁补偿，不约而同地“婚变”：离婚、结婚、再离婚、与前妻复婚。被小市民鄙弃的“拖油瓶”（带子女改嫁）突改形象，成了抢手的新婚对象。老邢一家领了3张结婚证：他们夫妻先离婚，然后又各自结婚，各自多了一个孩子，他们共同的女儿适时结婚，从医院开出了怀孕证明。这样，老邢家将可以算作9个应安置人口。翻手覆手间，爱情高深了起来。冯先生与妻子在离婚14年后复婚；老黄则在同居数年的女友和农村带孩子的外来妹之间难以抉择；尽管感情出现了隔阂，陶妍和男友还是结婚了，算上腹中的胎儿，陶家新增两口人，拿到了两套房，而且男方家也在拆迁，陶妍还算进男方的人口。一个人头15万元的底价，鲜有人能抵挡。崂山西路501弄23号的四口户之家，“引进”6个人，共拿到186万元的补偿款；乳山一村11号三层的一家更有本事，一个户口招进了10个人，补偿款高达200万元；靠娶有一个孩子的外来妹，50多岁的老光棍阿强得到一套80平方米的房，还有一笔不菲的补偿金，他苦挨了半辈子，终于过上了满意的生活。

住在上海市区的刘大妈亦受惠于此项政策，变身“贫民窟里的百万富翁”。

62岁的刘大妈住的棚户区房，正对上海火车站北广场的眼镜城，占地面积仅11平方米。她记得小时候一家五口只有一张床，白天得拆了立在墙脚。小平房与邻居肩并肩、背告背，三面无窗户，打开大门才有点光线进来，因此阴暗潮湿。20世纪60年代末哥哥结婚，她家的平房上盖了一层。后来弟弟结婚，家里的房又加盖了一层。她结婚几年后丈夫早逝，夫家住房逼仄，她不得不带着两个女儿搬回娘家。那时，她父亲已没有能力再为她一家加盖房子，就在底层腾出一间4平方米的房给她娘仨。

2009年，这个棚户区终于要拆迁了。按过去的拆迁方案，刘大妈顶多能按4平方米得到补偿。而且，由于她算出嫁女，哥哥和弟弟家极可能不乐意分她一份。此次，她家的“应安置人口”有6个，如果不要安置房，每人可补23万元，如果要房每人补19万元，再减房价。两个女儿没有正式工作，不必买市区房，她们选择去远郊的宝山顾村安置房。这样，她家分得两套房，三室一厅和两室一厅，总价分别是40万元、32万元，还得到退还的40多万元。她每月靠不足千元的低保维生，补偿金是她这辈子见过的最多的钱。她哥哥和弟弟两家，也共获得三套住房和退款。

如果说因“1·9”纵火案上海拆迁态度有所改变，其他大城市的态度转变则因重庆“最牛钉子户”事件。

2007年3月21日下午4时，杨武来到重庆杨家坪正升百老汇工地，沿着垂直的土坡，攀上了孤立于周围17米地基深坑的房子边。这栋如同孤岛般的小楼就是那栋3月初以来在网络和媒体上备受关注的“史上最牛钉子房”。杨武即是那个神秘的“史上最牛钉子户”户主。

杨武从凿开的墙洞进入屋内，旋即出现在楼顶，展开一面国旗，左右挥舞。

20分钟后，杨武将国旗插立于房顶，再在面向杨家坪轻轨站的一面墙上，拉出一条白布横幅，上书“公民的合法私有财产不受侵犯”。

此时，杨武的妻子吴蘋和她哥哥正站在房基下，他们搬来一桶矿泉水、两袋食品及一床被子，准备运上去。房基边原来用于攀爬的十来道土坎，这天上午9时她哥哥来时尚有，现在已被铲去。他们只好将一条绿色粗尼龙绳抛给杨武，陆续将东西拉上去。

一个折叠床、一瓶液化气、几样炊具也被杨武拉进了房里，他准备驻扎在自己的家里，为自己的房子战斗到底。

这个地方，吴蘋已经两年半未回来过。这次来，她本来是准备执行3月19日重庆九龙坡区法院的听证裁定——限期3月22日前搬迁的。按照法院裁定，在这个限定日期后，这栋219平方米的房子将被强制拆除，“史上最牛钉子户”将仅存于历史的记忆。

但杨武和吴蘋不甘愿在斗争了两年半后竟然是如此结果。

这栋两层楼的房子毗邻杨家坪轻轨站。经轻轨站的廊道前往杨家坪步行街或坐轻轨的人朝下俯瞰即见。

每次搭轻轨，吴蘋也像路人一样看一看，顺便聆听旁人的评论。她说她听到最多的是“好可怜，好造孽”，“肯定是开发商不对，不然早拆了”。这些话让她心里不是滋味，感到“又伤心，又怄气”。

对她而言，这栋219平方米的小楼承载的实在太多。

这是丈夫杨武祖上传下来的房子，修于1944年，原来是木质结构，一底一楼。1957年，国家将所有私房收归公有，由房管部门统一分配，杨家的这栋房子也不例外。1983年，吴蘋与杨武结婚无处可居，吴蘋“通过书面的，层层向各级政府反映”。根据杨家为穷苦人家，不属于没收，符合返还政策，如此，房子还到杨家手中。“当时很轰动，在重庆市可能都是第一户。”吴蘋回忆说。杨家有8个子女，杨武在男辈里最小，“加上唯有他生了男孙”，所以得以从父母那里继承了这一房产。

在很长一段时间里，这个房子所在的鹤兴路是重庆杨家坪一带繁华的商业街，临街铺面主要是做餐饮，被当地人称为“好吃街”。拥有自己的房子后，杨武辞职，把房子变成酒楼，“生意红火得很，自己的房子，成本低，赚得比别人多”。

1993年，杨家的房子年久失修，有垮塌危险。吴蘋向房管所申请排危，在交了十多万元配套费后，获批准在原址重建，杨武夫妇于是建起了现在人们看到的这栋砖混结构的小楼，“连建带装修，花了几十万。”吴蘋说。

然而，杨家的房子还未干透，鹤兴路就张贴出拆迁公告，宣布重庆南隆房地产开发有限公司（以下简称南隆公司）为拆迁开发商。同时，红线内的居民户口被公安部门全部冻结，准出不准入。

此时，在周围日益兴起的高楼大厦映衬之下，鹤兴路地区已成为危旧房集中的棚户区。除了杨家新翻修的房子之外，这里多是木质结构和穿逗结构（竹篾敷泥作墙）的房子，经常发生火灾，经常发生下水道堵塞。

南隆公司称，拆迁之后这里将建成53层高的商住楼，旁边还有裙楼，所有拆迁的经营户都将获安置到裙楼。南隆公司甚至将规划楼房的有机玻璃模型放在当地电影院门前展览。这对鹤兴路这些长久住困危房中的居民来说无疑是有吸引力的，他们基本上都想早点拆迁。

“最划不来就是你。”邻居们纷纷对吴蘋和杨武表示同情。但吴蘋还是填了拆迁意愿调查表。在货币和还房两项选择上，她勾了“还房”。

不久，居民们看到有人来钻地表，取土壤标本。可是，后来就没动静了。几年过去了，吴蘋和其他拆迁户多次找南隆公司询问何时拆迁，都说不知何时。

接着，鹤兴路居民中开始传言南隆公司是个空架子，1992年就拿到拆迁许可证，然后遇到宏观调控，从银行贷不到款，开不了工，到2002年政府又要收回土地，南隆成了居民口中的“烂龙”。

然而，拆迁公告一出，10年的经营好景便如流水而去。“1992年一说拆迁，鹤兴路门面就不值钱了，成了渣滓街。”同是拆迁户的吕亚丽说。

2004年8月31日，鹤兴路又张贴出拆迁公告，拆迁公司中增多了一家叫重庆智润置业的公司，九龙坡区房管局和开发商方面的代表也再次来到片区调查拆迁情况。

那天，吴蘋也跟着众人去填调查表格。

“我的户头，17号的户头谁管？”吴蘋问调查人。17号是她家在鹤兴路的门牌号。调查人指定了房管局一个王先生后，吴蘋对他说“我就还房”。

动迁开始的那个月，虽然自己已经不住在那里了，但吴蘋天天到鹤兴路去。她得到的补偿评估情况是：货币安置，商铺平街每平方米1.3万元，二楼每平方米3000多元；住宅每平方米1000多元。实物安置按“拆一还一”，还到临近的谢家湾。这一价码令多数经营户无法接受。要知道，“当时就算是在石坪桥（重庆的偏僻地段），修好的商铺每平方米也卖1.7万，那里的位置无法与鹤兴路相比，鹤兴路紧邻轻轨站和2003年建好的杨家坪步行街，是九龙坡区的商业中心地段。而附近杨家坪普通的商铺也在每平方米3万左右。”一位拆迁户说。

而让吴苹更加不满的是，她家的房子是新翻修的砖混结构，按照这个评估，她得接受跟其他穿逗结构和砖木结构的老房子一样的补偿标准。

在与开发商多次交涉之后，2005年夏天再度评估后，价格调整，拆迁户们的实物安置多了两个选择：地段稍好的斌鑫世纪城二、三楼或者位于拆迁原址的正升百老汇楼负一楼。

这一补偿计划公布之后，更多的拆迁户离开了鹤兴路。到2005年年底，281户只剩下了七八户。

原计划要跟吴苹一起战斗到底的陈志强也不得不走了。陈手上有6本产权，其中一个门面是跟朋友合股。朋友做生意借了钱必须还，手头亏空。更主要的原因是，“这里越来越危险了”。多数住户拆迁时，鹤兴路失火三次，一次是吴苹邻居；一次是房管所的房子，基本烧光了；一次是陈自己家，房子的楼板烧穿了。陈的妻子吕亚丽说，她见过以前其他地方的强拆把人从房里强拖出来指甲壳都拖掉了的情况，怕了。

陈志强接受了原地回迁——负一楼30多平方米的补偿。

那天，协议未签之前，吴苹给陈志强打电话，电话里说了很久，她问陈为何要走，她不相信这是真的。但是陈志强说，他必须走了。

到2006年9月，鹤兴路这个拆迁片区，只剩吴苹一家。

到现在，成了著名钉子户，吴苹没想到。

2007年3月9日，吴苹接到在北京读大学的儿子电话，她才知道自己和家里的房子在网上一夜成名。吴苹不上网，她不知道是谁在网上发的帖，帖子上说的她“要价2000万元”的话让她不安。“我没有要这么高的价格啊！”她说。

在这片工地施工的小卓本来一直忙于准备施工资料，没有时间上网。几天前，他的一个朋友突然问他：“你们那里是要搞个天井，还是弄文物保护？”

大家都在问“最牛钉子户”从何而来。

从2006年9月以来，吴苹和开发商多次协商，记录在册的就有三次，分别是：2006年9月14日、9月18日和2007年2月9日，地点都在房管局办公室。

第一次，吴提出除实物安置外，另补偿约515万元。分别是：1. 从2004年10月5日动迁期结束至2006年9月14日，共23个月，按每平方米200元/月（临时过渡门面价均价），赔偿1007400元。因为这段时间，拆迁人断水、电，随后又断交通，使他们无法营业，造成巨大经济损失。2. 从1993年3月至2004年10月，共计138个月。按每个月直接经济损失3万元计算，共414万元。这是因为南隆公司进行了前期拆迁工作后，由于自身的原因造成地段价值损失，店铺经营亦受损失。同时，她还要求，在原拆迁范围还营业房，“一楼还一楼，二楼还二楼，朝向不变，左右一点均可”。

但是智润只同意，货币安置的话，给350万元，因为杨武的房屋评估价只有250余万元；实物安置不能回迁，安排到邻近也在杨家坪步行街范围内的斌鑫世纪城二、三楼。

4天以后，双方再次协商。吴蘋又在第一次补偿的要求之上增加了价码，这包括“补偿楼顶10平方米断水冒亭和85平方米违章建筑，赔偿被盗物品（价值12万）、装修补偿18万”。

智润向房管局提出行政裁决申请，要求杨武限期搬迁。2007年1月11日，房管局做出了裁决：要求杨武在“收到本裁决书之日起15日内自行搬迁，并将房屋交由智润公司和南隆公司拆除”。

然而，因为吴阅后拒绝签收，法院的裁决书一直都不算真正送达杨武、吴蘋手中。

智润与吴蘋的协商没有因此断绝。2月9日，智润表示愿意增加70多万元的货币补偿。“南隆问题上，货币安置补助40万，实物安置补10万；智润问题上补助10万；断水冒亭和违章建筑每平方补助300元；共墙补偿每平方500元；被管物补偿1万元；装饰补偿1.5万……”

双方从下午2点30分协商到晚上10点，晚餐一人吃了一个面包，最后还是因为吴不满意智润给的补偿价格，没有谈拢。

智润未想到2006年5月的第一铲下去后，事情会拖至今日。

“我们投资了3个多亿进去，每天光利息就6万多。而且我们还有国有资产保值、增值的考核。”智润开发部经理王伟说。占智润股份51%的正升置业有限公司是国企。

王伟一直代表智润跟吴蘋协商，“谈了不下30次”。在王印象中，吴蘋一直表态很好，总表示配合。事情闹到这个世人皆知的局面，王认为“可能是吴心目中的补偿价格与政府批准价格差距太大”。而且，吴蘋坚持要原地址、原位置、原朝向安置，“原址在规划中居于主力商店的中庭，不可能安置给她。”王说。

至今，王伟未见过杨武，拆迁的事情都是吴蘋出面。

王记得在早期的协商中，吴蘋谈及国际、广州、上海、北京和深圳的房价，也说到2005年杨家坪新建最贵商铺的价格每平方米10万元，然后说“你们开发商往上喊价，100万、200万，一直往上喊，喊到我说停”。

“我一直只要房子。”吴蘋不认。

3月19日下午2点40分，吴蘋来到九龙坡区法院。10多名素不相识者早就坐在旁听席上等候，他们是来自重庆其他地方的被拆迁户，想从吴蘋那里看到希望。

渝中区朝东路165号房屋所有权人曾代芬说她的房子在1995年的规划区外，却被强拆4年，她拿着厚厚一摞材料来了。陈志强夫妻也来了，站在门口，他们在其他地方还有一套房子要拆迁，他想看到自己的明天，尽管他说希望吴蘋和开发商“彼此让一步，就最好”。

他们向吴蘋致意，吴说：“我一定不会辜负你们。”

其实吴蘋并不希望走到这步，因为坚决不愿意打官司，她才那么较真地与开发商谈判，“在中国打官司是最蠢的。官司打不起，三个月的官司，最少一年。”她颇有感触。

这一天，正在召开的全国人大会议上，酝酿已久的《物权法》正式得以通过。这使吴蘋充满信心，觉得自己掌握了重磅“秘密武器”，眼眉带笑。

同时让吴蘋感觉有保障的是《宪法》第13条“公民的合法私有财产不受侵犯”，第5条“一切行政法规、地方法规不得与《宪法》相抵触”。

吴蘋没有请律师。成为拆迁户后，她几乎读遍了所有有关拆迁的法律条文，加上自修了很多年的法律，自觉差不多是个法律专业人士。两年半来，她留心收集各地拆迁户情况。湖南嘉禾事件经历两次裁决，被拆迁户要求赔偿60万元；北京某被拆迁户在强拆时，将《宪法》第13条大书于自家门前，并在上面插上国旗。想起这些，她的情绪不由激昂。

房管局、南隆公司、智润公司代表和房管局律师作为强制执行申请人坐在一起。吴蘋独坐对面。按程序，先后互验证据，就各自证据陈述，吴蘋对强拆申请提出异议。4点，审判长戴庆伟宣布休庭半小时，交合议庭合议。

话毕，戴走到吴蘋身边，问签不签协议。她拒绝了。这个话，几天前戴就问过她。“其实心里早巴不得马上解决。但绝对不签协议，否则太伤自尊。我什么都不缺，最看中自己的面子和自尊。”她说。

半个小时后，戴宣布“依照最高人民法院《关于执行〈中华人民共和国行政诉讼法〉若干问题的解释》第94条，准予先予执行房管局行政裁决书中的第三项，即强制执行拆迁”，向吴蘋下达了《重庆市九龙坡区人民法院非诉行政执政裁定书》和《重庆市九龙坡区人民法院限期改造通知》，申请执行费由杨武承担。

吴蘋有些意外。这个裁决是当庭宣布的，她以为起码要议上几天，“看起来像是早就打印好”。

“我们永远支持你”，听到旁听者的高声安慰，吴蘋缓过神来，脸上重现惯有的神气：“我会战斗到底！各人的权益，各人争取。”

3月16日，审了8次、自起草历经13年的《物权法》刚刚颁布。虽然到10月，《物权法》才开始施行，保护私有财产，玩真的，还是说说看？杨武上楼之后，中外媒体24小时关注着事情的进展。来自其他地方的拆迁户也聚到“孤岛”边。

重庆九龙坡区政府承受高度压力。“这事就是我的毕业论文。如果论文写不好，我就要‘下课’了。”事后，郑洪半带玩笑地说。当时他最怕中央哪个部门出来表个态，变被动。当时的重庆市委书记汪洋和市长王鸿举多次作指示，区长郑洪除了书面汇报，每天要见他们两次，并要向建设部等相关部委汇报。最多的一天，郑洪向汪洋汇报了5次。九龙坡区法院院长张立被召到市长办公室两次，讲述事件在司法框架内的进展和意见。

3月24日，星期六，王鸿举召开了一个会，说“如果法律上有瑕疵、有问题就不能走强拆这条路”。为了避免产生司法不独立的印象，王鸿举没让法院参与进市、区两级各自成立的临时处置小组里。

因为已进入司法程序，不宜再返回到行政程序来。最后法院成了杨武、吴蘋夫妇与开发商的唯一通道。九龙坡区法院做了许多工作后，吴蘋表示愿意调解，但要求由张立主持，她以为新来九龙坡区的院长可能不会偏向开发商。

3月25日下午，张立在办公室，和另外两个法院的人跟吴蘋谈了3个小时。吴蘋提出要求撤销法院的裁定书和房管局的裁决书。张立说：“如果你认为国务院的拆迁条例有问题，只能把法律和法规改掉我们再裁定。”吴苹便打消了这个念头。

随后两天，法院把开发商找来。吴苹坚决不见开发商，法院只好把开发商安排在隔壁一间办公室，由法院当传声筒，谈了两个下午和一个晚上。26日这天，王鸿举在全国书市动员大会上表示要“依法、冷静、妥善处理‘钉子户’事件，但绝不迁就漫天要价”。在谈判过程中，吴苹认为对方只记住王鸿举的后一句，闭口不谈他的前一句。

吴苹的心思让张立看了出来。“她玩语言游戏，她没直接说要1000万、2000万，而坚持要房子，但房子有预期值的。要求一楼14万（一平方米），二楼5万（一平方米），那么加起来不是将近2000万了？”张立说。除了房屋安置，还有其他补偿要求，比如从1993年到2004年的补偿400万元，从2004年到现在则每个月赔4万元。

做工作后，27日晚上吴苹要求在鹤兴路原地还房，总补偿额170多万元。每天损失6万元的开发商不想再耗，表示接受。张立两头沟通，筋疲力尽，吴苹也撑不住了，当晚去医院输液。

然而，重庆市领导却不同意。这件事已经不再是吴苹与开发商之间的事，涉及对280户已经搬走的拆迁户是否公平，以及重庆及至全国的拆迁工作格局。某当地官员说“必须对历史负责”。因此重庆市领导要求重新谈判，坚持两个原则：第一不能说假话，第二不能解决这个事情而引发其他事情。

法院出尔反尔，吴苹向张立“强烈要求”见郑洪，开玩笑说：“让我见书记，一分钱都不要了。”

28日下午2点多，郑洪见了吴苹，相谈3个小时。吴苹先说了40多分钟，郑洪边听边记录。吴苹说：“郑书记如果你有难处，我跟市领导见面。”郑洪拒绝。吴苹再说：“这个事情演变下去，政府有什么脸面？”郑洪说：“维护法律和司法的权威就是政府的脸面。”吴苹坦言现在这种被动也超出她的想象，郑洪跟她分析这个事情延续下去会有哪几种结果，表明政府对这个事情是什么态度，最好的结果是什么。郑洪要求吴苹不能与开发商搞两套协议，最终协议必须要公开，政府要对其他280户拆迁户负责。末了，郑洪告知吴苹自己的手机号码。后来吴苹给郑洪打过3次，两次征求意见，最后一次专门表示感谢。

那天吴苹作了让步，补偿降到100余万元。张立说：“以前房管局说2006年11月才断水断电的，吴苹提出2004年10月份停的水，2005年2月份断的电，我们迅速核实，发现吴蘋没有说谎。5个月和30个月的停水停电期，补偿肯定是不同的，她说的有道理的部分经过核实，我们也充分考虑。”

还剩下最后一块硬骨头——拆迁安置方案明文规定，原地修建的房屋不能作为安置用房。

29日，张立又跟吴蘋谈，提议先货币补偿，等房子建好再优惠卖给她。吴蘋很不高兴：“你这个时候给我240多万货币安置，说是优惠卖给我，但开发商以后毁约怎么办？”谈到凌晨2点仍然无果。又变死结。

幸亏次日九龙坡区区长黄云想到一招。他原是沙坪坝区区长，知道正升公司在沙坪坝建有商业用房，提出异地实物安置。吴蘋喜出望外，认为政府是真正想解决问题。她虽然一直争取原地还房，但并不相信自己真能争取到：“如果我谈成了原地安置，其他拆迁户肯定会来找政府和开发商闹。”吴蘋当即就离开法院，到沙坪坝看房。房子在沙坪坝步行街，她感觉地段比杨家坪还要好。

这一天，张立按时贴出强拆公告。“一是法律程序放在那里，30日必须要张贴公告，到了时间不贴公告，社会上会认为我们不连续执法；另一方面，强拆通告的张贴无形中给她造成压力，对遏制她过高的期望值有一定作用。”张立说。随后，张立又开了一次新闻发布会。为避免媒体误会马上要强拆，张立首次披露吴蘋和开发商正在法院协调下进行谈判。

两天后，吴蘋在最终方案上签了字，杨武通过开发商连夜赶制的长梯离开了“孤岛”。

就在吴蘋不愿意接受货币补偿方案时，深圳的张莲好在网上自曝为“深圳钉子户”。她家的房在深圳市罗湖区蔡屋围老街坊12号，1977年获拨宅基地，在20年后耗资100万元，自建成一栋7层“质量坚固、外观光鲜、装修美观的别墅式”独楼。2006年深圳对蔡屋围实行城中村改造，进行拆迁，规划建设“蔡屋围金融中心”。她不满意拆迁补偿方案——每平方米6500元、天台花园和宅基地不补偿，拒绝搬迁。周围已经拆平，张莲好的房子与吴蘋的相若，孤立在工地的尘土中央。他们一家一直生活在内，天台花园一片绿阴。

此地位于深圳黄金地段，出门即到深圳大道，背靠地王大厦，紧邻深圳发展银行和深圳交易所，深圳大剧院在百米之外，还是地铁上盖物业。周边房价已经超过18000元/平方米。

张家想要的方案有三：要么采取“以地换地”的方式来补偿；补偿480平方米房屋，其他面积按照周边房价计算，并且给予相应的宅基地的土地使用权；否则就按照周边房价18000元/平方米的标准来进行补偿，约1400多万元。

因此，计划投资30多亿元、高439米、88层的深圳新地标却步不前，集金融办公、六星级商务酒店、公寓、大型购物中心及回迁安置住宅于一体的设计仍然停留在图纸上。

3月22日，张莲好接到深圳市国土资源和房产管理局下达的裁决书，要求她自裁决书下达之日起20日内搬出房屋。

在裁决书上，承建“蔡屋围金融中心”的开发商深圳市京基房地产开发有限公司、深圳市蔡屋围实业股份有限公司列出了提高拆迁补偿的条约：一、如被拆迁人选择拆一补一、回迁安置的补偿方式，拆迁人给予被拆迁人过渡期25元/（平方米·月）的补偿；二、如被拆迁人选择现金补偿方式，拆迁人同意现金补偿标准在原6500元/平方米的基础上适当调整至9000元/平方米。

按照张家779.81平方米的建筑面积计算，选择拆一补一、回迁安置的方式，每月可获得20000元的补偿，选择现金补偿则可以一次性获得7018290元补偿。

张莲好丈夫蔡珠祥称一直都关注重庆“最牛钉子户”，但不会模仿，会提出行政复议以推翻裁决书，如果不成再采取法律手段，甚至向最高人民法院上诉。

2007年5月13日，深圳市政府没有支持蔡氏夫妇的行政复议，维持了国土房产局的拆迁补偿行政裁决。一个月后，蔡珠祥把深圳市国土房产局告上法院，要求撤销房屋拆迁补偿行政裁决书，不过败诉。8月中旬，“以避免公共利益及其他被拆迁人合法权益所受损失进一步扩大”，深圳市国土房产局向深圳市罗湖区法院申请强制执行，法院同意受理。

蔡珠祥听说蔡屋围村干部准备了上百个盒饭，计划组织上百人参与强制拆迁他的房子。

在惴惴不安中，张莲好夫妇挨到9月21日。意外的是，强拆没如期而至，开发商反而几乎满足了他们最初提出的所有要求。夫妇两人楼房建筑面积为779.81平方米，补偿标准为每平方米16000元，加上地下室、周围树木等，各种补偿的总额为12580077元。他们当即同意搬走。次日，补偿款如数汇入蔡珠祥的账户。一时，全国众多钉子户纷纷来深圳向他们取经。

开发商何以态度发生180度大转变？有人认为可能和2007年8月18日国土资源部要求各地禁止行政命令强制拆迁有关。作者以为此事与重庆市政府处理“最牛钉子户”事件一脉相承。和谐带来的是多赢的局面。“硝烟”散尽后，重庆市政府毫发未损，既不失颜面，也未像其他被曝光的拆迁事件牵扯出系列腐败案，官员仕途平坦。羊毛出在羊身上，地产商借后期的房价，“损失”全捞得回来。何况“蔡屋围金融中心”是深圳市的重点项目，担负着进一步奠定深圳华南金融中心的地位的重任，将成为深圳市的金融服务中心、资金集散中心、金融信息中心和金融监控中心。深圳市政府专门成立了市金融中心区改造建设项目小组，指导和推进工程的建设。

然而有人指出，张莲好家779平方米最终几乎按新上市商品房的价格得到全额补偿，意味着对其4层以上非法建筑的认可，深圳市政府自己打了自己的脸。

2001年10月17日，深圳市第三届人大常委会第十一次会议出台文件，将农民房合法与否的界限定在1999年3月5日之前确认的产权，之后的永不承认，予以拆除。5年后，深圳颁布《深圳市原村民非商品住宅建设暂行办法》，明确规定原村民住宅建筑用地不得超过480平方米，超过480平方米在法律上即为违章建筑，违章建筑均会被强制无偿拆除。

据2005年官方数据统计，深圳特区内共有行政村房屋4.23万栋，以每栋480平方米的法定宅基地建筑面积计算，特区内的违章建筑至少有108.46万平方米。如果以深圳国土资源和房产管理局2007年7月商品房15700元/平方米的价格计算，参照对张莲好家的全额补偿，就意味着要多掏出170.28亿元。这笔巨资，约占2007年深圳地方财政收入（658亿）的28.8%。

张莲好家树了“榜样”，深圳关外新一轮的抢建跟着闻风而动。那时岗厦村河园片改造刚启动，整个深圳的旧城改造随之拉开序幕。

当时一位旧城改造开发商认为政府不应该再对违章建筑持模棱两可的态度，否则深圳旧城改造举步维艰。最终，深圳市政府选择“和谐至上”。

其实在张莲好家行政复议失败后半个月，2009年6月2日，深圳市人大常委会发布第101号公告《深圳市人民代表大会常务委员会关于农村城市化历史遗留违法建筑的处理决定》，确定了“全面摸底、区别情况、尊重历史、实事求是、甄别主体、宽严相济、依法处理、逐步解决”的原则，特别提及“对违法建筑拆迁的补偿和补贴，应当遵循尊重历史、公平合理、区别对待，适当照顾原村民和原农村集体经济组织的利益”。之后，深圳的岗厦和大冲两个村，在旧改中对村民的违建基本上采取确权，实行对等面积的物物置换或高价补偿。

岗厦村地处深圳市福田区核心地段，被称为深圳CBD最后的城中村。改造前的岗厦约有15万平方米，有数百栋各种产权形式的自建楼房。2007年，岗厦河园片区改造工程启动。赔偿标准一直谈判到2009年年底。方案共有“两个标准、三种模式、六种选择”。两个标准，一种是按面积划分：480平方米以内按1：1补住宅，超过480平方米按1：0.88补公寓；另一种标准按层数划分：首层按1：0.9补集中商业物业，二层以上按1：0.9补住宅或公寓。三种模式，即一是选全部实物补偿，二是选全部货币补偿，三是可选实物和货币补偿相结合。两个标准加三种模式，即产生六种选择方式。根据补偿方案，如果选择货币补偿，住宅公寓每平方米1.28万元，集中商业每平方米2.38万元。

岗厦改造的开发商金地大百汇公司称，岗厦旧改催生了一批千万富翁以及若干亿万富翁。在所有岗厦村民中，房屋面积最大的一个家族拥有约6000多平方米房产，如果选择还房，以当时预计的未来房价2.5万/平方米计，在改造后，岗厦原村民中的亿万家族可能有20多个，而个人资产过亿的可能会有10个。

早在1998年，风闻深圳市政府有意对岗厦河园片区进行全面改造时，该村家家“大兴土木”，房子能扩大的尽量扩大，能加高的尽量加高。深圳市政府随后与当地原住民的谈判和博弈异常艰难，不得不暂时中止。8年后，深圳福田区政府于2006年7月正式推进岗厦河园片区的整体改造。他们发现，工作远比8年前艰巨，岗厦村的改造规模与难度已为深圳之最，并且是全国最大的城中村改造项目。

深圳世界之窗不足两公里之外的大冲村号称广东省最大的旧改工程，有1400多栋抢建楼，没有合法手续的私房面积达到105万平方米，拥有1万平方米以上物业的家庭超过10户。该村最终的实物补偿为1：1，货币补偿为1.1万元每平方米，单以此计就有10多个亿万富翁，40个千万富翁。

“大冲旧改1998年提出，直到2008年才真正开始，这10年中，提提停停，每一次只要旧改风紧，就有村民想方设法扩建。就连这次大冲旧改动真格的时候，也不例外。”深圳南山区驻大冲旧改工作组宣传负责人程效说。他1995年来到深圳南山区，因工作需要，了解城中村违建情况。

深圳规划设计中心向文阔工程师说，出于对高额补偿的追逐，违建往往与拆迁赛跑，仅1999年，深圳全市新建超过10万栋违法私房和厂房。当年3月5日深圳市出台了《深圳经济特区处理历史遗留违法私房若干规定》和《深圳经济特区处理历史遗留生产经营性违法建筑若干规定》（简称“两规”），本想规范和制止当时特区内城中村违建日益严重的问题，结果却引致抢建的第一次高潮。2004年10月28日，深圳市在“两规”的基础上又重申了对城中村违建的处罚，又引起了城中村第二次抢建。

在这两个时间段，大冲村抢建成风，空地全“种”上楼，连村道也不放过。没有地则往高处发展，当初最高的不过四五层，最终变七八层，甚至十几层。

大冲村原本有68.4万平方米土地，1992年农城化改革后大冲股份公司可掌控的土地只有23万平方米，剩下的40多万平方米土地所有权收归国有，但这40多万平方米的国有土地上也有违建。按深圳相关规定本应该没收或拆除，但此次也都在确权赔偿之内。政府为了促成大冲旧改项目的早日上马，对开发商也作出了让步，将本属于国有的40多万平方米土地划给了华润大冲改造项目。

在2010年1月24日大冲首日旧村改造项目村民物业签约仪式上，一位村民得到70万元的首签奖励，按大冲股份公司与开发商华润置业（深圳）有限公司的约定，首日村民签约每栋奖5万元计，他有14栋楼房。在大冲村“旧村改造房屋权属公示”表上，房产六七处的村民数量不少。不久某家办婚事，出现了豪华车大PK的场面。该村旧改负责人说：“奥迪什么的靠边站，最后一辆贴了花的大奔还找不到人开。”

受岗厦和大冲村的刺激，深圳龙岗区出现了抢建潮。某银行职员小李突然变“恋家男”，下班后就径直回家，监督工人在自家5层小楼顶上加建一层。他家的房位于一个商务区的规划内，这加建的一层可能带来数十万甚至数百万元的补偿款。由于法规不允，像他这样的人家都在晚上悄悄开工。

看起来政府和开发商在利益上让步，实质上这些多支出的补偿最终都会转嫁到房价上，由购房者埋单。并且被拆迁村民到手的补偿款也会进入房地产体系。作者在深圳的一个朋友说，深圳的房主要不是由投资客炒高的，而是那些手上的钱闲得慌的村民，房子是他们主要的理财产品，再高的房价都敢买。

当“拆”字与暴富挂钩后，启发了更多人的投资思路。

2010年元旦后，在深圳香蜜湖、景田一带的地产中介，已没有香蜜新村、香蜜二村、市政大院、华泰小区等楼盘的房源。它们都建于20世纪90年代初，有的是商品房，有的是微利房或福利房。中介称已经被投资客收购完毕。世华地产香蜜湖片区副总监覃金英介绍，买家一来就是四五个人，有的还是从福建来的，他们是很有经验的投资客，专门关注即将被拆迁的房子。按照所在片区价值，市场价不过1万—1.3万元/平方米，却涨到了2万元/平方米。

它们因2009年12月1日实施的《深圳市城市更新办法》而受市场宠幸。名为Kenvine的网友在香蜜二村的业主论坛上留言：“拆迁初步按1∶1.5来赔偿，并带一个永久停车位，拆迁期间补偿30万。按建后每平方米单价3万计，现在100平方米的房子，值450万—500万之间。”

不过，深圳市规划和国土资源委员会有关部门相关负责人却表示：“并没有说香蜜新村一带要拆迁，目前确定拆迁的只有《深圳市城市更新办法》中已公布的25个项目。”

第五篇

金融才是真问题

房地产是资金密集型行业，离开融资渠道，房地产无法发展。每当要发展房地产时，政府就放松地根与银根，要收紧房地产，就收拢银根。此次美国次贷危机，先垮台的就是金融机构、房屋保险机构。金融所蕴藏的房地产风险，岂容小觑?

银行会死在房地产商前面?

“要死肯定是银行先死，房地产商后死。”这一充分说明银行与房地产商关系的话，由著名的房地产“大炮”、华远集团总裁任志强在2008年博鳌亚洲论坛上抛出。

2008年4月11日晚8点30分，大连万达集团董事长王健林、华远集团总裁任志强、SOHO中国有限公司董事长潘石屹、棕榈泉控股有限公司董事局主席曾伟、经济学家茅于轼、住房和城乡建设部政策研究中心主任陈淮、高盛集团董事总经理胡祖六等出席“对话房地产”会议。

提问环节，主持人曾子墨说：“潘石屹先生前不久刚刚放出了一句话，就是说中国会有非常多的房地产企业在100天之内死掉，大意是这样。毕竟在宏观调控的背景之下，很多的房地产企业现在缺钱，在房地产开发商的角度来看，冬天有多寒冷？”

“要死肯定是银行先死，房地产商后死。”反驳完“百日巨变”后，任志强说出了这句话。潘石屹坐在他旁边，感觉此话“没头没尾”。

不过，著名经济学家徐滇庆直认任志强这句话是真理。而在另一些人听来，话中颇有绑架者放言撕票之意。

1998年，中央废止过去的住房分配政策，银行与房地产业结成“一家”。除继续对房地产业的开发贷款，还新增了对购房者的信贷，此举直接促进房地产业的销售。以上海为例，根据上海银监局2008年2月发布的《2007年度上海市房地产信贷运行报告》，至2007年12月末，全市中资银行商业性房地产贷款余额5137.62亿元，比年初增加452.88亿元。2007年上海中资商业银行增量贷款中有27.5%投向了房地产业，至12月末，中资商业银行房地产贷款余额占各项贷款余额的比重为32.2%。如果加上大量以房产作为抵押的其他贷款，房地产业吸纳了银行一半左右的信贷资产。

这与中国人民银行对我国房地产资金来源的分析相吻合——55%的资金直接来自银行系统。如果加上施工企业垫资中来源于银行部分的资金，比例高达70%以上。即使近年来政策性住房贷款得到了较快的增长，到2007年年底个人公积金贷款余额为5074.33亿元，它也仅是同期商业性个人住房贷款的

16.9%。这意味着，商业银行是我国房地产业的主要资金提供方，两者牢牢捆绑在一起。

尽管央行已于2003年6月发出《关于进一步加强房地产信贷业务管理的通知》（121号文件），规定房地产开发企业申请银行贷款，其自有资金应不低于开发项目总投资的30%（2004年又进一步提高到35%），然而房地产商开发项目中真正属于自己的资金的多少，很大程度上取决于其政府、银行的人脉关系。有业内人士透露，房地产商如果“靠山够硬”，50万元就可撬动1亿元的小项目。

据统计，近年来开发商的自有资金逐年下降。以上海为例，房企自有资金2001年为18.84%，2002年为17.53%，2003年为16.94%。更有数据显示，2004年房地产企业自筹资金中仅有16%左右是房地产企业的自有资金，80%以上资金来自国内银行贷款。从资产负债率来看，1997年以来房地产开发企业的资产负债率一直高达75%，北京房地产开发商的平均资产负债率甚至高达80%以上。

财力不雄厚的房地产商多通过国资经营公司帮忙实现向银行贷款。有三种模式：

一是过桥贷款。因“四证”（土地证、建设用地规划许可证、建设工程规划许可证、开工许可证）不全，无法从银行获得贷款，便先向国资经营公司借贷，房地产商获得资金后缴纳相关资金，“四证”齐全后，获得银行贷款后归还国资经营公司提供的资金。

二是参股回购。“四证”不全、项目自有资金未达要求的房地产商，国资经营公司先注入一笔资金，算参股项目公司，使其自有资金比例达标，然后再委托贷款给该公司。项目完成后，开发商回购国资经营公司所持股权，同时归还委托贷款资金。

三是注资参股。开发商资金特别紧张，国资经营公司注入资金参股，使其项目自有资金达标，然后对项目进行委托贷款。但企业不回购国资经营公司持有的股份，也不按照股权比例分红，而是给国资经营公司支付固定回报，一般是15%的年回报率。

一旦取得银行贷款，项目的风险就转到银行身上，房地产商的风险只是项目资本金。而国资经营公司拆借给房地产商凑足项目资本金的钱，与帮忙注册公司一回事，在银行待上一段时间，很快顺利回到原本的账户上。

然而，国家设定房地产商自有资金本意是为了银行的安全。著名经济学家徐滇庆说，在金融学里面，上百万的数据统计，一个产业企业投资100万元，回报只有60万元，概率是0.5%，赔40%；回报70万元的概率是1%多，80万元是2%多。因此银行设定的自有资金的规定，是为了保护银行存款。所以重点来说不是要看某一家企业，而是要看银行的安全，这是要害。银行安全了，老百姓的利益才有保障。

可是谁管得这个呢？房地产商们只想把银行当成他们的私家提款机，而且还要只提不存。当年的顺驰便是吸附于银行的最好样板。

为了尽早连通银行的提款机，顺驰干脆铤而走险，伪造“四证”，连找国资经营公司“过桥”的费用都省了。据媒体报道，顺驰用此招获得大量银行贷款：中行约3亿元，农行约3亿元，工行约4.3亿元，建行约10亿元，中信实业银行1.2亿元，招行5000万元。

这些贷款都是以土地为抵押，而土地出让金，顺驰也没付清。招拍挂土地可分期付款，周期长达2—3年。拍卖拿地的话，顺驰第二天便跟当地政府开始“交涉”变更付款方式，往往仅支付10%左右的首期款就获得地块运作权。顺驰中国原总裁张伟在2004年接受南方周末记者采访时，曾透露顺驰2003年时，公司的自有资金不足10亿元。而仅顺驰2003年年底前应该缴纳的土地出让金就已经超过70亿元。值得一提的是，顺驰老板孙宏斌起家的钱是其1994年出狱时老东家柳传志借的50万元。

顺驰大量的项目被披露未付清土地出让金或未办理集体土地征地手续、无“四证”却取得了销售许可证。比如太阳城项目2002年6月29日开盘销售并取得了销售许可证（销售许可号2002-070、2002-226、2003-152、2003-228）；翡翠城项目2003年8月16日开盘销售，并取得了销售许可证（销售许可证号为2003-199）；海逸长洲项目2004年5月15日在天津喜来登饭店举行了内部认购（《天津日报》2004年5月18日报道，内部认购火暴，当天认购368套）；北岸华庭项目2003年8月16日开盘销售（销售许可证号：2003-137、2003-194）；欣水园项目（蓝水二期）2003年8月16日开盘销售（销售许可证号为2003-170、2003-224）。

还有大量的项目连销售许可证都没有就开始销售。如城市系列——城市之星、城市之光、城市星座，城市之星于2003年5月17日开盘，城市星座于2003

年5月开盘。半岛豪庭项目：建设工程规划许可证于2004年4月12日办理完毕，但该项目已于2003年8月11日开盘销售，2004年才取得销售许可证（销售许可证号为2004-064）。

为了抢销售时间，使资金早日回笼，顺驰将房地产公司操作项目环环相扣的串联方式改进为所谓的“并联方式”，声称在对项目进行调研之后紧接着就进行规划设计，在拿到土地的第二天就上报规划，同时开始设计施工图纸，项目施工也开始招标，从拿地到项目开工再到开盘的时间大大缩短。同时，顺驰往往在没有施工许可证的情况下就让施工队进场施工，宁愿承担政府部门的处罚也要节省项目的周期。如此，顺驰拿地半年后就能上市，将一个地块的运作周期从普通公司的18个月左右缩短至半年。

等房子可以销售时，房地产公司又可以用房子抵押贷款，一般比例为销售总价的六七成。与购房者签订购房合同后，正常情况下，房地产公司拿钱先从银行赎回对应房产。如果购房者一次性付款，房地产公司即刻实现利润。如果购房者分期付款，在批准后，银行将批贷给购房者的对应款项拨给房地产商，房地产商的利润实现稍微花了点时间。

当时顺驰还可以卖楼花，即在商品房尚未建成前，就允许其进入市场进行交易。这种从香港引进的商品房预售制度由香港著名房地产商霍英东首创。1955年霍英东投资兴建一幢香港当时最高的大厦“蟾宫大厦”，采用卖楼花的方式分层、分单元出售。霍英东说：“整栋蟾宫大厦，包括建筑费在内，总投资约200万港元，其实我们只动用地价一成的资金10.3万港元，其余的费用全靠卖楼花，用买家的钱来交地价、盖楼。楼价好像是每英尺80港元，我们赚了100多万港元。”仅用一年多时间，霍英东就赚到1000万港元以上，然而他动用的本钱不足100万港元。这种以小搏大的“空手道”本事，一直被当作霍英东的传奇经历为人们所称道。

就是卖楼花，顺驰也嫌慢，因此创造了一条“捷径”。当年参与香港路劲集团收购顺驰的一位人士说：“根据我们掌握的资料，保守地说，顺驰用类似方法‘套贷’的行为，在各地不下上百起，涉及资金上亿元。”顺驰的手法很简单，指使、胁迫旗下员工“购买”自己公司的房产，凭虚假购房合同向银行套取数以亿计的房贷。

以顺驰在上海的公司上海海岸线置业有限公司为例。2004年，海岸线公司高层圈定了中层八个人，要他们买下公司在上海奉贤区莘奉公路4588弄“阳光海岸”小区别墅住房的尾盘，签订购房合同后向银行贷款。公司对他们说，这些房子如果卖掉了，就解除他们的抵押贷款。公司老总、副总力劝他们“要和公司一起成长，公司暂时有困难，要跟公司一起承担风险”。要继续呆在公司，这些中层员工只能唯命是从。由于用海岸线公司员工的身份购买自己公司的房产银行通不过，而银行不会仔细查项目公司的上级公司，因此项目公司就用总公司顺驰的名义给他们开收入证明。银行要看首付发票，但买卖双方都是一家，首付也只是“过桥”。

这些人中，5个找中国银行贷款，2个找建行，1个找工行，贷款106万元至178万元不等。其中一名业务经理在2005年年底离职前，被公司要求做了份委托公证书，委托另一位在职员工信天翁代理他的还贷业务。次年，他要结婚买房时，因为还背着原先的100多万元按揭，申请不到银行贷款。他一直没法买房，只能住在岳父母家。2007年10月，他收到银行发的逾期付款通知，才知道顺驰已被香港路劲集团收购，从当年5月起，公司停止偿还贷款。随后，他又和那一批同事收到法院传票。

在这些官司中，顺驰公司均主动向法院申请成为被告，要求帮欠贷人还款，以确认自己为房子的实际所有人。

这种套贷行为，顺驰不想为外人知。顺驰苏州公司与员工还另行订立一份附属合同，约定如果双方出现争执，采用仲裁方式解决争端。2005年7月，苏州工业园区顺驰置地有限公司“卖给”员工李某一套“湖畔天城”小区商品房，总价83万余元，李某得到银行贷款58.7万元。2007年8月，苏州顺驰公司向苏州仲裁委员会提起仲裁申请，称李某并未付过购房款，“该合同订立的目的是因申请人资金紧张，借用被申请人的名义，订立了《房屋销售合同》。订立该合同并不是为了买卖商品房，而是以合法形式掩盖非法目的向银行借款，故应认定为无效合同”。随后，仲裁部门判定合同无效。

除了套贷，顺驰还搞“工抵”。就是“卖房”给工程队，让其拿着合同去银行贷款，拿到现金后结算工程款。

看起来，顺驰从头到尾几乎都是在花银行的钱。等钱在不同的账户划来划去后，巨款财富就到了顺驰的手里。套用阿基米德的话的格式，这个模式就变成“给我一点贷款，我就能撬动财富”。

“其实和温州炒房团是一个道理。我首付20%，我就可以拿100%的钱来做生意。100万的房子付20万，我拿10%，其实我已经挣了50%了。”顺驰当年的高管杨庆允对作者介绍，就是1个亿可以操作二三十亿的资产，挣10%，就有300%的回报率，而且当时还能从这30亿的资产里面拿走10亿—15亿再去做下一个项目。

顺驰所暴露的问题，央行发布的《2004中国房地产金融报告》皆涉及，把当时的房地产金融风险归结为：一是部分地区房地产市场过热加剧市场风险；二是房地产开发企业高负债经营隐含财务风险；三是“假按揭”凸显道德风险；四是基层银行发放房地产贷款存在操作风险；五是土地开发贷款有较大信用风险；六是房地产贷款法律风险加大。

现在，即便剔除了类似顺驰那种造假骗贷行为，房地产商依然高度依赖银行。而银行也照常青睐这位合作伙伴。上海绿地集团在2009年9月1日获得国家开发银行300亿元总体授信。这是继年初获中国银行和中国农业银行总行174亿元总体授信后，绿地集团再次获得高额授信额度。在2009年9月22日，杭州绿城地产在苏州金鸡湖拿下当时“地王”的当晚，苏州工行行长朱春华就带着分行行长问询到绿城老板宋卫平在哪儿喝酒，赶过去“敬酒”。

购房者亦有搞虚假按揭的。作者认识一个人，此君32岁，2004年才到深圳某公司工作，月薪不过9000元，到目前为止手上却有大大小小12套房子，而他家在农村，没有他财。这些房子先通过相熟的地产中介做一份假合同，虚增价格，如100万元的房子变成130万元。然后将此假合同递交银行申请贷款，搞掂审贷人员，顺利获得91万元的贷款。如此，他只用付9万元就得到了100万元的房产。当然他手上的房子产权名不全是他，有其妻、妻弟、亲戚什么的。

虽然每套房均已出租，租金可抵一半的按揭，但以他的能力，另一半按揭根本还不上。然而他却靠信用卡“搞掂”了按揭。他手上有20来张信用卡，大致操作流程如下：比如每月按揭5万元，他透支第一张信用卡。到次月，找提供按揭款“过桥”的公司，给手续费数百至千元，对方先打5万元到他第一张信用卡上。还完第一张卡透支款后，又用第二张信用卡透支5万元，支付第二个月的按揭。第二张信用卡需还款时，再找“过桥”公司。此后皆依此循环。他的贷款额已达千万元，而他仅支付本金80万元。

最近媒体披露在深圳还出现了“负首付”。一名房主在网上发帖称其在香缇雅苑买了套43平方米一房一厅的房，售价37.5万元，却贷得38万元。业界流传，一些地产经纪人在推销可实现“负首付”。深圳一市民确实得到了这种实惠。通过一地产公司，只有1万元的她在深圳关外的宝安区松岗街道购买一套面积为97平方米的二手房，其售价为33万元。签订购房合同后，她交纳了1000元定金，又相继交纳了600元的银行贷款评估费、400元的卖方贷款公证费。

作者听说一些购房者玩的又是另一套。买下一套房，然后以远高于市价的价格卖给同伙，相当于“自己卖给自己”，同伙获得贷款，平掉房价，两人再分超额部分。至于房贷嘛，管它呢，信用不及实惠。

个人住房贷款一直被视为银行的优质资产。然而上海银监局2010年2月5日透露，2009年底开展的上海中外资银行个人住房按揭贷款压力测试的结果不容乐观，房价下跌10%情景下的不良率是正常情况的2.6倍。压力测试的初步结果表明，以2009年9月30日数据为基准，在房价下跌10%、20%和30%情景下，不良率将分别达到1.18%、1.51%和2.08%，比正常情况下分别上升0.73、1.06和1.63个百分点。

年轻的购房者往往只计眼前，购房时未做任何风险的预留，比如未来失业、生病、意外等对个人收入能力的影响，他们更不会考虑整体经济环境可能的逆转。才工作三四年房子却要120平方米以上的人，比比皆是。一旦经济形势变化，谁能担保他们仍然是银行的优质客户？

著名独立经济学家谢国忠指出，中国的银行体系抵押贷款抵押的资产主要是土地、房地产，所以银行有钱一定会朝房地产方向走。因为这个钱朝房地产方向走，银行里钱很多的时候会推高房价，而房价升高后抵押的资产价值高了可以借更多钱了。这个良性循环会促使越来越多的资金朝房地产走，最终形成泡沫。

推动朱春华“敬酒”的是银行的激励机制。银行像投行一样需要创造盈利，盈利有会计准则计算，今天贷款贷出去就创造了盈利，至于以后有没有坏账，是另外一回事。谢国忠认为这种激励机制是“非常非常有害的”。

业内人士皆认为高房价与银行大量放贷有关。

中国土地估价师协会副会长洪亚敏公开称，天价地频繁出现归根结底是2009年信贷政策放宽的结果。央行最新公布的统计数据显示，2009年上半年我国新增贷款已超过7万亿元，这一数字远超全年新增贷款5万亿元的目标。

SOHO中国总裁张欣认为房价不断上涨是银行放贷过多的直接结果，中国各银行应对此感到非常担忧。

“‘房地产商没死银行先死了’，任总这句话是真理。但我要强调，别让房地产企业把银行产业拖死！”在任志强放言银行先死后一个月，徐滇庆在“2008京沪房企发展战略对话论坛”上坚持，为了防范金融风险，银行再不能视国务院、银监会通知而不顾，自有资金不到35％不得发放贷款这一条必须执行。

单以土地贷款一项为例，据北市师范大学金融中心钟伟、魏伟、王雪在2007年12月公布的《中国房地产土地囤积及资金沉淀评估报告》的粗略测算，“截至2006年，房地产开发和按揭贷款两项的信贷资金规模在3.992万亿，其中沉淀在土地上的资金为1.08万亿，占比为27％；用于营运周转的资金为2.912万亿，占比为73％。合并开发商和土地储备中心沉淀在土地上的信贷资金两项，目前全国沉淀在土地上的银行信贷资金约为1.32万亿元。这也就说是，囤地带来的资金沉淀差不多有一半源自银行信贷；银行每发放4元的涉及房地产的贷款，就有1元被直接或者间接沉淀在土地上”。

早在2002年国庆节视察深圳时，朱镕基就关注到这些问题：“内地20％—30％的房地产公司，二三成的资金来源是向银行贷款，而30％以上的购买用户也是向银行贷款，房地产本身60％以上是靠银行贷款，风险很大。但是目前具自付能力的市民占少数。”同年11月19日在香港会见驻港中资机构负责人时，他再度旧话重提，担忧深圳的明天是香港的今天。彼时香港房价在亚洲金融危机中崩盘，无数购房者无力继续还贷，只能听由银行收回房子，收回的房子价值还不足还贷，沦为负资产一族。

朱镕基所说购房者基本都要向银行贷款的情况不仅没有改变，而且出现一个人还可以贷款购买数套房的情况。如果谨慎的他2003年没有离任，恐怕天天寝食难安。

银行当然也知道个中利害关系。在任志强口出狂言的次日，某银行总行就召开了关于房地产的专项会议。3天后，某银行召开了一天的紧急会议，传达总行的信贷会议精神，要求全面改变现有的贷款结构，逐渐收缩房地产贷款，在房地产商要害死银行之前提前收回房地产贷款，同时认为个人按揭贷款也要谨慎对待。该行要求从第二周开始，相关工作人员全面介入房地产销售策略，对销售缓慢的严令降价销售，绝不允许拖欠贷款的现象发生，同时要求对房地产贷款不能按期收回的要严惩银行工作人员。

然而2009年5月27日，国务院却将我国房地产企业自有资金比例由35％—

直调低到20%，降至1995年（35%）开始执行房地产企业自有资金比例以来的最低，随后许多城市更以发展为由，降低至15%。潘石屹对作者说："从杠杆来说，35的杠杆是3倍的杠杆，而20的杠杆就变成5倍的杠杆了，中间就越过了4倍的杠杆，4倍的就是25%了。"

土地储备是资本市场的真经

"许多中国上市公司的市值都基于土地储备的价值，（因此）地产公司花如此大的精力集中在圈地上，也就不足为奇。在有些公司，只有一小部分土地真正用作开发建设——土地储备的作用是推高股价。"——SOHO中国主席张欣

"我们已经举牌了，不能这样成交！" 2007年7月12日，在东莞市土地交易中心，紧随主持人的落槌声，金地愤怒的反对声与万科庆祝成交的鼓掌声同时响起。

事后，金地东莞公司总经理谢文云对媒体称，开始时每一次报价拍卖师都有间隔时间，并且会看一下台下的情况，看有没有人举牌，但到万科喊出26.8亿后，每次喊完不给间隔，语速非常快，也不低头看下面，落槌迅速。

同样为全国知名地产公司的金地不同意塘厦大坪村地块的归属，要求重拍。万科抗议，称依据《拍卖法》，拍卖结果应以现场拍卖师落槌确认为准，不可改变。随后，双方僵持一个多小时。

"中断之前到我们申请看录像的时候，万科强烈反对。包括相关人员在放录像的过程当中，说'现在请大家看录像'，万科还表示'强烈反对，不看！'拍卖官说：'你们看看再说吧，可能不会对你们有什么坏处的。'谁知道果然被其言中了，录像中确实看不到举牌的位置。在商议此事如何处理的过程中，相关人员接到的电话非常多，具体说了什么我们也不知道，就知道最后的结果：拍卖有效。" 谢文云回顾。

万科拿下的这块地楼面地价高达1.5243万元/平方米，成为当时广东省的新“地王”。而当时，东莞当地的平均房价不过5000元/平方米。

一块地闹至如斯地步，都是资本市场惹的祸。

除了银行，资本市场是房地产企业的另一条重要融资渠道。

资本市场在2007年为上市房企的跃升铺平了道路。沪深股市2006年6月股改完成后，暂停了两年的IPO和暂停了一年的国内股市融资正式恢复。上市房企可以在股市发行债券或增发股份。万科和顺驰便是房企融资方式转变初期最典型的缩影。

2006年5月29日，国务院颁布的《关于调整住房供应结构稳定住房价格的意见》（国六条）中明确规定：“严格房地产开发信贷条件。为抑制房地产开发企业利用银行贷款囤积土地和房源，对项目资金比例达不到35%等贷款条件的房地产企业，商业银行不得发放贷款。”房企融资渠道被卡紧。

最早上市的万科，直接在资本市场通过配股、增发等圈钱无阻。2006年年底万科刚定向增发募集资金42亿元，不到9个月，2007年8月29日，又实施公开增发A股，募集资金100亿元。仅隔一天，再宣布发公司债59亿元，成为《公司债券发行试点办法》颁布实施后的先行者。仅一年半，万科即从股市融资200亿元。金地亦然，2007年6月初完成45亿元增发后，又马上公开募集资金180亿元。顺驰因未能成功上市，资金主要靠银行贷款，最终无法弥补10亿元资金缺口，不得不“改名换姓”，退出地产江湖。

5天后，万科的股价还创出22.62元的新高，并封死涨停板。受万科影响，股市里的整个房地产板块集体发飙。7月6日至8月9日，万科的股价从18.11元涨到35.48元，几乎翻了一倍。

此种现象是2007年股市与楼市共振的典型“症状”。与之前不同，土地储备成为上市房企拉抬地产股价格的重要题材，还可以成为增加融资的筹码，利用20倍、30倍甚至更高的市盈率来增发、扩股。在资本市场融资后再到土地市场拍地。如此循环反复。

“在日本当年就叫股地拉扯，就是股票和地联动。香港早些年也是这样，只要开发商一拿地股价马上上去，股价上去，融了资之后又去拿土地。”北京《楼市》出品人蔡鸿岩对作者说。

由此，地产商们发现了一个“好玩”的掘金游戏：上市圈钱、圈钱拿地、拿地维持企业继续再生产，周而复始。准备上市的地产商则先圈地。

其实，4月20日碧桂园在香港成功上市的财富神话，已成“股地拉扯”的标杆。上市当日碧桂园市值即达到1189.37亿港币，之前的老大万科的当日市值只相当于碧桂园的2/3。而碧桂园的制胜法宝是其1814万平方米的土地储备。

潘石屹对作者说：“资本市场对别的行业的评价，一般是通过销售额和利润派生的指标去评价，例如PE值。只有房地产例外。除了销售额、利润、税收指标以外，还有一个比这三个指标还要重要的指标，就是土地储备。这个资本市场的评价，不仅在中国内地的股票市场，还包括香港、国外的股票市场，对房产公司的评价都如此。一个房地产公司可以供多少年开发的土地，是人们时时刻刻挂到嘴边的一句话。”

“如果在香港、新加坡、美国、英国，这个评价是完全合理的，因为他们的土地是私有化的土地，土地的年限是无限期的，也有短期的，100年的，200年的，50年的，可是占的比重非常非常少。如果是拥有土地的话，不存在政府还要收回。中国内地的土地所有权是属于国家，是使用权的转让、出让这样一种方式。中国内地还有一条就是附加的政策，就是两年不开发的土地，要无偿收回。可是资本市场的评价跟法律是完全抵触的，就是谁储备的土地多，谁的市值就可以高，人们就看好，觉得你有未来。资本市场的评价首先的前提是要合法，可是这个评价的土地储备指标是游离于中国法律之外的。中国政府光说不做。就是两年不开发土地要无偿收回，说了十年，也不收回。所以资本市场认为这个法律是不会执行的。在这种情况下，当然每一家上市公司都会囤地。”

“很多上市公司说土地储备只够五年、十年的开发。实际上，我们把中国九家房地产上市公司2008年年报上面公布的数据——土地储备的数据，按2008年建成的建筑面积计算，最高的一家上市公司的土地储备是151年。最低的是20年，远远超过了政府规定的两年不开发要无偿收回的时间。所以房地产开发商有了一个趋向，就是我可以不赚钱，赚钱少一点不要紧，土地储备一定要多，没有土地储备的话，他们就给我在这个市值上面打折。而利润方面，哪怕今年的利润少，说我有100年的土地储备，别人说你今年赚不到钱，但你明年可以赚到钱，后年可以赚钱。”

其后万科俨然之前的顺驰，在全国疯狂拿地。2007年9月，其福州“地王”楼面地价7100元/平方米，该区域当时的房价约6000元/平方米，“面粉”

比“面包”还贵。这个月，国家为抑制房价，出台二套房政策，提高二套房的首付并提高贷款利率，成交量与房价应声而落。此前狂热的深圳炒房现象才不再持续。但这没阻挡万科的拿地脚步。一个月后，万科又当上北京地王，用17亿元夺下北京西大望路27号地块，楼面地价接近1.3万元/平方米。

此时，万科在向自己到2014年销售千亿元的目标挺进。颇有意味的是，顺驰最早提出这个地产业远大目标。而在2004年8月的博鳌论坛上，谈宏观调控对地产企业的影响时，王石还如此讥讽孙宏斌：“有些大量拿地的企业在这个时候肯定难受，他的资金链会非常紧，如果说不难受，一定是吹牛。那所谓的‘黑马’，现在只能是熬着。”

在席卷全国的圈地以融资的浪潮下，一向理性的广州地产商们也“集体失智”。2007年成了广州住宅用地交易最活跃的一年。广州市总共成交住宅用地50余宗，其中27块地的地价因为一次次刷新了所属区域地价的新高，被冠以“地王”的称号。

有钱就可以抢地，名不见经传的小地产商也跑出来占江湖地位，当一回过江龙。2007年9月17日，小公司中莱地产，战胜万科、招商、合生等知名地产商，以44.75亿元拿下广州科学城一块超过47万平方米的地块，楼面地价达6321元/平方米，被封该区域地王，并创下当时广州住宅用地出让总额纪录。那一天，朱德义由数位穿黑衣、戴墨镜的保镖簇拥，一副黑社会老大的派头。原中莱总裁助理吴江对南方周末记者称，当时朱德义以为自己将到手一笔100亿元的融资。“他当时的身家也就1亿。他曾对其儿子说：‘我们这是一步跨过十年。’”在朱德义最后讨论拿地方案时，吴江试图阻止：“如果拍下来，你们全家就找一个广州最高的楼，好好吃一顿，然后跳下去。”

2009年媒体披露广州2007年的27块“地王”中24块在晒太阳后，中莱成为被广州市国土局认定逾期未动工、欠缴清土地出让金的五家地产商中唯一被“行刑”者：8000万元竞买保证金被没收，收回土地。该地被广州市国土局“重新包装”后再度挂牌出让。中莱公司不知所终。2010年3月10日，中莱老板、原广东省政协委员朱德义站在了广州市海珠区法院的被告席，被指控私刻印章进行虚假贷款抵押并获利，构成合同诈骗罪。

急欲上市的恒大使此抢地封侯之潮延续至次年年初。2008年1月8日，恒大地产以41亿元的价格拿下员村绢麻厂地块，楼面地价达到1.3万元/平方米，成功戴上广州天河新地王的桂冠。其2006年土地储备还不到600万平方米，为准备上市，2007年仿效碧桂园全国圈地的模式，土地储备达到4580万平方米，同比暴增近8倍，达2.5个碧桂园之多。然而一些资本市场人士却质疑恒大的土地储备大多远离城市中心区域，含金量不高。许家印于是决定在广州地价最贵的天河区高价拿下绢麻厂地块，以证明恒大的实力，为上市“打广告”，尽管这顶“王冠”无法列入恒大上市的招股书之中。

2009年11月5日，恒大地产在香港联交所成功挂牌上市，公司董事局主席许家印夫妇凭借所持有的约102亿股股份，最新市值高达479.4亿港元（约合422亿元人民币），成为中国内地首富。此时，恒大超越碧桂园，一跃而为“头号地主”，土地储备约5000万平方米。

SOHO中国总裁张欣说：“许多中国上市公司的市值都基于土地储备的价值，（因此）地产公司花如此大的精力集中在囤地上，也就不足为奇。在有些公司，只有一小部分土地真正用作开发建设——土地储备的作用是推高股价。”

然而，一旦房地产市场可能调整，资本市场对房地产企业也毫不容情。2010年2月底，著名国际投行高盛集团发表研究报告称：中国地产类股票在未来几个月内将遭遇沉重抛压，房地产开发商类股票将受到货币政策收紧的强烈影响，出现大幅下跌的可能性很大。高盛在报告中下调了对绿城地产的股票评级，从“中性”下调为“卖出”。从2009年年底到现在，绿城中国港股股价已持续下跌三成多。

除了房地产企业囤积了大量的土地以外，各地方政府土地储备中心也存在大量土地囤积的现象，其计划的土地供应量从没有完全流入市场。根据北京师范大学金融中心钟伟、魏伟、王雪公布的《中国房地产土地囤积及资金沉淀评估报告》，2002—2006年，全国计划出让的住宅用地的土地供应量是21亿平方米，而所有房地产市场购置土地的总量仅仅14.5亿平方米。北京等中心城市的情况更为严重，2006年北京计划供应住宅用地1900万平方米，而北京土地储备中心2006年挂牌出售的土地仅仅800万平方米。

第六篇

楼市：政策市？

业内人士都说，房地产是政策市。如果以国家相关政策的数量来衡量，房地产无疑是第一行业。国家需求决定行业兴亡，轻易地跨越了市场经济的界限。当房地产坐上了“老大”的席位时，利益的博弈也就不可避免。同时，“政策的不确定性使房地产商短视，捞一把算一把”（任志强语）。

生于灾难

“像棺材生意，别人哭的时候，我们笑。”——潘石屹

地产界人士认为，从1998年开始中国房地产业进入黄金时代。

1998年3月19日，九届全国人大一次会议记者招待会上，面对600多名中外记者，新任总理朱镕基宣布：“住房的建设将要成为中国经济新的增长点，但是我们必须把现行的福利分房政策改为货币化、商品化的住房政策，让人民群众自己买房子。整个房改方案已酝酿三年多。我们准备今年下半年出台新的政策，停止福利分房，住房分配一律改为商品化。”

在这个长达一个半小时的会上，朱镕基还发表了著名的就职誓词——“不管前面是地雷阵还是万丈深渊，我都将一往无前，义无反顾，鞠躬尽瘁，死而后已”。

之所以把前方喻为“地雷阵”，是因为朱镕基面临严峻的现实：亚洲金融危机下，中国经济何去何从？

1997年7月2日，在泰铢被索罗斯的对冲基金为首的国际游资袭击后，泰国政府被迫宣布取消联系汇率制，实行浮动汇率制，泰铢兑美元汇率当天即下跌20%。随后，这一场突如其来的金融危机像飓风般迅速扫荡亚洲许多国家和地区的经济，泰国、印尼、马来西亚、菲律宾等东南亚国家相继发生货币贬值、股市暴跌的连锁反应。10月下旬，国际炒家又袭击港币。中国香港政府为保护联系汇率制而提高港元利率。接着，香港和内地深、沪股市大跌，并引起全球股市一阵跌风。11月，亚洲金融危机蔓延至东北亚，韩国放弃保护韩元措施，韩元大幅贬值，韩国政府不得不向IMF求援以缓解债务危机，与此同时，日本也处于严重的金融动荡之中。1998年1月，印尼盾几天内贬值50%。一些国家不能偿付大量到期短债，导致东亚多数国家和地区股市汇市暴跌至近年最低点。

为缓解亚洲金融危机的影响，支持受到危机冲击的亚洲国家尽快走出困境，中国向世界作出了一个承诺：保持人民币币值。如果当时人民币汇率发生较大变化的话，世界经济，特别是亚洲经济必将遭到更加严重的打击。

该年，在中国对外贸易中，三资企业进出口占到46.9%，外资企业有80%

左右来自东亚各国。由于人民币升值，这些企业与中国企业的成本优势降低，同时亚洲金融危机的冲击还导致市场萎缩，它们出口困难，甚至可能因资金周转不灵而导致撤资。它们是当时勉力支撑中国经济的生力军，国有大中型企业仍深陷于亏损的困境中。

亚洲金融危机爆发不久，我国就宣布实行宏观政策重大转向，其中包括开始实施积极的财政政策。实施的积极财政政策有效地抵御了亚洲金融危机的冲击，每年拉动GDP增长1.5—2个百分点，有力地促进了中国经济持续、稳定、快速发展。1997年11月召开的全国金融工作会议明确了国有商业银行改革的重要性。随后，财政部于1998年发行2700亿元特别国债，注入四大国有商业银行，以补充资本金，并成立了四家资产管理公司收购银行不良资产。

那八项施政殊为不易，就像密布的“地雷阵”。一个确保：确保1998年中国的经济发展速度达到8%，物价涨幅小于3%，人民币不贬值。三个到位：用3年左右时间使大多数国有大中型亏损企业摆脱困境进而建立现代化企业制度；3年时间里改革金融系统，实现中央银行强化监管，商业银行自主经营；进行政府机构改革。五项改革：粮食流通体制改革；投资融资体制改革；住房制度改革；医疗制度改革；财税制度改革。

其中住房制度改革酝酿已久，万科董事长王石还当了一回朱镕基的房地产顾问。

1997年11月的某个下午，王石和深圳赛格集团董事长王殿甫、深科技董事长王志荣、深天健总经理马恭元、金地地产董事长凌克，到麒麟山庄，参与深圳市委组织的企业向朱镕基的汇报会。会上，王石提出2—3年内，住宅行业无法像经济理论界提出的“把住宅当作刺激内需的支柱产业来发展”，理由有四：“一、房地产市场的发展还不完善，住宅中商品房的比重仅占30%多，60%以上还是各级政府的福利房。二、住宅产业是个资金密集的行业，而目前中国的房地产投资算作固定资产投资，受到严格的限制，融资困难。三、支柱产业应该有领头企业，而内地房地产行业中还没有规模企业。四、根据外国经验，住宅属于高档商品，信贷按揭起关键作用，但我们的额度管理仍然限制得很死。”

朱镕基问：“如果取消福利房分配制，房地产行业能成为支柱产业吗？”王石答：“不能。”“如果金融市场开放，房地产行业还能不能成为支柱产业呢？”

“不能。”“消费信贷放开，还不行？”“两年内不行。”“我两年内一定要把住宅行业促成支柱产业。”朱镕基斩钉截铁。“既然总理说行，就一定行。”全场一片笑声。“哎，你是房地产专家哎。我聘请你为我的房地产顾问。不过，是没有工资的顾问哦。”

顾问一事，朱镕基还真不是说说。两个月后，建设部、国务院住建办、国家体委、土地总局等国务院有关部门来人，约王石去北京参加有关内部小范围研讨会。

1998年4月，中国人民银行发布《关于加大住房信贷投入，支持住房建设与消费的通知》（银发〔1998〕169号文），鼓励商业银行向买房的个人提供按揭贷款。

7月3日，国务院发布了23号令——《国务院关于进一步深化城镇住房制度改革、加快住房建设的通知》，通知要求从1998年下半年开始停止住房实物分配，也就是停止福利分房。

历史充满吊诡，谁也想不到中国房地产业再度因为别人的灾难而受益。这一次是2008年全球金融危机。

这次席卷全球的金融危机由2007年美国爆发的次贷危机引致。美国次贷危机源于美国次级房屋抵押贷款，它是美国金融机构向信用等级较低的购房者提供的抵押贷款。截至2006年初，美国房价连续5年大幅攀升，年均升幅超过8%，其中2005年升幅达15%，而过去35年房价年均增长率为3.5%。低利率和高房价促进了美国人的购房热，催生了许多为购房者提供融资便利和短期便宜的抵押贷款证券化工具，又导致房贷机构放松对购房者借贷信用和资格的审核。在交易中，放贷机构不仅不要借款人提供任何收入、资产等证明文件，不考虑其真实偿还能力，有时甚至纵容借款人弄虚作假；在借款人无力支付首付时，银行鼓励其使用第二次置留权贷款来凑足首付。照美国投资家吉姆·罗杰斯所说，就是“人们可以不付任何定金和首期，甚至在实际上没有钱的情况下买房子，这在世界历史上是唯一的一次”。

大量信用记录较差的低收入家庭进入房贷市场。据估计，承保条件放松的房贷从2005年上半年的100亿美元增至2007年上半年的1100亿美元。在次贷市场，银行原来将这些贷款保留在自己的资产负债表中，近年来却将其转换成债务抵押债券（CDO）等，并将其出售给新的投资者，投资者利用它们创造出衍生产品，之后衍生产品又不断被再次打包和出售，循环往复不已。近年来，80%的抵押贷款通过资产证券化出售，其中债务抵押债券发放量从2004年的1574亿美元增至2006年的5493亿美元。

然而随后经济形势变化。从2004年6月至2006年6月，美联储连续17次加息，使联邦基金利率从1%升到5.25%，这一利率水平一直保持到2006年9月中。在加息的影响下，2006年初美国房地产开始降温，住宅建筑业陷入衰退，房价上升趋缓并于2007年初开始下降。利率上升和房价下降使美国次贷市场迅速恶化，许多借债过度的购房者的房产净值由正转负，既无力偿付房贷到期本息，又无法再融资，在借债头几年享受固定低利率或不付息的优惠期结束后，现在不得不按市场高利率支付。结果，2006年以来，次贷市场违约拖欠债务事件大增。

2007年2月，美国次贷市场危机初见端倪。由于借款方违约增多，美次贷放款机构出现亏损，第二大次贷机构新世纪金融公司的股票被停牌。4月初，新世纪金融公司申请破产保护。

由于美国次贷市场的繁荣和高收益吸引了许多欧洲国家及日本等金融机构特别是对冲基金等参与次贷市场“游戏”，8月开始，次贷危机不仅席卷美国，还横扫欧盟和日本等世界主要金融市场。次贷危机爆发后，据不完全统计，从2006年11月至2007年8月中旬，全美80多家次贷机构停业，其中11家破产，损失高达1000亿美元。英国、德国、法国、瑞士、荷兰、日本、澳大利亚等国家的50多家银行、对冲基金等受到波及。其次，西方主要金融机构亏损严重，债务大幅上升。受次贷危机影响，全球银行业损失3000亿美元到4000亿美元。美国花旗银行、美国银行、JP摩根大通银行及高盛公司等大型银行出现了近年来罕见的亏损状况。危机还导致美林、花旗、美国银行、贝尔斯登资产管理公司、英格兰银行和瑞士银行等美欧金融机构的董事长或总裁辞职。再次，国际金融市场的各领域都出现剧烈动荡，股市、债市、汇市、商品市场均无一幸免，并造成了西方信贷市场一定程度的紧缩。据估计，2007年10月以来，全球股市出现暴跌，全球股票市值损失达7.7万亿美元。

2008年3月，贝尔斯登破产被摩根大通以2.4亿美元低价收购，次贷危机持续加剧首次震动华尔街。次贷危机至此演化为全球金融危机。

7月两房（房地美与房利美）危机爆发引发民众疯狂挤兑潮。

9月初美国政府被迫承诺接管两房，9月15日，美国第五大投行雷曼兄弟宣布破产，同时，美林证券也将以500亿美元被出售给美国银行。这一天，道琼斯指数暴跌504.48点，跌幅为4.42%，为有史以来第六大最大单日跌幅，为“9·11”以来7年的最大单日跌幅。美国政府出资最高850亿美元救助美国国际集团（AIG）；美联储批准高盛和摩根士丹利转为银行控股公司的请求，华尔街投行退出历史舞台。华盛顿互惠银行被美国联邦存款保险公司（FDIC）查封、接管，成为美国有史以来倒闭的最大规模银行。30日，美三大股指暴跌，纳指创历史最大日跌幅，道指创单日最大下跌点数。

半年来，美国失去了前五大投资银行中的三家，只剩摩根士丹利和摩根大通苦苦支撑。

经济多米诺骨牌顺序倒下。以雷曼兄弟破产为例，这家有158年历史的投行，在全球有24000名雇员，其中10000—12000名雇员在华尔街工作，几万名金融精英同时失业。美国财长保尔森说，由于雷曼兄弟和剩余金融机构为生存而裁员，华尔街将失去30000个工作机会，几乎占整个纽约工作机会的10%。长期以来华尔街带给纽约20%的财政收入，纽约市长Bloomberg称，失业将对纽约税收收入产生猛烈的冲击，而华尔街的一个工作将带动2—3个相关工作机会，这种乘数效应造成很多纽约家庭的生活也会受到间接影响。雷曼兄弟股价更从2007年年初的最高价下跌95%，无数投资者财富化水。

多米诺骨牌一直连到欧洲。一个国家面临破产，这种历史上绝无仅有的事情发生在冰岛。这个被视为世界上幸福指数最高的国家，曾经国民生产总值近194亿美元，人均GDP排在世界第四，位列美国和英国之前，突然就笼罩在金融危机的强风暴中，股市暴跌、三大银行收归国有，经济损失高达全年国民生产总值（GDP）9倍之多，负债超过1383亿美元，在理论上已经破产。冰岛进入重症监护室后，希腊也拨打了120，英国、乌克兰、匈牙利等相继狂打喷嚏，德国总理默克尔和财长史坦布吕克罕有地发表电视讲话，对公众承诺说所有的银行存款都能够得到保护。

蝴蝶效应也在中国显现，直接冲击出口企业。金融危机使美国消费需求锐减，相关订单大幅萎缩，中国对美出口增长率从2006年的20%回落至1%。由于出口增速显著下降，央行加强了对外汇市场的干预，使人民币对美元汇率升幅明显减缓，但同期美元对欧元大幅升值，造成人民币对欧元汇率也出现大的升幅，2008年第三季度，人民币对欧元名义汇率升值7.5%，这是人民币汇改以来对欧元最大的单季升幅。由于欧盟已经取代美国成为中国最大的出口市场，这类出口压力剧增。中国银行东莞市分行的数据显示：2008年上半年，广东省内出口企业上升的出口成本，有近1/3是人民币升值造成的。2007年里，人民币升值使得广东省一般贸易出口损失195.2亿元，其中私营出口企业损失了92亿元。据估算，2008年，广东省一般贸易出口将损失524.5亿元，其中私营出口企业损失将达到253.4亿元。

中国制造的主要基地珠三角出现倒闭潮。玩具、服装、鞋类、家具等出口企业首当其冲。

据亚洲鞋业商会2007年11月统计，广东鞋厂约有5000—6000家，其中大中型鞋厂已经关闭1000多家，在两三个月内，惠东的3000多家鞋厂中就有四五百家中小鞋厂倒闭。

据东莞市外经贸局的统计，2007年东莞909家企业倒闭，2008年情况加剧。

广东是全球知名的玩具生产基地、出口基地，占据中国甚至全球半壁江山。广东生产的玩具占中国玩具总产值的70%以上，占全球销量的五成。2007年，东莞市中级人民法院负责破产企业清算执行的副局长陈学坚处理东莞市虎门镇金万塑胶有限公司的破产案，这是家规模很大的玩具厂，员工最多时有六七千人，厂房占地20多亩，厂房和宿舍楼的建筑面积8万多平方米。2008年10月，号称中国最大的玩具代工企业之一合俊集团在东莞的两家工厂——合俊玩具厂和俊领玩具厂宣布破产。2008年，东莞有548家玩具企业在从事出口，比2007年减少99家；出口额在100万美元以下的中小企业324家，比2007年减少了94家。

以服装产业出名的虎门镇原有外资企业1400多家，2007年底走了200多家，2008年一季度倒闭的更多，单镇村两级外来工遣散费就花了2000多万元。“不走的厂子也成了空壳，平常1000多号人的工厂现在只剩下十几个人。可以说，加工业正在离开虎门。” 虎门镇政府宣传科教办公室主任李世贤说。

2008年3月，东莞知名的出口企业、“沃尔玛烧烤炉全球最大的供应商”——金卧牛实业有限公司宣布停产，公司老板祝善保因为拖欠员工工资、供应商货款、银行贷款、税收等一度失踪。金卧牛公司鼎盛时，厂房占地面积55万平方米，建筑面积45万平方米，员工4200人，是清溪镇最大的纳税户，“东莞市民营企业50强”。在过去的13年里，它生产的烧烤炉全部外销，最高年销售额达到1.5亿美元，每年向沃尔玛、百安居等世界零售业巨头出口200万台烧烤炉。

2008年4月，国信鞋业有限公司停工。它成立于1985年，是东莞第一批港资企业之一，2000年后成为东莞拖鞋业的老大，员工一度多达2200多人，产品在美国、日本、南非等国际市场上的知名度极高。

香港中华厂商联合会2008年6月进行的一项调查显示，珠三角20%的受访港商计划关闭工厂或放弃生产业务。据此推算，珠三角有数以千计的港资企业将会倒闭。

在“中国制造”的另一基地长三角，“倒闭症”也在发作。

浙江宁波象山县，不到32平方公里的爵溪小镇，集聚了一整条的针织业产业链，为30个世界顶级品牌提供加工服务，“倒闭症”前，有500多家工厂。到2008年6月底，100多家企业停产，当然还不是最终数字。

以小家电生产为经济支柱的宁波慈溪县，当地一位从事小家电出口的企业负责人接受媒体采访时称，2008年全县超过七成的厂家没有拿到任何一笔海外订单，很多企业不得不开始解聘工人。

2008年5月，中国最大的缝纫机出口和生产基地——年产150万台的飞跃集团传出申请破产消息。飞跃是浙江台州龙头企业，资产数十亿元，当家人邱继宝曾被朱镕基称为“国宝”，2007年以25亿元的身家位列2007年胡润百富榜第328名。浙江省台州市外经贸局数据显示，2008年1至4月，飞跃集团出口总额为1848万美元，较上年同期下跌44%，仅相当于其2007年全年出口的1/5。公开数据显示，2008年一季度，台州缝制设备规模上企业总产量为101.56万台，比上年同期下降15.3%，产值和效益也出现明显下滑。

在打火机生产出口基地温州，温州烟具协会下属约600家会员企业中，2007年六成已关张，相当于平均每天都有一家打火机企业倒闭，2008年剩下不到百家，不到鼎盛时期的1/20。尽管与世界“打火机大王”Zippo等紧密合作，获得大量出口贴牌生产业务，温州烟具协会副会长黄发静的日丰集团也“很受伤”。

金融危机的表征是虚拟经济，然而却对我国实体经济造成重伤。据统计数据显示，广东省2008年1—9月关闭的企业有5万多家，其中以“重灾区”珠三角的企业居多。

出口与投资、消费被称为中国经济增长的三驾马车。出口占GDP的比重，已由10年前的19.2%，增加到2007年的37.5%，外资和民营企业占经济的比重也上升到六成左右（2008年10月27日《世界日报》）。外贸顺差从2007年增长50%以上到2008年下降9%，使进出口成为2008年经济减速的最大因素。出口降温将导致与出口有关的投资活力减弱。另外，居民实际收入将继续下降，住房、汽车等消费热点降温，下半年消费实际增速减缓。

外需放缓对中国经济的影响和冲击，引起了国务院前所未有的重视。中央高层兵分六路，进行经济运行的调研。国务院副总理李克强6月29日到河北廊坊、沧州，调研能源生产与供应；7月6至8日，到浙江杭州、温州，调研外向型经济运行、企业发展状况，其间7日参观了日丰集团。商务部部长陈德铭7月2至3日，到浙江温州、台州，调研外经贸企业。王岐山7月3至5日，到山东烟台、威海，调研外贸与金融形势。习近平7月4至5日，到广东，调研外贸、内销企业经营现状。国务院总理温家宝，7月4至5日，到江苏无锡、苏州，调研统筹区域协调发展，统筹城乡发展；7月5至6日，到上海，调研国际金融中心、国际航运中心建设；7月19至20日，到广东广州、深圳等地，调研出口企业转型、粤港澳合作。国家主席胡锦涛，7月20日，到山东青岛，调研当前形势下的企业经营情况。

中国应对金融危机的4万亿元投资计划就在这种情势下出台。2008年11月5日，温家宝主持召开国务院常务会议，研究部署进一步扩大内需促进经济平稳较快增长的措施，决定实行积极的财政政策和适度宽松的货币政策，出台更加有力的扩大国内需求措施，加快民生工程、基础设施、生态环境建设和灾后重建，提高城乡居民特别是低收入群体的收入水平，促进经济平稳较快增长。

尽管国家发改委主任张平在2010年“两会”上申明4万亿元投资没有一分钱流向房地产，但此计划开启的宽松的货币政策无疑极其有利于房地产行业。中国社会科学院金融研究所金融市场研究室副主任、房地产金融研究中心主任尹中立指出，房地产开发商的资金紧张情况很快得到了缓解；按揭贷款的优惠利率下调到历史最低水平，刺激购房需求；宽松的货币政策已经唤起市场对于货币贬值的预期，买房成为富裕阶层保持财富的一种选择；2009年快速增长的信贷推高股市价格，股市上涨在相当程度上刺激了房地产的需求。

富力地产执行董事吕劲称，2008年年底董事会上众人正准备将2009年当作“最困难的一年”，公司将旗下项目评估整理后，将有限资金投入重点项目，其余部分项目进度放缓，而部分项目则停工。富力因高负债和现金流短缺，一度和上市搁浅的恒大深陷资金链断裂的信任危机。2009年的4月不再残酷，

“无论是质量好还是价格好，反正总有个理由让这些房子卖出去。”吕劲说。富力亦不再命悬一线，6月1日公布，截至5月31日，富力协议销售额约106.1亿元，占全年目标220亿元的48%。

“我们滨江花园开盘来的第一个客人，开了一辆加长卡迪拉克，6000多万的楼款，现金一次性付清。售楼人员说可以打折，人家轻轻挥挥手，说‘不用啦’。”虽然故事已经发生了半年，世茂集团的一位员工仍喜欢在“观摩”上海土地交易市场的空当讲给人听。世茂滨江花园位于上海陆家嘴，是上海豪宅之一，年初的时候打折价每平方米3万多。后来滨江花园又来了一个温州人，要一次性买60多套。但这次却没有任何礼遇，并且不卖了。因为楼市已经火了，地产商封了盘，要涨价。

《楼市》出品人蔡鸿岩告诉作者，2009年4月，海南雅居乐清水湾项目有人一次性买了8个多亿，有一个客户在福安开盘一期买了2个亿。

地产商的境遇变化，金地集团高级副总裁赵汉忠的比喻最为贴切——“从冬天直接到了夏天”。

“银根放开之后，这些房地产开发商一下子就被救活了。所以我跟他们开玩笑说，全球经济好的时候，房地产快倒闭了，全球经济不好的时候，房地产公司现在是全都喜气洋洋。我说这跟做棺材生意似的，人家哭的时候我们笑着，人家笑的时候我们哭着，正好是反着。人家高高兴兴都活得健康的时候，他坐在这儿愁眉不展的，说这儿棺材销售不出去。做棺材生意就是这样，人家家里死人的时候哭的时候说，哎哟，好在有一个生意可以做了。” 预言“百日巨变”的潘石屹再不愿就房地产的前景预言。

捅破海南泡沫

四大国有商业银行由全国各地调派3200人到海南追债，海南全岛出租车司机每天都能拉到三五个追债的银行员工。若有人求情，得到的回复是：“我通融你，朱老板非把我的头砍了。”

对房地产商，中央政府并非总是温柔敦厚。

早在20世纪90年代初，海南房地产就吃了一刀。

1989年3月26日，海南出台《海南经济特区土地使用权有偿出让转让规定》，土地批租成为海南财政收入的重要来源。自此，房地产市场行情一路上扬。1991年为1400元/平方米，1992年则猛增至5000元/平方米。以四大银行为首的资金，包括大型国企、乡镇企业及民营资本的大量资本，通过各种渠道进入了房地产市场，资金不下千亿元。当时流传着“要挣钱，到海南；要发财，炒楼花”。当时海南城市人口100多万，房地产公司就有1.3万家，平均80人一家地产公司，所有地产都在交易中，所有地产项目也在建设中。

当时有些公司只付少量定金，就可以通过关系拿到土地或项目批文，然后即可转手卖出。接手人也这么玩，最后真正的开发商可能成了“7楼楼主”，土地价格翻了数倍，海口地价由1991年的十几万元/亩，狂飙到600多万元/亩。

银行成了“超级提款机”。开发商们纷纷把还停留在图纸上的房子高价抵押给银行，倒卖地皮或楼花赚到的钱则揣在自己兜里。潘石屹和冯仑等人也跻身其中，炒地、炒楼不亦乐乎，挣到了他们各自的第一个100万元。潘石屹自称和几位合伙人在海南炒房的第一笔资金500万元，就是通过一个北京朋友从银行弄到的贷款。银行不甘于只是离岸袖手，也扎下海当起了炒家。

海南省处置积压房地产工作小组办公室副主任林克昌记得，有的公司好不容易抢到一个项目，结果发现那块地却是当初自己卖出去的。

1992年8月的一个“偶然发现”，让潘石屹得以逃脱那著名的地产泡沫的破裂，代价不过是五斤橘子和一条香烟。这笔小费原本是用以查阅有关内部资料，以核实一个项目的审批情况。潘石屹吃惊地发现海口市在建人均住房面积已达50多平方米，7倍于同期北京人均住房面积。直觉告诉他海南的房地产要出事了，他与冯仑、易小迪、王功权等合伙人决定分家，撤回北京发展。

但更多的人还沉浸在财富的猎取中。1993年海南上半年房价7500元/平方米，超越所有省会城市。

1993年6月23日，时任国务院副总理的朱镕基发表讲话，宣布终止房地产公司上市、全面控制银行资金进入房地产业。次日，国务院发布《关于当前经济情况和加强宏观调控意见》，16条强力调控措施包括严格控制信贷总规模、提高存贷款利率和国债利率、限期收回违章拆借资金、削减基建投资、清理所有在建项目等。

7月5日至7日，在全国金融工作会议上，朱镕基要求：清理违章拆借；不得竞相提高利率、不得收取贷款回扣；银行不得向自办实体注资，自办实体和银行脱钩。此会召开前三天，全国人大常委会宣布，免去国务委员李贵鲜兼任的人民银行行长的职务，由朱镕基兼任此职。几个月前，李贵鲜刚由八届全国人大一次会议通过继续兼任。

朱镕基以中国人民银行行长身份，命令属下的行长们在40天内收回计划外的全部贷款和拆借资金。“逾期收不回来，就要公布姓名，仍然收不回来，就要严惩不贷。”严厉规章之后，他又苦口婆心一番，“自己不勤政，又不廉政，吃吃喝喝，乱批条子，任人唯亲，到处搞关系，把国家财产不当一回事，你还坐在讲台上面作报告，下面能不骂你？更不会照你说的去做。你也不敢处理一个人，就只能搞点福利主义，给大家发点奖金，形成一种庸俗的机关作风，这要害死人的。”

“同志们！”末了，他大声喊了一句，“我在这里讲的，如果我自己做不到，我绝对不要求大家。如果你们发现我有不廉政、不勤政的问题，你们可以检举、揭发。但是我也要求大家，你们自己一定要以身作则。”等他停下来，示意大家可以走时，被训斥得目瞪口呆的行长们连道别的话也忘了说，忐忑离去。

10天后，又出台有关拆借资金方面的“三不准”政策，银行给非银行金融机构拆借资金成为高压线。

四大国有商业银行由全国各地调派3200人到海南追债，海南全岛出租车司机每天都能拉到三五个追债的银行员工。若有人求情，得到的回复是：“我通融你，朱老板非把我的头砍了。”

随后，四大银行海南行的行长被抓，资金被强令撤回内地。有报道称，一天之间就曾有200亿元资金“逃离”海南。海南20多家信用社倒闭，成立海南发展银行接管倒闭的信用社。消息一出，引发全岛挤兑（1998年，海南发展银行也倒闭）。海南95%的房地产公司倒闭，数千家开发商卷款逃离，占全国总人口数仅0.6%的海南省留下的积压商品房占全国商品房总量的10%，烂尾楼600多栋，1600多万平方米，闲置土地1.88万公顷，积压资金800亿元，仅四大国有商业银行的坏账就高达300多亿元。吉利汽车老板李书福在海南损失了3000万元，从此发誓不碰房地产。

1992年，朱镕基视察海南，再提：“绝对不许再批新项目，再建新房子，不允许银行再给房地产贷款。要下决心收地。凡是报建未建的，只要是闲置土地，一律收回。”海南业已冷却的房地产闻声降到冰点。

房地产商比央行牛

央行出台的121号文件，严格规范对开发商、建筑企业流动资金、个人住房和土地储备贷款。结果121号文件被房地产商集体狙击，最终“流产”。78天后，国务院出台的18号令，提出房地产业“已经成为国民经济的支柱产业”。房地产商们激动莫名，感觉这个文件“是开发商参与起草了一样”。

海南房产泡沫破裂10年后，“房地产泡沫”一词再次从历史角落翻了出来。

问题因央行对房地产业贷款关注而掀开。

分税制改革后，房地产业不仅是地方财政的主要来源，还是地方政府刺激地方发展的重要手段和主要政绩工程，因此地方政府大搞“购房退税”、大规模动拆迁，使房地产市场开始出现过热之象。在广州，超千亩的大盘就有20多个，最大的碧桂园凤凰城已超过万亩，华南板块的10多家开发商，占地面积少则数十公顷，多则上百公顷；湖南省中方县，一家民营企业投资12亿元承建的新县城，占地面积达到5000亩；杭州，号称杭州第一大盘的天都城，占地6579亩；西安，万通和立丰两家房地产商计划合力打造一个占地9000亩的新型城镇，准备容纳几十万人居住。

在某媒体评出的2002年十强房地产上市公司中，上海置业新增土地储备1000余万平方米；万科待开发项目占地980万平方米；华润置地拥有470万平方米；中华企业320万平方米；中国海外2877万平方米；合生创展在广州土地储备数为421万平方米，在北京和天津土地储备数为303万平方米。首创集团有关人士透露，旗下的首创置业有限公司储备土地已经超过了5000亩。万科董事长王石在不同场合表示，未来3年内，万科要投入30亿元买地。

据统计，自1999年以来，包括房地产开发贷款和个人住房贷款在内的房地产贷款余额持续增长，年均增幅超过30%，其中个人住房贷款年均增幅约达50%。2000年，房地产贷款余额为8183.55亿元，在金融机构贷款余额中占8.24%；2001年，房地产贷款余额为11214亿元，占比9.98%；2002年，房地产贷款余额为16352亿元，占比12.45%，到2003年已接近15%。商业银行之间也开始大打房贷争夺战，不少投资客从多家银行取得按揭，开始盛行通过中介公司腾挪达到“零首付”。

据国家审计署报告，抽查建行广州分行8家支行楼宇按揭贷款，发现了10亿元虚假按揭，其中汕尾市公安局一副局长骗取芳村支行按揭贷款3793万元。

《中国经营报》记者调查，广东番禺一个大型楼盘也有大量虚假按揭。一名肖姓业主在该楼盘买了一套42万元的房子，2001年11月入住时打开信箱，发现里面有一大摞建设银行发来的信函，都是催讨按揭款项的通知。原来这套房子已经做过一次按揭。肖的太太还在这个楼盘担任策划部经理。“连我们都无法幸免，其中黑洞可想而知。”肖先生说。

对房地产业开始出现的一些局部性的问题，央行从2001年年初就注意了。2001年6月，央行货币政策司与发放房地产贷款的主要商业银行召开房地产金融联席会议后，央行出台195号文件（即《关于规范住房金融业务的通知》），规定房地产项目贷款须“四证”齐全，开发商要有一定比例的自有资金，银行既要支持房地产发展又要注意防范风险，“以保证房地产行业持续健康发展”。

2002年10月，在人民银行的一个座谈会上，中国人民银行货币政策司司长戴根有在向人民银行领导汇报当前房地产形势时，提出要对开发商贷款，特别对开发商流动资金贷款、个人多套住房贷款、施工企业流动资金贷款、土地储备贷款，都要进行限制。

央行没有急于出限制性规定，而是最后确定检查195号文件执行的情况。2002年四季度，对部分地区商业银行执行195号文情况进行检查，结果发现房地产信贷违规金额高达24.9%。对房地产信贷政策进行调整的意见开始逐渐形成。2003年3月，央行在杭州召开座谈会，121号文件以代议文件形式发放给与会代表讨论。受SARS影响，该文件出台时间被迫后延。

6月5日，“为进一步落实房地产信贷政策，防范金融风险，促进房地产金融健康发展”，央行出台《关于进一步加强房地产信贷业务管理的通知》（银发〔2003〕121号），要求：

一、加强房地产开发贷款管理，引导规范贷款投向

房地产开发贷款对象应为具备房地产开发资质、信用等级较高、没有拖欠工程款的房地产开发企业。贷款应重点支持符合中低收入家庭购买能力的住宅项目，对大户型、大面积、高档商品房、别墅等项目应适当限制。对商品房空置量大、负债率高的房地产开发企业，要严格审批新增房地产开发贷款并重点监控。

各商业银行应严格执行《建设部、国家计委、财政部、国土资源部、中国人民银行、国家税务总局关于加强房地产市场宏观调控　促进房地产市场健康发展的若干意见》（建住房〔2002〕217号），对未取得土地使用权证书、建设用地规划许可证、建设工程规划许可证和施工许可证的项目，不得发放任何形式的贷款。

商业银行对房地产开发企业申请的贷款，只能通过房地产开发贷款科目发放，严禁以房地产开发流动资金贷款及其他形式贷款科目发放。对房地产开发企业已发放的非房地产开发贷款，各商业银行按照只收不放的原则执行。房地产开发企业申请银行贷款，其自有资金（指所有者权益）应不低于开发项目总投资的30%。

商业银行发放的房地产贷款，只能用于本地区的房地产项目，严禁跨地区使用。

二、严格控制土地储备贷款的发放

各商业银行应规范对政府土地储备机构贷款的管理，在《土地储备机构贷款管理办法》颁布前，审慎发放此类贷款。对土地储备机构发放的贷款为抵押贷款，贷款额度不得超过所收购土地评估价值的70%，贷款期限最长不得超过2年。

商业银行不得向房地产开发企业发放用于缴交土地出让金的贷款。

三、规范建筑施工企业流动资金贷款用途

商业银行要严格防止建筑施工企业使用银行贷款垫资房地产开发项目。承建房地产建设项目的建筑施工企业只能将获得的流动资金贷款用于购买施工所必需的设备（如塔吊、挖土机、推土机等）。企业将贷款挪作他用的，经办银

行应限期追回挪用资金，并向当地其他的商业银行通报该企业违规行为，各商业银行不应再对该企业提供相应的信贷支持。对自有资金低、应收账款多的承建房地产建设项目的建筑施工企业，商业银行应限制对其发放贷款。

四、加强个人住房贷款管理，重点支持中低收入家庭购买住房的需要

商业银行应进一步扩大个人住房贷款的覆盖面，扩大住房贷款的受益群体。为减轻借款人不必要的利息负担，商业银行只能对购买主体结构已封顶住房的个人发放个人住房贷款。对借款人申请个人住房贷款购买第一套自住住房的，首付款比例仍执行20%的规定；对购买第二套以上（含第二套）住房的，应适当提高首付款比例。

商业银行应将发放的个人住房贷款情况登记在当地人民银行的信贷登记咨询系统，详细记载借款人的借款金额、贷款期限、借款人及其配偶的身份证号码。商业银行在发放个人住房贷款前，应到信贷登记咨询系统进行查询。

五、强化个人商业用房贷款管理

借款人申请个人商业用房贷款的抵借比不得超过60%，贷款期限最长不得超过10年，所购商业用房为竣工验收的房屋。对借款人以“商住两用房”名义申请银行贷款的，商业银行一律按照个人商业用房贷款管理规定执行。

六、充分发挥利率杠杆对个人住房贷款需求的调节作用

对借款人申请个人住房贷款购买房改房或第一套自住住房的（高档商品房、别墅除外），商业银行按照中国人民银行公布的个人住房贷款利率（不得浮动）执行；购买高档商品房、别墅、商业用房或第二套以上（含第二套）住房的，商业银行按照中国人民银行公布的同期同档次贷款利率执行。

七、加强个人住房公积金委托贷款业务的管理

各商业银行应严格执行《中国人民银行关于加强住房公积金信贷业务管理的通知》（银发〔2002〕247号）的有关规定，切实加强账户管理，理顺委托关系，对违反规定的有关行为应即刻纠正。住房委托贷款业务仅限于个人住房公积金委托贷款，对使用其他房改资金（包括单位售房款、购房补贴资金、住房维修基金等）委托办理贷款业务的，商业银行一律不得承办。

这个121号文件是海南房产泡沫十年来前所未有的针对房地产业的铁律，对靠银行“输血”为生的房地产商而言招招致命。

121号文件重要的政策调整有四：一是对开发商贷款，二是对建筑企业流

动资金贷款，三是个人住房贷款，四是土地储备贷款。央行不愿银行为了利息的区区小利，最后搭进去自己的本金。

对开发商贷款的很多提法，195号文件就已经规定了，如开发商资质、“四证”，开发商30%资本金。负责起草的戴根有说：“后来有人甚至把这几点误认为是新的政策，只能说明195号文件没有得到很好的贯彻执行，本来是老的，认为是新的。”

121号文件的新内容是对开发商的流动资金贷款限制。经过检查发现，有的商业银行出于商业竞争的需要，猛给开发商流动资金贷款，因为流动资金贷款未设限要求开发商须达到自有资金30%、“四证”齐全，而开发商到手的流动资金贷款完全用于开发项目。121号文件规定只能用开发贷款这一个科目给开发商发放贷款，以跟要求“四证”、30%的政策相衔接，堵住政策的漏洞。

严禁跨地区使用，则是总结1992、1993年房地产局部地区过热的经验教训得出来的一个结论。戴根有说1992、1993年海南房地产过热形成的损失至今都没有清理完全，损失巨大。商业银行房地产部在对这些贷款进行清理时发现，一个项目用了多少钱都查不清楚，因为它们并不是通过本地银行贷款，而是通过拆借资金进来，很难查清来路。

而对施工企业流动资金贷款作出限制，则是因为建筑市场是不平等的竞争，开发商只要拿到土地就是大爷了，剩下的运作可以不花什么钱。开发商大量占用建筑企业的资金，垫资的风险就在建筑企业，最后导致的结果是施工企业大量拖欠民工工资，成为一个非常严重的社会问题。

对个人住房贷款政策的调整，有两个要点，一是要重点支持中低收入家庭购买住房的需要，二是对个人住房贷款首付款的要求。央行现在出台这个文件，实际是一种政策取向，有意将第二套住房、高档房的掌握留给商业银行。

对土地储备贷款的限制，是“为了防止土地泡沫，房地产泡沫”。

戴根有相貌平凡，后升任央行征信管理局局长。北京一位开发商第一次亲眼见到他时不由嘀咕：“没想到，貌不惊人的‘老戴’能整出杀气腾腾的121号文件来。”

这个121号文件令全国房地产商集体哗然。

6月13日，任志强一大早就来到办公室，还未坐定，就发现了秘书送来的央行121号文件。“房地产的冬天来了。”这是他看完文件说出的第一句话。

前一天，他刚就任全国工商联住宅产业商会轮值主席。

这天下午，潘石屹才看到办公桌上的121号文件。迅速浏览后，他感觉“就像我们正在进行足球比赛，裁判突然吹响了哨声说，改排球比赛了，球再不能落地了，落地算犯规”。随后他紧急召开公司会议，要求48小时内重新编制公司的现金流量表，分析由此对公司和市场带来的影响。是晚，他到凌晨3点仍无法入睡，起床草拟121号文件的政策后果。共计20个，没有一个是正面的。其中第三个是：房地产公司在生存的压力下，去行贿贷款、违章贷款，将会出现一批类似“周正毅”的行贿者和类似“王雪冰”的受贿银行官员。

不同于潘石屹的自谋和背后嘀咕，任志强行动起来，在121号文件出台之后开始频繁“上书”、资助论坛、开研讨会，以期改变政策的取向，成为“反对派”领袖。

6月17日下午，全国工商联住宅产业商会与经济观察报共同举办了一次论坛，原拟定主题“关注健康人居，关注健康城市”变为121号文件对房地产业的影响，北京万科总经理吴有富、北京金地地产总经理陈长春、今典集团董事长张宝全等京城房地产界人士均出席。

6月底，他代表住宅产业商会，就121号文件写了两个报告，然后“上书”，一个报告经中央统战部转交中央，一个直接寄递中央。

随后，他又写了两份讨伐121号文件的万言檄文——《“冬天”来了》、《仇富政策》，提交8月16日的“中国房地产信贷政策论坛”。《“冬天”来了》如是起头：“SARS的疫情通报归零，让6月的艳阳天格外明媚，但中国人民银行信贷政策的调整，像一场‘6月雪’，让房地产市场开始进入了严酷的‘冬天’。”他认为，表面上看，信贷政策的调整，只是金融风险的问题，实际是国家政治和经济政策的调整问题。这次信贷政策的调整中一个核心的重点，就是只对中低收入者给予进入商品房市场的支持，对富裕或可能进入富裕的家庭采取歧视的仇富措施，看不到对十六大精神的支持。121号文件的目的在于防范金融风险，但实际的结果却是“金融风险的陷阱”。他视121号文件为“仇富”的政策，仇富不仅指对富人的仇视，而且在于政策的出发点与行为约束，是限制、约束人们从贫穷走向富裕。在《仇富政策》的结尾，他发出了“危言”：“央行限制消费和仇富的政策，只会给中国经济发展带来不良影响，并且动摇人民对致富和小康的信心。”

这个论坛由房地产商赞助，由国务院发展研究中心金融研究所和中国社会科学院金融研究所主办的《银行家》杂志主办。虽然名曰云集官产学商四界的多边论坛，有人民银行货币委员会秘书长易纲、中国工商银行信贷部总经理刘子刚、光大银行副行长姜波、中国工商银行信贷管理部总经理魏国雄、中国建设银行房地产金融部总经理刘铁民、建设银行房地产金融部副总经理徐迪、中国工商银行城市金融研究所所长詹向阳等银行界人士参与，但任志强、潘石屹、张宝全、北京华润置地总经理陈鹰等北京房地产大腕更为扎眼。易纲、刘子刚和徐迪等的“支持派”的声音微若水滴，完全淹没在“反对”的海洋里。

事后《银行家》杂志发表《烫手的121房贷新政》，称“房地产商认为央行121房贷政策对房地产业是致命的打击，一致认为央行的这种做法完全没有必要”。

此话没错，房地产商们放下了江湖上所有的恩怨情仇，像全国抗击SARS般高度一致。疫情不可怕，即使在SARS猖獗的2003年前四个月，房地产仍然同比上升了3.8%。房产商只怕调控政策。在之前由住宅产业商会发起的“时空联线共论‘非典’对房地产影响”的会议上，任志强接受采访时说：“央行政策对房地产业的影响比‘非典’还严重”。

这个特殊阶层的“抗政”企图踩住中国经济的软肋——SARS蔓延，经济可能下滑；美伊战争爆发，外需可能放缓。121号文件出台不久，央行官员就一天内两次出来做解释。

8月24日，在博鳌房地产论坛2003年会上，任志强接受采访时说：“现在看来，报告有了明显的反馈”。他已经获悉国务院即将发布一份名为《关于促进房地产市场持续健康发展的通知》的文件，文件可能编号为〔2003〕10号文。在此文件制定之前，由有关部门召集了开发商代表参加座谈会，听取他们的意见，“座谈会后，文件可能会有50%的修改”。

121号文件出台78天后，8月31日，国务院正式向各省、自治区、直辖市人民政府，国务院各部委、各直属机构下发《国务院关于促进房地产市场持续健康发展的通知》（国发〔2003〕18号文，简称18号令），具体如下：

各省、自治区、直辖市人民政府，国务院各部委、各直属机构：

《国务院关于进一步深化城镇住房制度改革　加快住房建设的通知》（国发〔1998〕23号）发布五年来，城镇住房制度改革深入推进，住房建设步伐加快，住房消费有效启动，居民住房条件有了较大改善。以住宅为主的房地产市场不断发展，对拉动经济增长和提高人民生活水平发挥了重要作用。同时应当看到，当前我国房地产市场发展还不平衡，一些地区住房供求的结构性矛盾较为突出，房地产价格和投资增长过快；房地产市场服务体系尚不健全，住房消费还需拓展；房地产开发和交易行为不够规范，对房地产市场的监管和调控有待完善。为促进房地产市场持续健康发展，现就有关问题通知如下：

一、提高认识，明确指导思想

（一）充分认识房地产市场持续健康发展的重要意义。房地产业关联度高，带动力强，已经成为国民经济的支柱产业。促进房地产市场持续健康发展，是提高居民住房水平，改善居住质量，满足人民群众物质文化生活需要的基本要求；是促进消费，扩大内需，拉动投资增长，保持国民经济持续快速健康发展的有力措施；是充分发挥人力资源优势，扩大社会就业的有效途径。实现房地产市场持续健康发展，对于全面建设小康社会，加快推进社会主义现代化具有十分重要的意义。

（二）进一步明确房地产市场发展的指导思想。要坚持住房市场化的基本方向，不断完善房地产市场体系，更大程度地发挥市场在资源配置中的基础性作用；坚持以需求为导向，调整供应结构，满足不同收入家庭的住房需要；坚持深化改革，不断消除影响居民住房消费的体制性和政策性障碍，加快建立和完善适合我国国情的住房保障制度；坚持加强宏观调控，努力实现房地产市场总量基本平衡，结构基本合理，价格基本稳定；坚持在国家统一政策指导下，各地区因地制宜，分别决策，使房地产业的发展与当地经济和社会发展相适应，与相关产业相协调，促进经济社会可持续发展。

二、完善供应政策，调整供应结构

（三）完善住房供应政策。各地要根据城镇住房制度改革进程、居民住房状况和收入水平的变化，完善住房供应政策，调整住房供应结构，逐步实现多数家庭购买或承租普通商品住房；同时，根据当地情况，合理确定经济适用住房和廉租住房供应对象的具体收入线标准和范围，并做好其住房供应保障工作。

（四）加强经济适用住房的建设和管理。经济适用住房是具有保障性质的政策性商品住房。要通过土地划拨、减免行政事业性收费、政府承担小区外基础设施建设、控制开发贷款利率、落实税收优惠政策等措施，切实降低经济适用住房建设成本。对经济适用住房，要严格控制在中小套型，严格审定销售价格，依法实行建设项目招投标。经济适用住房实行申请、审批和公示制度，具体办法由市（县）人民政府制定。集资、合作建房是经济适用住房建设的组成部分，其建设标准、参加对象和优惠政策，按照经济适用住房的有关规定执行。任何单位不得以集资、合作建房名义，变相搞实物分房或房地产开发经营。

（五）增加普通商品住房供应。要根据市场需求，采取有效措施加快普通商品住房发展，提高其在市场供应中的比例。对普通商品住房建设，要调控土地供应，控制土地价格，清理并逐步减少建设和消费的行政事业性收费项目，多渠道降低建设成本，努力使住房价格与大多数居民家庭的住房支付能力相适应。

（六）建立和完善廉租住房制度。要强化政府住房保障职能，切实保障城镇最低收入家庭基本住房需求。以财政预算资金为主，多渠道筹措资金，形成稳定规范的住房保障资金来源。要结合当地财政承受能力和居民住房的实际情况，合理确定保障水平。最低收入家庭住房保障原则上以发放租赁补贴为主，实物配租和租金核减为辅。

（七）控制高档商品房建设。各地要根据实际情况，合理确定高档商品住房和普通商品住房的划分标准。对高档、大户型商品住房以及高档写字楼、商业性用房积压较多的地区，要控制此类项目的建设用地供应量，或暂停审批此类项目。也可以适当提高高档商品房等开发项目资本金比例和预售条件。

三、改革住房制度，健全市场体系

（八）继续推进现有公房出售。对能够保证居住安全的非成套住房，可根据当地实际情况向职工出售。对权属有争议的公有住房，由目前房屋管理单位出具书面具结保证后，向职工出售。对因手续不全等历史遗留问题影响公有住房出售和权属登记发证的，由各地制定政策，明确界限，妥善处理。

（九）完善住房补贴制度。要严格执行停止住房实物分配的有关规定，认真核定住房补贴标准，并根据补贴资金需求和财力可能，加大住房补贴资金筹集力度，切实推动住房补贴发放工作。对直管公房和财政负担单位公房出售的净收入，要按照收支两条线管理的有关规定，统筹用于发放住房补贴。

（十）搞活住房二级市场。要认真清理影响已购公有住房上市交易的政策性障碍，鼓励居民换购住房。除法律、法规另有规定和原公房出售合同另有约定外，任何单位不得擅自对已购公有住房上市交易设置限制条件。各地可以适当降低已购公有住房上市出售土地收益缴纳标准；以房改成本价购买的公有住房上市出售时，原产权单位原则上不再参与所得收益分配。要依法加强房屋租赁合同登记备案管理，规范发展房屋租赁市场。

（十一）规范发展市场服务。要健全房地产中介服务市场规则，严格执行房地产经纪人、房地产估价师执（职）业资格制度，为居民提供准确的信息和便捷的服务。规范发展住房装饰装修市场，保证工程质量。贯彻落实《物业管理条例》，切实改善住房消费环境。

四、发展住房信贷，强化管理服务

（十二）加大住房公积金归集和贷款发放力度。要加强住房公积金归集工作，大力发展住房公积金委托贷款，简化手续，取消不合理收费，改进服务，方便职工贷款。

（十三）完善个人住房贷款担保机制。要加强对住房置业担保机构的监管，规范担保行为，建立健全风险准备金制度，鼓励其为中低收入家庭住房贷款提供担保。对无担保能力和担保行为不规范的担保机构，要加快清理，限期整改。加快完善住房置业担保管理办法，研究建立全国个人住房贷款担保体系。

（十四）加强房地产贷款监管。对符合条件的房地产开发企业和房地产项目，要继续加大信贷支持力度。同时要加强房地产开发项目贷款审核管理，严禁违规发放房地产贷款；加强对预售款和信贷资金使用方向的监督管理，防止挪作他用。要加快建立个人征信系统，完善房地产抵押登记制度，严厉打击各种骗贷骗资行为。要妥善处理过去违规发放或取得贷款的项目，控制和化解房地产信贷风险，维护金融稳定。

五、改进规划管理，调控土地供应

（十五）制定住房建设规划和住宅产业政策。各地要编制并及时修订完善房地产业和住房建设发展中长期规划，加强对房地产业发展的指导。要充分考虑城镇化进程所产生的住房需求，高度重视小城镇住房建设问题。制定和完善住宅产业的经济、技术政策，健全推进机制，鼓励企业研发和推广先进适用的建筑成套技术、产品和材料，促进住宅产业现代化。完善住宅性能认定和住宅部品认证、淘汰的制度。坚持高起点规划、高水平设计，注重住宅小区的生态环境建设和住宅内部功能设计。

（十六）充分发挥城乡规划的调控作用。在城市总体规划和近期建设规划中，要合理确定各类房地产用地的布局和比例，优先落实经济适用住房、普通商品住房、危旧房改造和城市基础设施建设中的拆迁安置用房建设项目，并合理配置市政配套设施。各类开发区以及撤市（县）改区后的土地，都要纳入城市规划统一管理。严禁下放规划审批权限，对房地产开发中各种违反城市规划法律法规的行为，要依法追究有关责任人的责任。

（十七）加强对土地市场的宏观调控。各地要健全房地产开发用地计划供应制度，房地产开发用地必须符合土地利用总体规划和年度计划，严格控制占用耕地，不得下放土地规划和审批权限。利用原划拨土地进行房地产开发的，必须纳入政府统一供地渠道，严禁私下交易。土地供应过量、闲置建设用地过多的地区，必须限制新的土地供应。普通商品住房和经济适用住房供不应求、房价涨幅过大的城市，可以按规定适当调剂增加土地供应量。

六、加强市场监管，整顿市场秩序

（十八）完善市场监管制度。加强对房地产企业的资质管理和房地产开发项目审批管理，严格执行房地产开发项目资本金制度、项目手册制度，积极推行业主工程款支付担保制度。支持具有资信和品牌优势的房地产企业通过兼并、收购和重组，形成一批实力雄厚、竞争力强的大型企业和企业集团。严格规范房地产项目转让行为。已批准的房地产项目，确需变更用地性质和规划指标的，必须按规定程序重新报批。

（十九）建立健全房地产市场信息系统和预警预报体系。要加强房地产市场统计工作，完善全国房地产市场信息系统，建立健全房地产市场预警预报体系。各地房地产市场信息系统和预警预报体系建设中需要政府承担的费用，由各地财政结合当地信息化系统和电子政务建设一并落实。

（二十）整顿和规范房地产市场秩序。要加大房地产市场秩序专项整治力度，重点查处房地产开发、交易、中介服务和物业管理中的各种违法违规行为。坚决制止一些单位和部门强制消费者接受中介服务以及指定中介服务机构的行为。加快完善房地产信用体系，强化社会监督。采取积极措施，加快消化积压商品房。对空置量大的房地产开发企业，要限制其参加土地拍卖和新项目申报。进一步整顿土地市场秩序，严禁以科技、教育等产业名义取得享受优惠政策的土地后用于房地产开发，严禁任何单位和个人与乡村签订协议圈占土地，使用农村集体土地进行房地产开发。切实加强源头管理，有效遏制并预防住房制度改革和房地产交易中的各种腐败行为。

地方各级人民政府要认真贯彻国家宏观调控政策，从实际出发，完善房地产市场调控办法，建立有效的协调机制，并对本地房地产市场的健康发展负责。省级人民政府要加强对市、县房地产发展工作的指导和监督管理。国务院有关部门要各司其职，分工协作，加强对各地特别是问题突出地区的指导和督查。国家发展改革、财政、国土、银行、税务等部门要调整和完善相关的政策措施。建设部要会同有关部门抓紧制定经济适用住房管理、住房补贴制度监督、健全房地产市场信息系统和预警预报体系、建立全国个人住房贷款担保体系等方面的实施办法，指导各地具体实施并负责对本通知贯彻落实情况的监督检查。

18号令明确提出房地产业“已经成为国民经济的支柱产业”，并指出房地产是“促进消费、扩大内需，拉动投资，保持国民经济持续快速健康发展的有力措施”。18号令看起来并没有颠覆121号文件，却得到了房地产界的一致“拥戴”。他们无不紧紧抠住18号令里的几行文字——“发展住房信贷业务”，“对符合条件的房地产开发企业和开发项目也要继续加大支持力度”等，以抵挡央行121号文件的七发炮弹。

这一天晚上，潘石屹提前拿到了18号令（新华社次日才发布消息）。“都是利好消息，只要读懂了这个通知，房地产开发商都会很高兴的。”他难耐喜悦，转发给不少朋友。9月2日，写《中国人从今天开始将不再当蜗牛了》，扯的全是公房上市的意义，“房子流通得越快越好，房子可以被充分地利用，国家也可以多收一些税金和土地收益金”。

张宝全接受采访时说：“这个文件写得很到位，感觉是开发商参与起草了一样。”事实上，此文由建设部起草。

任志强在9月1日写《水落石出》，一开头便难掩激动之情：“从‘冬’到‘泡沫’，从‘司法解释’到‘121号文’，历时近两年多的战火，随着国发〔2003〕18号文的发布而烟消云散了。虽然来得迟了点，但该来的终于来了。林子大了什么鸟都有，但不能因为有几个烂苹果而否定了一片林。房地产业在经过了20多年的改革开放之后，第一次被国务院的文件肯定了‘已经成为国民经济的支柱产业’的事实。市场发展现状是健康的，对中国经济的贡献是巨大的，并且要持续稳定地支持与发展。应该承认局部地区的发展是存在一些问题的，市场的规范和监管还有待完善，但解决问题要靠发展，在发展中完善。”

在他看来，高层领导并不认为目前全国房地产过热，而是局部有些问题，这些问题要在发展的基础上来解决，这就是18号文件与121号文件最大的差别。“所以说，国务院就是要比央行高明。”他说。

一向不守规矩的顺驰更加兴奋。顺驰集团执行总裁汪浩明确表示：“该文件极大地增强了我们的信心，使我们更加坚定了全国化的发展战略和关注二线城市的战略思考，没有什么比规范的市场更能令一个怀有美好理想的企业顺驰飞扬了。”

清华大学房地产研究所所长刘洪玉立即撰文，将18号令的出台视为行业发展的新里程碑。

开发高档商品房的开发商也颇为激动，他们发现了18号令中“各地要根据实际情况，合理确定高档商品房和普通商品房的划分标准”的价值。他们认为央行121号文件提出的严控高档房贷矛头直指高档商品房。据此，万科董事长王石认为18号令“控制张弛有度和更加灵活”。

新华社消息发布的同一天，建设部在北京召开“全国房地产工作会议”。当时的国务院副总理曾培炎到会，称房地产业已成为“国民经济的重要支柱产业”，并列举了大量数字来证明。建设部部长汪光焘在会上就文件的形成过程、起草文件的指导思想及文件中涉及的几点主要问题做了进一步说明。汪光焘强调“这是指导当前和今后一个时期我国房地产市场发展的纲领性文件，下一步的工作重点是把‘目标’变‘指标’”。对121号文件只字不提，也基本没有提到房地产信贷。尽管前一天，央行有关方面还在给建设部打电话，就建设部领导的讲话涉及住房信贷部分进行商榷，希望大致能与央行121号文件统一口径。建设部房地产司司长谢家瑾认为：“文件的核心精神总的来讲是搞活房地产市场。”

“121号文件跟国务院18号文件没有任何矛盾。一个比较原则，一个比较具体，基本精神是一致的。”戴根有说。

戴根有介绍，央行货币政策司多次参加了18号文件的调研和讨论，建设部部长汪光焘专门组织了专家会，他还去提了意见。国务院领导在主持讨论18号文件的时候，人民银行对其中涉及房地产信贷的几项主要内容和主要政策原则做了汇报，在文件中也有了反映。

央行货币政策司有人天天下载网上对121号文件的讨论文章，堆了很高。不过戴根有对121号文件有充分的信心：“因为是几年研究的结果，不管有多少不同意见，它可能是个历史性文件，如果执行得好，能够防止中国整体上出现房地产泡沫，那功劳就大了。”

虽然房地产商蓄意曲解，然而在一些媒体有意无意的“配合”下，他们占据了舆论的制高点，使121号文件未能及时执行。

全国人大财经委副主任委员、央行前副行长吴晓灵在2008年9月的一个论坛上忆述，2002年各部委已经准备了一整套关于调控房地产市场的文件，而央行的121号文件只不过是其中之一。然而121号文件出台后，舆论肆意批评，整个政策层的调控转向。“当时房地产刚出现了不理性的苗头，如果能按照各部委拟定的政策框架实施的话，也不至于造成后来如此不理性的结果。”她说。

房价必涨？房价泡沫？

在央行不愿就此善罢甘休时，房地产商开始高唱“房价必涨”，随即建设部相关官员警告开发商：不要不负责任地炒作房价。接着，摩根士丹利亚太区首席经济学家谢国忠指出“有史以来最大的地产泡沫将在近期破裂”，与此同时，摩根士丹利的投资部门正在连续投资上海、北京房地产，其一高管戏称“香槟要有泡沫才更加醇香”。

尽管受阻，央行仍然决意继续安装防火墙。

旧软件被黑客攻击了，就换写新版本。2003年9月21日起将存款准备金率上调一个百分点，货币信贷总量的增速开始放慢。

央行行长周小川采取“农村包围城市”式的迂回策略。2003年12月“中国企业领袖年会”论坛上，周小川第一个上台演讲。“从中国人民银行的角度我非常重视和企业家的对话，了解企业家想什么、干什么、有什么建议，对于宏观调控有至关重要的作用。”开场白一结束，他切入主题，“我想从税收改革的趋势看城市土地管理。”与会者全都满脸错愕。“不会是财政部、国税局、国土资源部的领导们走不开，让央行行长做代表集中发言吧？”有人议论。

周小川谈及中国将“逐步推行增值税的转型”、“发展个人所得税”，并将“在适当的时机选择试点实行物业税”。他认为，一次性批租土地的价格如果高了，可能直接引起炒作；而定期评估土地价格，政府可以每年征收一定的财产税，并在此基础上发展市政债券，使财产税逐渐替代增值税成为政府的主要税源。

“城市设施和房地产都有价格风险，中央的各项政策也强调银行要避免陷入某种泡沫里边，以免未来产生更大的风险。”周小川话及此，与会者才明白：国内商业银行根据房地产商拿地的价格审批、发放土地抵押贷款，但地价可能有泡沫，因此商业银行承担着相当大的风险。次日，《国际金融报》即发表题为《听周小川演讲“跑题”，说话越来越像格林斯潘》的报道。

地方政府也开始关注房价风险。2004年1月12日上海市十二届人大二次会议上，上海市政府第一次把“商品住房价格上涨偏快，房地产市场调控有待加强”写入《政府工作报告》。据官方统计，从2001年开始，上海市住宅商品房价开始上扬，2002年每平方米均价为4010元，到了2003年上涨到5118元，涨幅为21%。上海“两会”中“关于如何进一步完善本市房地产市场的思路和对策”专题审议会上，上海市房屋土地管理局局长蔡育天接到一个“压力很大”的任务：在房价不能跌的前提下，将上海房价的增幅控制在12%内。

然而，调控的雷声还未炸响，舆论已经在闹涨房价了。2004年春节后，潘石屹将其在海南度假时写的4000字文章《2004年北京房地产将要发生的事情》发送到北京许多地产记者的邮箱。他坚称北京的房价2004年一定会涨：“在我所有的言论中，我从来没有讲过房价的涨跌，我从来不认为谁能准确地预测市场的价格。这样肯定地说还是第一次。”

潘石屹列了四点理由：

第一，因为国土部出台“8·31”大限，北京市从2003年12月3日开始停止立项、规划、土地的审批，造成了供应量的断档。而政府土地储备中心手中的土地不多，大部分在大的房地产商手中，就算政府下决心要他们拿出来，也需时日，这也形成2004年新增房地产项目的断档期。在需求量稳定增长的北京市场，供应量突然减少，价格势必会上涨。

第二，在土地必须公开出让的招拍挂政策下，北京一批没有办理土地出让就开工建设的房地产项目面临在政府的宽限期内把项目公司卖出去或超期后土地被政府收回的情况。这两条路都需要时间，在2004年形成有效供应量的可能性不大。这也是北京房价上涨的原因。

第三，政治的稳定和经济的增长是房价上涨的重要因素。中国现在是全世界最安全、政治上最稳定的国家，除了台湾当局时不时捣点小乱外，没有什么不稳定的因素会波及中国。经济持续几十年稳定地增长，在世界经济的发展史上也是奇迹。在如此的政治和经济环境下，中国的首都北京，房价应该是上升的。

第四，最重要的是北京房地产的租金回报率太高了。房地产市场的租金回报率相当于股票市场市盈率的倒数。这“两率”都是反映房价和股价高低的重要指标。北京房地产市场的租金回报率是其他国际化大都市的两倍左右，太高了。所以，房价上升，租金下降，租金回报率才能回到正常的水平。

他还强调2004年北京房地产开发成本大幅上升：供应量有限，无论何种交易方式都使地价上涨；钢材从上年中的2700元/吨涨到了3900元/吨；拆迁成本上升，SOHO对面的金地花园沿长安街的拆迁补偿费从4600元/平方米谈到6000元/平方米，快奔10000元/平方米去；建筑民工的工资必须上涨。

随后，他在各种场合多次重复房价必涨的观点。他秘书再将此文转到一些论坛上后，“潘石屹表示北京房价要涨”的文章在各大网站转载。据他统计，一共有160多个网站转载了相关文章。他说：“我看了一下网友留言，所有的人都在用暴力的语言骂我，有人说潘石屹今年一定会死。”一周内，300多家媒体、网站转载了他的言论。他透露自己的建外SOHO春节后最高每平方米大涨了4000元。

在2004年2月14日的企业家年上，任志强却不认同潘石屹的观点。“小潘说涨价，主要是他的楼涨价，其实，一个简单的道理是，GDP在增长、人们的收入在增长，如果房价不涨，就等于是跌价了。比如北京的房价增长10%，而人民的收入增长是13%，房价的增长没有超过人民收入的增长，那也就是跌。” 53岁的任志强首次用“小潘”来称呼41岁的多年竞争对手，甚至语带尖刻：“其实小潘嘴上说最好公开，他自己干的事却没有一件是公开的。”

不过此后，任志强却成为坚定的房价看涨派。

潘石屹提及的钢材上涨代表原材料价格上涨，是通涨的一个信号，中央也在关注。2004年2月8日，银监会开展了一项波及全国金融机构的专项大检查，原计划为期3个月，检查领域包括钢铁、电解铝、水泥、房地产、汽车等五大行业的贷款情况。中旬，全国银行、证券、保险工作会议，近几年来第一次公开明示要警惕和防范通货膨胀。

分家出去的银监会开始对央行施以援手。2004年2月26日，银监会公布《商业银行房地产贷款风险管理指引（征求意见稿）》（简称“2·26”指引），共44条。这是银监会对房地产信贷亮出的第一根指挥棒，以控制房地产贷款的形式来配合央行防范通货膨胀的总体政策。

上海银行发展研究部的张吉光说：“在某种意义上，它比较像121号文件的细化或者实施细则。”

相较121号文件，“2·26”指引温柔得多。121号文件中最让房地产商头疼的一个规定是，银行对土地储备机构发放抵押贷款的额度，不得超过土地评估价值的70%，期限最长不得超过两年。“2·26”指引不再提及此话，只是笼统地要求“商业银行对资本金没有到位或资本金严重不足、经营管理不规范的借款人应审慎发放土地储备贷款”。

“2·26”指引不见“购房者购买第二套住房时，必须承担比购买第一套房更高的首付款比例；购买高档商品房、别墅、商业用房或第二套以上住房者，则要按照央行公布的同期档次贷款利率支付利息”的规定，重心放在如何全面审查贷款人的还款能力和还款意愿上。

121号文件规定“个人商业用房贷款的抵借比不得超过60%，期限最长不得超过10年”，“2·26”指引没有单列有关商业用房的章节，只在“个人住房贷款风险管理”一章中规定，对以个人身份申请的商业用房贷款，如借款人是自雇人士或公司的股东、董事，应要求借款人提供公司财务报表、业务资料。

不过“2·26”指引仍然引起房地产商的强烈反弹。其第35条规定“商业银行应将每笔住房贷款的月房产支出与收入比控制在50%以下（含50%），月所有债务支出与收入比控制在55%以下（含55%）。此外，银行发放贷款前，应先了解借款人目前居住情况及此次购房的首付支出，判断其对于所购房产的拥有意愿”。

前项条款第一次提高了个人住房贷款的门槛，限制了部分购买行为，后者则与121号文件中提高第二套购房贷款的首付成数和利率的规定如出一辙，明显针对投资型购房者。一名房地产人员愤愤不平地说：“市场经济下，居民愿意买两套还是三套房，是自主的行为，要调节也应该由市场来调节。”

新增的“商业银行房地产贷款余额与总贷款余额比不得超过30%”，对房地产商而言，就像一条细软的无影颈绳，有没有命，全看松紧。

没过多久，央行得到中央的公开支持。2004年3月1日，国务院总理温家宝主持召开国务院常务会议时，表示支持央行对房地产业过热进行降温的努力，因为这种过热会给银行业带来新的危机。此次会议认为，应当保持房地产市场的健康、持续发展。国务院同意加强房地产贷款监管、控制土地供应，以限制高档房地产项目的发展，增加经济适用房的供应量。

控制土地供应，在次日国土资源部召开的土地市场秩序治理整顿领导小组会议上得到响应。时任部长孙文盛强调，2004年要继续保持高压态势，真正清理掉违规设立的各类开发区，不仅把开发区的数量减下来，还要把规模减下来，使非法占用和非法转让土地的行为得到依法查处。同时，国土资源部开始在全国范围内建立“土地市场动态监测制度”，以从土地供给源头控制住“房地产热”。

为降低金融风险，打击投机型炒房者，3月17日，中国人民银行调整商业银行自营性个人住房贷款政策，拉开2005年中央实行宏观调控的序幕。

将现行的住房贷款优惠利率回归到同期贷款利率水平，实行下限管理，下限利率水平为相应期限档次贷款基准利率的0.9倍，商业银行法人可根据具体情况自主确定利率水平和内部定价规则。

在调控酝酿之时，房价确如潘石屹预言“涨声响起来”。国家发展和改革委员会、国家统计局4月19日发布的调查报告显示，一季度，35个大中城市房屋销售价格同比上涨7.7%，涨幅比2003年四季度增加2.6%，其中9个城市房价涨幅超过10个百分点：上海最高，上涨28.3%；沈阳19.6%，青岛16.0%，重庆14.5%，天津14.2%，南京12.1%，宁波11.9%，杭州10.5%，济南10.2%。北京市统计局副局长、新闻发言人于秀琴发布北京一季度经济形势数据时说：“一季度北京商品房价格比去年同期上涨6.6%；商品住宅价格上涨7.6%，其中普通商品住宅上涨8.9%，达到2004年下半年以来的最高增幅。”

诗人艾略特说4月是残酷的季节，中国这个4月虽未残酷，但表情严厉。4月底的5天内，向房地产业打出一套组合拳。

国务院发布的《关于调整部分行业固定资产投资项目资本金比例的通知》，要求开发商自有资金由20%及以上提高到35%及以上。

央行自4月25日起，提高存款准备金率0.5个百分点，由7%提高到7.5%，直指购房消费。

27日，国务院发出通知，决定适当提高包括房地产开发在内的四大行业固定资产投资项目资本金比例，房地产开发（不含经济适用房项目）由20%及以上提高到35%及以上。比121号文件对房地产商的门槛还高。房地产源头——土地也被监控。

29日，国务院办公厅下发了《关于深入开展土地市场治理整顿　严格土地管理的紧急通知》，要求全国暂停农用地转用审批，暂停新批的县改市（区）和乡改镇的土地利用总体规划的修改，暂停涉及基本农田保护区调整的各类规划修改。农用地转非农建设用地的审批工作进入了半年的“冷冻期”。

同时，各商业银行内部普遍严格控制了对房地产开发商的开发贷款。

改善结构性矛盾的方案也拿了出来。2004年5月13日，《经济适用住房管理办法》、《关于已购经济适用住房上市出售有关问题的通知》出台。

结果土地供给偏紧，造成市场偏热，房价达到历史最高。

上海的涨势，让当时的《解放日报》地产版主编许仰东无限感慨：“2004年4月上旬有一天《解放日报》地产版竟没有一个房地产广告投放！好卖到不需要做广告。”

据国家统计局统计，1—8月，全国商品房平均价格仍然斜线上拉，同比增长13.5%，是1996年以来同期的最高涨幅。

鉴于“当前房地产开发商的资金主要依赖银行贷款，一旦市场逆转，银行不良资产将大量增加”，“商业银行识别、衡量、监测和控制房地产开发贷款风险和个人住房贷款风险的手段和能力明显不足”，2004年9月2日，银监会发布《商业银行房地产贷款风险管理指引》。对开发商自有资本金比例，与4月国务院的要求一样——不低于35%；借款人住房贷款的月房产支出与收入比应控制在50%以下，月所有债务支出与收入比应控制在55%以下。比之前的“2·26”指引强硬，要求更高、更细致，真正标志着国家对房地产行业调控的开始。

《指引》根据土地储备贷款、房地产开发贷款、个人住房贷款的不同特点分别规定了风险管理措施，要求商业银行建立房地产贷款的风险政策及其不同类型贷款的操作审核标准，明确不同类型贷款的审批标准、操作程序、风险控制、贷后管理以及中介机构的选择；要求商业银行办理房地产业务时要对房地产贷款市场风险、法律风险、操作风险等予以关注，建立相应的风险管理及内控制度；同时，要求商业银行根据房地产贷款的专业化分工，按照申请的受理审核、审批、贷后管理等环节分别制定各自的标准和规范，明确相应的权责和考核标准。

房地产信托也引起了银临会的重视，开始防范因信托投资带动房地产投资过热。16日，银监会非银行金融机构监管部主任高传捷在第五届北京朝阳国际商务节“CBD金融发展论坛——多层次资本市场与地方经济发展”上透露，银监会正在抓紧起草房地产信托方面的管理规定。为房地产信托规范运作、健康规范发展提供制度保障。

不动产信托主要是以管理和出卖土地及其地面辅助物为目的的信托，即委托人将土地所有权和房屋委托给受托人，并由受托人为了受益人的利益进行管理处分的行为。按照标的物的不同，可以分为房屋信托和土地使用权信托。

这一回，建设部也不再坐视房价上涨。9月20日，建设部向部分新闻单位通报当前房地产市场运行情况，指出“部分开发企业利用政策和市场信息不对称，恶意炒作，个别媒体不加甄别，大肆渲染，部分消费者跟风，造成局部地区、个别项目房价短期内非正常上涨”。建设部一位官员透露，文稿中提到的“部分开发企业”，其中主要就是指以潘石屹为代表的开发商。随即，建设部总经济师兼住宅与房地产业司司长谢家瑾予以警告：开发商不要不负责任地炒作房价。她认为，造成今年以来房价上升的原因是多方面的，其中个别发展商为了追求更大利润而大肆进行市场炒作，是其中一个主要原因。

“房价不可能是开发商炒作就能炒上去的。建设部这么说是抬举了我。”潘石屹颇不以为然，甚至因为自己能有机会成为政府部门批评的目标有些沾沾自喜，“房价的高低，只能由市场来决定，也就是由供求关系来决定，房市虚炒是炒不出来什么好的结果的，凭政府的行政介入也是不能解决长远问题的，当前政府所采取的措施实际上是计划经济时代留下来的痕迹。市场经济的问题应该由市场自己去解决，所有过分的行政介入或者媒体宣传最终反而会把市场视听搅乱，因为你可以根据具体情况对市场进行判断，但你永远无法对什么时候有什么样的行政命令进行准确的把握或判断。”

辨析形势的同时，建设部将一份包括分析房价上涨因素及其走势的调研报告送往国务院。建设部将抓紧市场结构的调整作为药方，欲指导督促各地加强规划和土地供应对房地产市场的调控作用，控制非住宅和高档项目投资，加大普通商品住房用地的供应规模，同时严格控制城镇拆迁规模，确保实现今年全国房屋拆迁总量比去年有明显减少的目标，缓解市场供求矛盾。

上海楼市毫无止涨的迹象。根据上海网上房地产对1330个已售楼盘的统计，2004年9月实际平均成交单价为每平方米8201元，比8月上涨了8.28%；9月住宅累计成交价格为每平方米7526元，比8月上涨了4.08%。

正当人们无所适从之时，时任摩根士丹利亚太区首席经济学家谢国忠朝沸腾的房地产市场扔了一颗“深水炸弹”。2004年10月18日，他在《证券日报》刊登名为《有史以来最大的地产泡沫将在近期破裂》报告，指出低利率带来的借款潮造成了中国的投机热及巨大的房地产需求，但中国的房价收入比远远超过了国际惯例水平。房地产投资与房价增长速度过快，造成供应过剩，中国家庭债务高企，必将造成房地产投资后继乏力。当中国经济不得不硬着陆的时候，泡沫就会破裂。他断言，“中国拒绝提高利率是因为中国担心房地产泡沫破裂”，“这个泡沫将在数月内破裂，不会超过一年”，“上海是这次经济泡沫的地震中心，这种情景有如1997年的香港和1990年的东京。当由于资金短缺而使得上海房地产的需求最终下降的时候，泡沫就会破裂”。远比他9月27日发表的报告《中国经济面临调整，地产泡沫将破裂》更激烈，那时他指出调控政策失败。

其实，早在2004年5月，谢国忠就首次明确预警中国房地产泡沫。7月，中国社科院金融研究所金融发展室主任易宪容撰文《谨防房地产要挟整个国内经济》，称“房地产业正挟持着整个中国经济。如果让国内房地产的泡沫任意吹大，破灭将不可避免”。随后文章被广泛转载。

谢国忠曾准确预见亚洲金融危机，他1997年写的香港房地产要下降50%的报告也应验。这一次，他提出了泡沫破裂时间表，让人不由不信。全球唱衰中国房地产业的言论顿时甚嚣尘上。

对于民间研究组织和个人的言论，建设部却首次以官方机构的身份，郑重其事地专门为此组织一批专家作课题报告。10月26日，建设部发布《怎样认识当前房地产市场形势》的报告，认为宏观调控已见成效，地产价格上涨主要是因为成本增加和需求上涨的带动。局部过热并不等于泡沫经济，房地产金融风险尚未影响到国家金融和经济。

说归说，两天后，中央祭出“双剑”——加大土地供应和加息，从供给和消费意愿上抑制房价。28日下午，在农用地转非农用地“冷冻期”期满前，国务院召开全国深化改革严格土地管理工作电视电话会议，温家宝要求执行土地新政——《国务院关于深化改革严格土地管理的决定》。随后，国土资源部下发贯彻落实土地新政的通知，明确农用地转用解禁，要求“各地要本着区别对待、有保有压的原则，进行农用地转建设用地的解禁工作”。

当天18点13分，央行上调利率，金融机构一年期存款基准利率将上调0.27个百分点，由现行的1.98%提高到2.25%，一年期贷款基准利率上调0.27个百分点，由现行的5.31%提高到5.58%。除活期和3个月存款利率保持不变，其他各档次存、贷款利率也相应调整，中长期上调幅度大于短期。这是自1995年7月以来，央行首次上调存贷款利率。

“泡沫仗”继续打下去。

“泡沫震中”的上海压力最大。11月6日，上海市主要领导在会见香港访问团时，谈及“上海房地产泡沫大，接近崩盘，房价与收入之比例已大大超过正常系数，而购置物业用于投资者高达40%”的说法，否认上海楼市已经出现了严重的泡沫。但他表示，对于近期境内外大量出现上海房地产将面临大崩盘的评论，政府方面如履薄冰，为防止上海出现大批负资产者，政府已采取四项相应措施，力保大崩盘不会出现。这四项措施是：一是调控土地价格，减少因拍卖而过分推高价格的情况。二是优化与改善供应结构，多推一般市民所需的中低价楼房，包括每年推出300万平方米、售价每平方米3500元人民币的中低价房，以应市民需求。但写字楼与商厦可以维持高价格。三是进一步完善交易规则，包括实行新售楼盘网上备案制；对于楼市的投资客，推出限制期房转让；对购买第二套物业者减少按揭比例等措施。四是大力化解风险程度。

谢国忠得到了同事的声援。11月9日，摩根士丹利董事总经理兼首席经济师史蒂芬·罗奇说：“目前2/3的国家和地区正面临房地产泡沫危机，在所有国家和地区中，中国排第一。上海和北京因占中国销售量的14%，而且房价涨幅最大而首当其冲。”

“双剑”无效。潘石屹10月31日接受采访时说加息后房价要跌、高负债开发商悬了，没过几天，他改口称房价要涨了。上海此时高层住宅价格最高的已经达到每平方米5000美元。上海房地产交易官方网站——上海房地产资源网即时滚动的信息显示，11月15日网上成交均价，冲高到10031元／平方米，首次突破万元大关。

这一回，房地产商们反常地站在了政府一边。12月，全国工商联住宅产业商会、中城联盟、华远地产、万通地产、北京城市开发集团和优博展览公司等正式发布一份民间研究报告，自称“综合、系统、全面、公正、独立”，断言绝大多数的人，包括现在宣称“泡沫论”者，阅后都会改变自己的看法，相信中国房地产并不存在泡沫，现在的发展不是太快而是太慢了。

12月底，北京大学光华管理学院院长厉以宁一改低调，抛出“阴谋论”。他称，中国房地产市场整体上处在正常发展之中，国外经济学家宣扬中国房地产价格充满泡沫或市场即将崩溃是别有用心，其中潜藏着巨大的阴谋，其目的实际上是在国外企业和资本进入中国之前先打压中国市场。

在摩根士丹利两学者唱空的同时，摩根士丹利的投资部门正在连续投资上海、北京房地产。2004年摩根士丹利在中国进行的房地产投资项目有10个，2004年1月，摩根士丹利名下房地产基金MSREF还与复星集团旗下的地产公司合作投资约5000万美元兴建“复地雅园”；与美国雷曼兄弟公司各入股25%参与上海永业集团发展的上海永业公寓二期，估计涉资高达2亿元人民币；2004年6月，又与金地集团合资组建房地产开发公司；下半年，在上海注资成立了上海盛融公司，其资金主要投向上海房地产项目，业务包括房地产企业的并购；随后，与复地集团合作投资约5000万美元，建设位于黄浦老城区的“复地雅园”项目；后摩根士丹利花约3亿元购买了位于北京东三环富力城·双子座的两整栋写字楼。

摩根士丹利房地产基金董事总经理盖迪说：“过去的2—3年间，我们在中国的投资非常活跃，未来我们将有更多投资。”他认为这是基于两个方面的判断，一方面中国经济长期发展的大背景，使国际化大都市上海有更好前景，另一方面政府对容积率、土地出让等多方面的新政策使市场更透明，外资将有更多与国内开发商平等竞争的机会。

“我们用我们的钱包来说明我们对中国房地产市场的判断。事实上我们非常看好中国房地产市场，预计2005年我们在中国的投资额将是2004年投资额的2—3倍。”摩根士丹利房地产基金亚太地区房地产业务副总裁白可福称，罗奇和谢国忠的“泡沫论”只是房地产基金投资时的参考，并非被全面认同的。

而一位摩根士丹利高管在提到要长期持有中国房地产时，戏谑地称“香槟要有泡沫才更加醇香”。

在“阴谋论”的压力下，谢国忠为了自证观点的独立性，年底卖了自己在上海的房子。此时，上海房价正在疯涨，新开楼盘一房难求，购房者彻夜排队购房。地处上海西北城郊接合部的“水岸蓝桥”，8月开盘均价6000—7000元/平方米，年底达到9000元/平方米。据上海统计局统计，上海2004年平均房价6385元/平方米，同比上涨14.6%。

温州人从自家房价开始炒，使得温州这个非省会城市一举成为全国最贵的地方，平均房价6732.5元/平方米。

第七篇

调控那把刀

房价的升和降，将人们搅扰不宁。有人买了房，又要退房；有人因买不到房而闹事；有人组织“不买房运动”；经济学家跟人为房价涨跌打赌；海南又现10年前泡沫之景。在中央政府拿出“史上最严房贷政策”后，加上随时可能出台的房产税，房价是再次验证任志强的话——“政府越调房价越涨”，还是像马克·吐温所说“历史不会重复，但会押韵”？

2005年：喊退房，闹抢房

谢国忠卖房，就像一幕大剧中悄然退场的群众演员，没谁留心。房地产商、购房者紧紧围着房价那锅粥，有的起劲地搅，有的添柴。外三层站着的学者喊“要糊啦”，跟“狼来了”似的，谁也不理。然而，政府不得不踮起脚、伸长脖子，担心把锅烧穿了。

北京国美第一城在2005年元旦开盘，均价还在5200元／平方米左右，两个月内每平方米涨了200块，达到5400元／平方米。上海房价更让戴德梁行旗下的泛城租售网市场部经理费海勇觉得“太疯狂”。1月以来，市中心好地段的次新房，以每月甚至半月1000元/平方米的速度在上涨。上海1月份的涨幅是6.3%。在传统的楼市淡季，春节前后的2月，上海中高档二手房价比1月上涨9.15%（次新房），单月涨幅再创历史新高。

高房价演变成地方政府的政治问题。北京“两会”期间，王岐山市长发表讲话，力争将京城四环内的商品房价控制在每平方米4000元左右。上海“两会”期间，房价问题亦成为市人大代表们反映最多的问题。上海市市长韩正在人大作政府工作报告时，多次谈到房价问题。

上海市民袁国锋整个2005年春节都在关注房价。他家原本居住的房屋已被划定为拆迁房，按货币补偿方案，可得到50多万元。看到谢国忠等专家在报上说上海房地产泡沫，他想了想就扔在了脑后。他以为任何一个稍有头脑的商人都会有一个基本的商业逻辑：上海得到了中央政府的大力支持，这种政治支持的意义显而易见。一天涨一个新高，好像大家都在买房，买房还要排队，他以为再不买就没了。2月末，他赶到“水岸蓝桥”看房，在11号楼和3号楼之间难以选择。次日打电话，售楼小姐说11号楼的房被别人买走了。这下袁国锋急了，“再不买真的买不到了”，立刻用14000元/平方米的价格买下了3号楼的房子。2004年8月，“水岸蓝桥”开盘，均价仅6000—7000元/平方米。他买的还只是次高位，3月，每平方米又飙升了500元。

上海房价的飙升，让上海市浙江商会秘书长陈康汉不安，他认为上海的房价已经到了警戒线。

陈康汉是早期上海房市的“淘金者”。2001年8月中旬，他还在温州晚报任职，就第一次组织了一个温州“购房团”来到上海，120人掷下几千万元买下了几十套房子。这些人基本上是温州的大小老板，购房资金也是他们经商办厂积累的闲散资金，急需有新的消费和投资方向。当时上海市政府对于温州购房团持欢迎态度，市政府领导甚至在私下打过招呼“要服务好温州购房团”，鼓励政策就是购房给上海市“蓝户口”。这相当于优质学位房，意味着孩子可以与上海的孩子受一样的教育。

此后，温州晚报几乎每半个月都会策划组织一批人到上海、北京等地看房购房。截至2003年10月，他参与组织的到上海来买房的温州人前后有4000—5000人。那时上海房价翻了一番，第一批温州炒房团斩获极大。

据一个非正式的统计数据显示，在温州人购买上海的商品房达到高潮时，上海的房子有20％—30％是由温州人买走的。

杭州是温州人最早在外地炒房发迹的城市。1999年杭州房价开始初期暴涨时，温州一位余姓老板在杭州城西一举买下刚开盘的28套商品房，房价2700元/平方米。2001年，杭州房价涨到近5000元/平方米时，他以4700元/平方米的价格全部抛出，不到一年半，净赚500万元。这个真实的财富故事，在2004年的杭州家喻户晓。据杭州市国土局原局长朱寅传透露，杭州商品房半数以上由外地人买走，其中以温州人、台州人居多。

“头发都是空心的”温州人热衷投资房产，主要在于温州民间资金十分雄厚，他们喜欢实打实的交易，不喜欢炒股票、买基金。“购房团”的形成则在于他们习惯于抱团操作的商业模式，一个人在外做生意立足了，往往就将亲戚朋友也带出去，有投资效应了，其他人也跟上来，投资楼市也不例外。随着全国房价的高涨，温州“购房团”被贴上了另一个标签——温州“炒房团”。

控制贷款并非无效，央行2005年2月发布的《2004年货币政策执行报告》显示，商业银行该年度房地产贷款增幅比2003年回落了16个百分点。但房地产投资增幅仍然高达28.1％，仅比上年回落了1.6个百分点。流入境内的国际游资和在银行系统外循环的国内游资，数量以千亿元计算，成为房地产业的新血液。

在全国“两会”上，国务院总理温家宝首次在政府工作报告中提出要重点抑制房地产价格过快上涨。

3月5日下午，上海市政府发布了《关于当前加强房地产市场调控，促进房地产市场健康发展的若干意见》、《市财政局关于调整本市中低收入家庭购房贷款贴息政策的通知》，以及《市地税局关于本市个人出售普通住房营业税征收规定的通知》（简称《地税通知》）。《地税通知》规定，针对购入未满一年出售的短期投资，按销售价减去购入原价后的差额征收5%的营业税，并按规定征收城建税、教育费附加和河道整治费。一天后，上海市政府又发布了《关于进一步加强房屋拆迁管理工作的通知》。如此高密度的政策出台，在上海房地产快速发展的6年里极为罕见。

抑制投机消费成了头等大事。2005年3月16日下午6时20分，央行宣布自次日起不再对个人住房贷款实行优惠利率，个人住房贷款利率将与其他商业贷款一视同仁。长达7年的住房信贷优惠政策就此完结。次日央行宣布个人公积金住房贷款利率也上调0.18个百分点，同时授权在房地产价格上涨过快的城市或地区的银行，首付款比例可由现行的20%提高到30%。在此前一周，温家宝在政府工作报告中提出要“重点抑制房地产价格过快上涨”，紧接着曾培炎副总理在3月8日的人代会上指出“一定要注意到投资性购房的情况，警惕出现房地产泡沫”。

央行的房贷新政却引起了公众的强烈反弹。新华网发文《央行新政朝地产泡沫捅刀子，流血是老百姓？》，疑其“又成为一次配合开发商完美演出继续赚取黑心钱的利器”、“掏老百姓的腰包补银行的窟窿”。网络上讨伐声响成一片，有人称“房贷新政将劫富八百损贫三千”，改编《掌声响起来》歌词的歌曲在网上不停传唱——“经过漫长的等待，又听‘涨’声响起来，我的心中有无限感慨。荷包里的数字依然还在，可是我仍需要在梦想门前徘徊”，以至央行一位副行长在接受媒体提问时反复强调，提高利率不是针对穷人。

由于房价上涨已经“影响了经济和社会的稳定发展”，3月26日，国务院公布《关于切实稳定住房价格的通知》（简称旧“国八条”）：一、高度重视稳定住房价格工作；二、切实负起稳定住房价格的责任；三、大力调整和改善住房供应结构；四、严格控制被动性住房需求；五、正确引导居民合理消费预期；六、全面监测房地产市场运行；七、积极贯彻调控住房供求的各项政策措施；八、认真组织对稳定住房价格工作的督促检查。首次将稳定房价与地方政府政绩挂钩。

行文措辞严厉，透过以下文字，不难看出一副立即执行、不力则惩的样子——“对住房价格涨幅超过当地居民消费价格指数一定幅度的地区，有关部门可采取暂停审批该地区其他建设项目用地、暂停提高公用事业价格和收费标准等措施”；“对住房价格上涨过快，控制措施不力，造成当地房地产市场大起大落，影响经济稳定运行和社会发展的地区，要追究有关负责人的责任”；“严肃查处违规销售、恶意哄抬住房价格等非法行为，有效遏制投机炒作”；“2005年城镇房屋拆迁总量要控制在去年水平之内”；“建立通报制度，对调控措施不落实、住房价格过快上涨的地区予以通报批评”。

在旧“国八条”发布后的第四天，位于上海虹桥开发区的虹桥豪苑第三期如期开盘。早上8点多，售楼处就排起了长龙。掺杂在人群中兜售房号的叫喊声，与往常一样响亮——“46号，开价25000元；8号，开价10万元。”据称来的80%都是投资客。

宏观调控气氛浓郁之下，国家发改委、国家统计局的最新调查跟政府的期望唱反调：一季度35个大中城市房地产价格持续上涨，8个城市房屋销售价格同比涨幅超过10%。其中，上海19.1%，杭州13.8%，排名第一、第二。

4月3日，新华社发表了一篇评论员文章——《加强宏观调控　稳定住房价格》，“高八度”地重申旧“国八条”的要义。此文字字铿锵，据称只有《人民日报》那篇《正确认识当前股票市场》堪比。

任志强又想跟政府部门较劲，撰写了一篇长达40多页近2.5万字的《对形势的判断与对策》，强调调控是把双刃剑，政府在实施宏观调控时，应对商品房和社会保障性质的住房予以区别对待，“当中国建立了对低收入家庭的住房保障体系之后，商品房只面对中高收入家庭，主要解决改善与提高住房质量的责任。在递次消费的条件下完全可以放开或不控制这部分商品房的价格，更不应用行政的手段去干涉商品房的市场价格”。他以全国工商联住宅产业商会报告的名义，把文章递交到了建设部。

15日，担任中城联盟轮值主席的河南建业集团董事长胡葆森，也郑重其事地写了一封公开信——《就当前房地产业的宏观形势致中城联盟各成员单位董事长的一封信》。在肯定了一通中央政策之后，他才转入个人诉求：“从长期来看，一切可以控制需求的手段，如加息、征收不动产税等，都将加重购房者负担，长期可能违背政策出台的初衷”，“同时现行的金融政策如果不能有效区分作用对象，那么受影响最大的，将是有效的实际需求”。

月底，袁国锋发现“水岸蓝桥”中同等规格同等位置的住房，价格已降至1万元/平方米左右。他在3月份价值150万元的房子，此时只值100万元，缩水

1/3。他居住的小区又突然被通知“暂缓拆建”，每个月8000元的还贷，“山一样地压过来”。

到5月，“水岸蓝桥”的业主论坛开始流传一个新规定：6月1日后，个人购买不足2年的住房，对外销售要全额征收营业税。房价下跌，转手还得交税。有业主在网上喊出“退房”的口号。

流言果然成真。5月11日，针对炒高房价的地产投机者和投资客，政府打出一记重拳。建设部、发展改革委、财政部、国土资源部、人民银行、税务总局、银监会等七部委发布《关于稳定住房价格的八条意见》（即“新国八条”），对房地产市场的宏观调控措施进一步细化。禁止炒地、转让期房，自2005年6月1日起，对个人购买住房不足2年转手交易的，销售时按其取得的售房收入全额征收营业税；个人购买普通住房超过2年（含2年）转手交易的，销售时免征营业税；对个人购买非普通住房超过2年（含2年）转手交易的，销售时按其售房收入减去购买房屋的价款后的差额征收营业税。

此计实际4月30日已成。早在4月27日，温家宝主持召开国务院常务会议，分析当前房地产市场形势，研究进一步加强房地产市场宏观调控问题时，就在谋划。

房地产商仍想博弈。5月13日，王石进京请见建设部部长汪光焘。会谈内容外界不得而知，不过会谈后得出的结论迅速传回了万科深圳总部和中城联盟：放弃和政府博弈。

随后，中城联盟在西安的“居住改变中国”论坛上，房地产商们与政府口径空前吻合：拥护新政，盼望房价平稳。显见王石已将与汪光焘的会谈内容传达到联盟内部。6月5日，中城联盟超过30位会员从全国各地齐聚在深圳万科建筑研究中心四楼大会议室，倾听万科对“七部委文件”的解读。一位参会人士说，当银幕上打出“共度风雨守候彩虹——如何应对宏观调控”时，与会人员一脸凝重。

据业内人士透露，此后建设部等有关政府职能机构分别找到大型企业掌门人谈话，要求“禁止抱团”、“禁止唱高楼市”。王石通过媒体表态：“我宁愿看到房价下跌，也不愿看到房价反弹。”

5月的上海房地产市场一片萧索。上海市政府限制境外人士购买第二套房子，国内买第二套房首付提高到四成。上海城区中心的高价楼盘已平均跌三成，还有价无市。以往每年的5月都是房地产销售旺季，很多公司都会选择在这一时段开盘，顺驰、华润置地等皆放弃了早已订好的开盘计划，转瞄几个月后的市场。

北京的房价却依旧高昂。5月19日，北京5月城市房展会开展首日，总成交金额3.696亿元，总成交套数为417套，总成交面积为38856平方米，平均每套成交金额达88.63万元，成交单价高达每平方米9512元。当日销售排行榜前四名的项目，除了“荔景园”均价为每平方米3260元外，另3个项目均价都在每平方米万元以上。成交项目中，均价每平方米6000元以下的中低档房所占比例不足半数。

为了避免“新国八条”中的税收政策在执行中走样，30日，国家税务总局、财政部、建设部下发《关于加强房地产税收管理的通知》，规定了实施细则：明确了住房平均交易价格的计算办法，细化了对纳税人申报减免税时应提供的资料；对不能提供证明材料或不符合规定的，按非普通住房的有关营业税政策征收营业税；个人购买住房2年期限，以房屋产权证或契税完税证明上注明的时间为购买认定时间。

按照国务院领导指示，6月上旬，建设部等七部委组成的国务院督导组奔赴全国八省市进行检查。6月底初步形成的调查报告表明，房地产市场销售降温，全国持币观望气氛浓厚，房贷数额急速回落。

在这一轮调控中，以“天价拿地”而闻名的顺驰遭受重创。顺驰在2005年上半年均以合作方式拿下三块新增土地，准备了一年的北京清河地块，也不得不提前与首钢房地产达成战略合作。8月1日，清河地块起价17亿元竞拍。顺驰与华润、富力、广东珠江、北京城建、北京北辰、北京国融等展开争夺战。竞拍初期，举牌加码价为800万元，华润频频举牌。顺驰还没举过一次，不过一如往常地志在必得，连竞拍成功后的新闻发布会都安排妥当了。到第25轮，顺驰首次举牌“22亿”，一次加价5000万元。之后13轮，仅华润、顺驰和珠江竞夺。第39轮，珠江退出。加价幅度降为500万元。第79轮，顺驰叫价到25.6亿元，已经超过其心理价位6000万元。此时顺驰上市无望，与海外基金的合作还未达成，不再觉得任何地价都无所谓。沉默53秒钟后，华润再次举牌，多掏了500万元，拿下此地块，楼面地价每平方米超过3600元，成为北京的新“地王”。

央行还想乘胜追击。8月15日，央行发布房地产金融报告：“很多市场风险和交易问题都源于商品房新房的预售制度，目前经营良好的房地产商已经积累了一定的实力，可以考虑取消现行的房屋预售制度，改期房销售为现房销售。”

这不是新招，只是“流产”的121号文件中第四条的部分内容——“为减轻借款人不必要的利息负担，商业银行只能对购买主体结构已封顶住房的个人发放个人住房贷款”。国土资源部土地利用管理司司长廖永林7月31日在“《物权法（草案）》土地问题座谈会”上即提出此建议。

据国土资源部了解，全国至少有40万亩土地囤积在开发商手里，直接导致政府的供地没有转化成为有效的供给。如果取消预售制度，开发商由于资金压力势必收缩战线、少上项目，并使囤积的土地得以有效利用。

央行研究局副局长焦瑾璞说：“这个报告是由我们研究局执笔写的，实际上我们4月份就写好了，一直放到现在。”对外发布时，以“中国人民银行房地产金融分析小组”的名义，涵括了参与的央行研究局、金融市场司等多个司局。

似乎基于121号文件的命运，这份报告搁置了四个月才拿出来投石问路。然而依然逃不过“势力集团”的声讨。

任志强18日又写“万言书”——《关于期房预售制度的意见》，12500字，长达24页。次日早上发给了潘石屹。潘石屹在上午与地产记者网聊央行建议时，即表达反对意见，称“全世界任何一个国家都没有限制房屋预售的政策，只是一些国家规定房屋预售的条件和预售合同要得到政府的认可。也有一些市场比较成熟的国家，例如欧美，房屋的预售是由发展商和客户通过合同去决定的，政府没有管理。所以我认为这个建议被人大和政府采纳，修改《房地产法》，修改目前房地产销售管理的政策的可能性不大”。

潘石屹所说与事实有偏差。

在美国得克萨斯州做房产经纪的高云堂销售过几乎所有美国著名建商的新房，诸如Lennar，DR Horton，Centex，Pulte Home，KB Home，Pacific Stardard，Beazer Home，Toll Brother，Goodman，Legacy Home，Grandhome，US Home，FirstTexas Home，David weekley Home，Dress Home，Huntington Home等几十个建商，对于各个建商的销售规则、合同都很清楚。他介绍说，美国的新房销售绝大多数是期房。美国新房中约85%是独栋房屋，很多情况下是买主先选择土地、选择户型后才出房价。买主签订新房买卖合约，建商就开始建。如果这块地没有人买下，就会一直空着，直到有买主。很多上市建商采用自己先建，一边建一边卖的策略，这样就大大地提高了效率，很少有等完全建好了才卖掉的。新的买主看到的是现房，买到的就是现房。二手房的合同是由州政府统一制定的，新房的合同是由建商制定的。建商要求的定金不同，也没有固定的标准，完全由建商决定，由500美元、1000美元、2000美元、5000美元至1万美元不等，大多数是房价的0.5%—1%，很多著名的建商，只收500—1000美元的定金，定金存在中立的第三方（ESCROW或者TITLE公司），除非买主不能贷到款，买主决定不买了，定金不退。一般从签约到完全建好，要6—9个月的时间。银行贷款要求房子必须是100%建好的，并且由于贷款时银行一定要求买主购买产权保险和房屋保险，新房过户时房子还必须100%装修好，这并非美国政府要求房子要装修好才能卖。当然，如果不需要贷款，用现金购买就没有人管你建好还是不建好。也就是买主可以购买（签约）期房，但收楼过户时必须是装修好的现房，而非毛坯房。

在香港，预售款是交给中间的律师行代收代支的，严格根据开发商的进度付款；中国台湾，商品房预售按照工程进度付款，而且专款专用，由银行作为中间人来监督；日本，只要项目获得合法的建筑许可，不管是否开工都可以预售，预售时签订合同，预订总价与交付日期，购房者支付定金（房款10%左右），房屋交付使用时购房者支付余款，支付余款时再决定是否进行银行按揭；韩国，样板房期间就可进行预售，首付为全款的20%—30%，可在一年内分步付清，剩余款项可申请按揭。

像国内交齐全款给开发商，然后等上一年两年再收楼，全世界任何一个国家都没有。

国土资源部中国土地勘测规划院副总工程师张晓玲证实，预售制度和土地批租制度，其实都是从香港学过来的，但却都没有将配套的监管机制学过来。

下午，潘石屹和任志强一道参加建设部临时组织召开的“关于商品房预售制度与管理座谈会”。到会的20多人中有中国社科院、清华大学、中国人民银行、建设银行等相关人士，最多的是他们的同行，包括深圳万科、天津泰达、中原地产、戴德梁行、深圳世联等公司老总。会上吵成了一团，这种直奔七寸的政策没法让他们不跳脚。末了“人多制胜”，形成最终的观点——取消期房预售不现实。建设部的官员虽未当场明确表态，不过默许结论。

“万言书”次日公开，标题改为“逻辑混乱的地产报告——央行报告中的疑问”。任志强认为，信用经济和期货交易是经济发展的必然产物，在很多行业、经济领域比比皆是，取消商品房预售是回到实物交易的一种倒退行为，目前我国大部分地区城市商品房仍然供不应求，取消预售会延长商品住宅供应周期，加剧市场供应短缺，造成房价上升，不能因为有骗贷等风险存在就全盘取消预售制度。

此番，任志强俨然变成了权威人士。他指斥道："央行不负责任的建议，其实是在房地产领域中就信贷风险的防范找一只可以替罪的羊"。其行文措辞充满耳提面命的口吻，诸如——"如果央行的报告是只知信贷而不懂房地产的报告，那么基于对中国房地产的非全面了解的信息而做出的错误判断，不是会使整个报告都变得很荒谬吗？如果这份报告真是代表央行的意见，那么说明中国的央行对中国房地产的认识水平太低、太差了"。

顺驰中国控股战略发展部总经理何平称，目前房地产商的预售资金占房地产开发资金来源的40%以上，如果取消预售制度，必然会带来房地产市场的洗牌和短期内的市场真空，必然会引致房价上涨，这违背了国家宏观调控的初衷。

更有房地产商扮惊耸样，大呼"90%发展商将死于现房销售"。

已经在业界扮演老大角色的王石选择了另一种沟通方式。8月23日，他在北京与央行有关领导进行了一次非正式会见。

作为房地产业的上级行政主管部门，建设部不再袖手旁观。8月24日，建设部新闻发言人朱中一申明："商品房预售制度是《城市房地产管理法》确立的一项制度。这一制度与我国国情是适应的，目前还不能取消"，"作为一份研究报告，里面的观点有其合理性的一面，但制度的存在也有另外合理的一面，它是与当前的发展相适应的，而且一个制度的修改和取消是要走一个法定的程序，是由人大来决议的，不是一个部门提建议就能够改的"。在表达个人观点时，他说："央行发布此观点并不是很谨慎，当前是要稳定房价，而取消预售制度会造成房地产市场的波动，这与国务院的方针不符。另外，出台此意见事先也应与建设部商讨一下，这样才比较合理。"

两部门之间的"不协调"，更由建设部政策研究中心住宅与房地产处副处长文林峰从另一角度传递出来："我们的融资机制不健全，导致现在开发商只有银行贷款这么一条渠道。没有其他的融资渠道，就需要金融机构去主动地创新融资渠道，因为这也是人民银行提出来的。这么多年一直是在呼吁多渠道融资，但是我觉得其实人民银行不是太积极。现在，突然又出来说要取消期房预售。”

起草央行建议的焦瑾璞将这一切都看在眼里。他还关注到新浪就此展开的调查，九成网民表示支持取消商品房预售制度。“有人也说，你们应该搞个反驳什么的，我们不反驳，大家讨论就行了。”虽然央行没有更新的观点，也没有后续的动作，但他坚信争论会使事情越来越明朗。

这些掐架与袁国锋无关，他只想退房。然而他找大华集团销售经理交涉时，对方一口拒绝。他意识到，自己人单势孤，绝无可能说服实力雄厚的开发商，唯有寻找更多的伙伴。

进入9月，房地产商眼中的“金九”，房地产市场更加扑朔迷离。

“一个伦敦老太太抵押掉自己在市区的住宅，把10万英镑交给一个基金经理到上海买房，坐在家里等着上海房价上涨或从每个月的租金中获得收益”，《每日经济新闻》描述的一个投资故事不胫而走。

几个月来，上海、杭州等城市房价连续数月下跌，欧洲和美国的中小机构和散户却从中看到了抄底的机会，在基金经理的带领下，步大机构进入中国房地产业的后尘，掀起进入中国房地产业的新浪潮。一些嗅觉灵敏的基金经理正忙于说服伦敦房市的炒家们转战上海，在过去两年伦敦房产上大赚特赚的海外炒家们又找到了新的目标，到上海去。

7月人民币开始汇率改革时，QFII（合资格的境外机构投资者）那近乎夸张的建议——“持有一切以人民币计价的资产，包括垃圾”，在寻富山谷中，仍然“嗡嗡”回响。

来自英国的欧阳说：“这在两年前是不可想象的。那时进入中国房地产市场的是摩根、高盛这样的大型机构。”

欧阳的投资公司，专为欧美中小投资者进入中国房地产业服务。中国经济的飞速增长，让他看到了机会，3年前辞去多年的工作来到上海。为得到更多来自决策层和市场面的消息，他特意将办公室设在上海证券交易所的办公大楼里。

在“水岸蓝桥”业主袁国锋着急寻找退房路子时，欧阳正不停地和一些规模不大的开发商接触，寻找适合的收购对象。

一家欧洲投资公司最近对当地小型投资者打出的广告——“Welcome to ‘Buy to let’ in Shanghai（欢迎来上海买房出租）”，向投资者罗列了9条投资上海的理由，诸如中国正在立法保护私有财产、上海12%的GDP年增长率、未来人口将急剧增加带动住房需求、外资大量进入以及2010年上海世博会等。

最近几年，欧美房地产市场暴涨。一份针对120个国家和地区进行的调查则显示出，在此之前3年的时间里，“全球2/3的市场都存在地产泡沫”，美国地产指数上涨了39%，英国上涨了42%，法国上涨了66%，西班牙上涨了128%。据英国《经济学人》杂志估算，在2004年之前的5年间，发达国家房地产价值上涨了30万亿美元，达到70万亿美元（相当于这些国家的GDP总和），超过了20世纪90年代末期发生的全球股市泡沫（5年里股市增值额为GDP的80%）或美国20年代的股市泡沫（增值额为GDP的55%）时的增长速度。

现在这些地方的房价后继乏力。2004年7月，伦敦房价涨幅放慢许多，悉尼地区房价则下降了5.4%。一家欧洲投资公司以此为据，劝说当地投资者跟随他们进入中国房地产市场：“英国房地产市场增长在最近几年已创历史纪录，越来越多的证据表明增长已经到顶。新的投资机会越来越难找。现在是时候把眼光放到其他地方了，中国正是那个可以让你立刻投资的地方。”

“在海外投资者眼里，上海就是中国的伦敦。只要能获得收益，在上海或者伦敦买楼没有实质性区别。”欧阳称，上海和周边地区的房地产市场早已进入国际资本的生态链。

“水岸蓝桥”的业主却没感受到上海可能的国际价值。他们从媒体上获悉，同处上海城郊接合部的几个楼盘已在降价：价格跌了15%的万里雅筑，从2005年6月开始，开发商指示销售人员给业主逐一打电话，表示将直接补偿差价给业主；万里雅筑旁边的达安春之声，业主们可在“补贴装修、赠送车库和补贴房价中三选一”；上海新湖房产的业主两年内享有无条件退房的选择权；新江湾城·上海梦想雍景苑的开发商承诺，倘若2005年9月17日到2006年6月30日行情走低，业主可以按区域平均价格拿到差价部分补偿，或要求锁定保价期间某一阶段价格为最低补偿价格，还可获得一定的特别补偿。

这时，袁国锋辗转得到一份“水岸蓝桥”第一期的业主资料。他打电话给周大军，劈头就问：“你想退房吗？”通过电话和论坛认识的18个业主，中旬在普陀区的一个茶馆第一次见面，有两个人惊奇地发现买的还是对门。他们达成一致：要么补偿差价，要么退房。

银监会的《加强信托投资公司部分业务风险提示的通知》（以下简称212号文）已相继下发到了各地银监局，要求新发行的房地产信托必须具备三个硬条件：必须同时满足“四证”齐全、自有资金超过35%、开发企业必须具备二级以上开发资质。比121号文件还“狠”三分。

121号文件后，房地产商发现了信托这条“输血”管道。冷清的信托公司突然门庭若市，绝大部分在银行找不到钱的房地产公司掉头过来找信托融资。有“200份”等诸多限制的信托业，在2003年底出现了井喷。2003年9月，房地产信托计划的发行额才30亿元，到了2003年底翻了一倍；2004年底达111.74亿元，几乎比2003年翻了一番。

不同于上海，深圳完全是“解放区的天”。调控之下，房价不仅抗跌，三季度还上涨了12.18%。

连续几年，深圳政府采取土地紧缩政策，全市出让的商品房用地始终保持在1平方公里左右，关内几近4年没有商品房用地出让。全市特别是关内存量土地进一步被消化，开发商可用的土地资源越来越紧缺，2005年批准的住宅预售面积为719.45万平方米，与2004年的806.4万平方米相比，减少了87万平方米，供应总量也是4年来最小的。因此，2005年出现了历年来深圳楼市少见的众多楼盘供不应求的情况。

度过了短暂的观望期后，房地产商和投资者们都乱了方寸。袁国锋们商议退房时，万科“十七英里”购房者却因买不到房而怒砸售楼部。

万科“十七英里”位于深圳东海岸溪涌，67571.1平方米的海边坡地连着溪涌湾和大鹏湾，海岸线600多米，三面环海，一面倚山。从一期第一排的别墅花园，几乎迈一步就入海。这个项目由万科地产顾问、美国洛杉矶艺术中心学院理论系和研究生院教授王受之命名，套用自美国加州蒙特利半岛著名的海景胜地17 Mile Drive。那里从Carmel到太平洋丛林共17英里，沿路有绵延不绝的海滩、群山和开满夹竹桃的草坡，还有高大笔直的红杉林和美国最奢侈的圆滩高尔夫球场，半山上零星点缀的超级豪宅俯瞰绝美海景，曾是影片《本能》的主要外景地。

10月1日，万科“十七英里”二期公寓开盘。上午8点30分前，350名年初交了5万块诚意金的认筹者已经来到“十七英里”。尽管深圳市政府为抑制炒房，5月1日已经下了禁筹令，但他们受“获得优先选房的机会和额外的折扣”的诱惑，没有退款。6点，王先生和妻女就起床，7点就开车上路。前一天万科已经通知选房流程说明，8点半到9点半之间抽签。王先生打算买两套，选房机会只此一次，不容错过。有的放弃了国庆假期的旅行计划。还有不少外地客，一家大小坐飞机过来。更有一名认筹者，接通知时正在新疆旅游，坐了9个小时汽车、5个小时飞机准时赶到。

他们看重此处的投资价值。认筹时，售楼人员称16000元/平方米，酒店式管理，不住时可代租，租金就够付按揭。另一层是一期的热销。开盘前则通知均价为20000元/平方米。

一期全为别墅，107套。2004年8月28日开盘，推出的46套被抢购，19000元/平方米的开盘价下午就涨了5%，成交2.3亿元。当天未推售单位提价5%，第二天再次提价5%。第三次调至22000元/平方米左右，第四次调至24000—25000元/平方米，第五次调至27000元/平方米。创下当时万科多项纪录：单日成交金额最高、提价速度最快、物业单价最高、单位总价最高、利润最高，成为深圳卖得最贵的别墅。

这令万科内部大感意外。他们曾经以为此项目对购房者来说就像美女之于有家室者，到市区车程约一个小时，只能当度假房，不知谁会为偶尔临幸一掷数百万元。尽管他们透过广告词——“我能与这个世界保持的距离”，隐喻此处只与“贵族”匹配，极尽渲染“购买的是一种身份、一种机会”之能事。

2005年初一期别墅已经升值。最后一栋别墅原为万科自留物业，3月被一位深圳投资教育产业的香港商人买走，39000元/平方米，总价1300万元。

销售人员让王先生们走到沙滩上登记、拿分组排号，然后在沙滩上坐等抽签抽出的先后顺序。抽签有公证人员的公证。之前售楼人员称有300多套房子，认筹客都能选到好房子，还可以选多套，他们以为都能买到提前看中的房子。有几个人还花钱请风水先生来看过，挑好了方位。

一位姓黄的老板爬楼梯进入选房区后，“脑子一下就蒙了”。选房、签约、交钱只有15分钟，房子不是300多套，而是120套，一堆人像买白菜一样在“抢房”。售楼员说：“你现在不吃，可能一会儿连渣都吃不上了！照这个样子卖得这么火，下午肯定涨价！” 等到黄老板回过神来，他最看好的一套房子已经没了，接着第二套也没了，只好抢了一套16楼的。果然，下午10楼的价格都跟他的一样，等于几个小时，每平方米就涨了好几千块。认购书和装修协议根本没时间细看，让在哪儿签字就在那儿签，他都不知合约条款是什么。

11点多轮到王先生，剩下的都不理想，基本都是“被别墅”，看不到海。即使这样，销售人员也不按照常规把所有房号的价格公布出来，问一套时才

“偷偷摸摸拿一特小的字条”。上面的房价比针尖略大一点，购房者无法看到。要价格表，则说公司规定不能给。

王先生不满，和陈先生一起找到万科在现场的一名销售负责人。该负责人安慰他们，称再等20分钟，有可能再拿50套房出售。“我们当时看了看，当时剩下的也就不到40人，如果再推50套房问题应该不大，于是就继续等，等了大约一个多小时。”无奈，他们和其他在预选区等待的客户一起走到了售楼处。那里已经炸开了锅，有的客户已经站在桌子上了。

由于场面比较混乱，王先生和陈先生没有见到追加的50套房（后万科确认是56套）是哪些单位，更不知道价格，只听到一个情绪激动的购房者说当时的6楼比上午的8楼还贵，价格比上午涨了大约10%—20%。客户们认为万科欺骗他们，蓄意囤积房源。售楼无法进行。

下午1点左右，客户推出5名代表与万科谈判。他们要求按事先承诺推出房源、后推的50套房不能“坐地涨价”。3点，万科方面回复只能推出这50多套房，房价不是坐地涨价，而是价格策略。

认筹客户谈判时，万科安排下午抽签选房的600多名非认筹客户已经在沙滩上等待。他们中不乏来自沈阳、武汉的外地客，来之前获悉下午有160套房，大多数不知道上午已有300多名认筹客选房，更不知道万科实际上只计划对他们推60套。他们被告知选房因故推迟，到3点30分，抽签主持人宣布因为电脑故障当天取消选房。深圳的10月仍如盛夏，在沙滩上烤了数小时的人们怨怒难泄，“矿泉水瓶雨点一样飞了过去”。

随后，他们冲上售楼处。刚了解了事实真相，他们又见一名保安把销控表上售出和部分不卖的单位统统贴上红点，场面开始失控。王先生和陈先生看到个别情绪激动的客户用椅子砸坏了玻璃茶几、花瓶，推倒了音响和空调，楼盘模型也受到了一定毁坏。万科调了几十名保安，警察也闻讯而来。

中旬，关于二手房交易所得是否强制征收个人所得税的争论尘埃落定。国家税务总局发布《关于实施房地产税收征收一体化管理若干具体问题的通知》，重申二手房交易必须缴纳个税。规定：对存量房交易环节所涉及的税收要实行“一窗式”征收。对于存量房交易环节所涉及的营业税及城市维护建设税和教育费附加、个人所得税、土地增值税、印花税、契税等税种，各地要依法征收，不得以任何理由和借口对税法及相关税收政策进行变通和调整。《通知》还规定，业主在办理房产过户时必须出具不动产销售发票，否则不予办理。税收征管部门要在代开销售不动产发票时及时征收，并按国家规定的税款入库预算级次缴入国库。

之前，在这个问题上，建设部再次与别的部委不“融洽”。

7月2日，建设部副部长刘志峰在接受央视采访时表示：“对于二手房交易中收取个人所得税的做法，只是个别地方的试点，目前还没有在全国推广这项政策的时间表。”

8天后，国家税务总局新闻发言人接受采访时称，对个人二手住房交易所得应征收个人所得税，并不是这次国家稳定住房价格的一项税收新政策，而是早有明文规定，税务机关多年来一直在征收。按照《个人所得税法》规定，个人出售自有住房取得的所得，应按“财产转让所得”项目计征个人所得税，税率为20%。同时，为规范征纳行为，财政部、国家税务总局、建设部于1999年12月2日就个人出售住房所得如何征收个人所得税的有关问题又作出了明确规定。

争论前，一些城市才开始试点。南京地税部门6月1日表明“对个人售房征收20%的个人所得税”后，整个上旬几乎没有二手房交易。16日，南京市政府授权南京市房产管理局召开“南京市房地产市场发展形势新闻发布会”，南京市房产管理局局长陆春林明说：“南京将与全国其他城市保持一致，其他城市不征的税，南京也不会征。”之后二手房交易明显回升，到6月下旬，二手房交易量已经恢复到上年同期水平。北京亦遭遇相同命运。据统计，新政策实施以后，北京二手房交易量猛降40%。唯一坚持新税政策的只剩下广州和青岛。

最早试点的是杭州。2004年1月1日，杭州开始对二手房转让征收20%的个人所得税。二手房交易被打至谷底，而一手房价却一路飞涨。该年9月1日，杭州终结这项政策。该年房价涨幅为12.4%，市区新房平均房价在12000元/平方米以上。

当初在制定“新国八条”时，建设部主要领导就明确表态，调控的一个重要目标就是让短期炒房人“买了不涨就是亏”。

万科对中国社会结构的理解得到了上海汤臣的响应。10月19日，位于上海浦东陆家嘴金融中心的汤臣一品开盘，最小的户型面积为434平方米，最大的1243平方米，标价11万元/平方米，比排名第二的豪宅价格高出一倍。谁有资格在中国最贵家宅坐拥外滩和黄浦江美景？楼书言简意赅地道明——“只献给巅峰世界的杰出人物”。“贵族”一个没来，却迅即卷入舆论的漩涡。数年后，它才慢慢缓过气。

温州10月房价同比下降1.2%，是国家宏观调控以来的首次负增长，并成为浙江省第一个房价绝对值负增长的城市。

大大小小的调控政策出台了20来个，越来越多的“水岸蓝桥”业主意识到中央“动真格”了。袁国锋说：“都急了，眼看着2005年12月底的交房日期一天天逼近，可退房的事情却毫无进展。”11月初，退房人数增至30多人。温州人周馨云加入进来。她来自炒房家族，是“腰上挂满钥匙的人”。当时她哥操盘，自己挂名协助，兄妹俩从故乡出发，仅在“水岸蓝桥”就以“周馨云”的名义买下三套，价位在9000元—10000元/平方米之间。“没亏多少，但手头太紧了，只能弃卒保车。” 还有小建筑承包商唐继祥。他的几项承包工程先后出了事，资金的压力令他每天睡不着觉。他说跟他一样的人，“在整个退房团占40%”。

深圳市政府不得不诊治“退烧药变兴奋剂”的问题。整个深圳国庆黄金周前后，像万科“十七英里”这样提前数月认筹、新开盘少量推房，因“供不应求”而涨价的楼盘不在少数。平稳了十余年的深圳房价突然出现两位数的爆发式增长。华侨城、香蜜湖等热点片区的房价甚至走出了翻番的行情，位于深圳湾片区的某楼盘，每平方米开出的均价接近3万元。二手房也涨势迅猛。据国家统计局调查显示，2005年10月，深圳房价中二手房价格上涨幅度最为迅猛，达到了12.3%，居全国第二。

正在房地产业内人士畅想深圳房价全年将上涨15%—20%之际，深圳市国土资源和房产管理局、工商行政管理局、物价局三部门联合发布《关于进一步规范我市商品房销售行为的通告》，其中的4条措施环环相扣，对销售环节的监管形成了一个闭合的规范监管系统：禁止囤积房源；禁止“分期”销售；禁止炒卖楼花；禁止私签“认购书”。

《通告》规定，房地产开发企业与购房者签订的“认购书”，应使用全市统一的示范文本，并通过国土房产局一手房网上销售系统下载。认购书签订后，不得随意变更和解除；商品房项目取得预售许可证后，必须全部即时上网公开销售，国土局公示系统中待售的房源，开发商不得无故拒绝销售；房地产开发企业不得采取“提前登记、集中开盘、分期销售”的售房模式；严禁“炒卖楼花”行为，房地产经纪机构不得代理销售尚未办理房地产证的二手房。

市民一旦发现开发商有囤积房源、分期售房等违规行为，可以投诉至各级主管部门。有关部门近期还将组织专项检查，发现房地产开发企业、房地产经纪机构存在违法行为的，将暂停其交易系统，并依法进行处罚。

四日后，深圳市国土资源和房屋管理局再次提出五条措施，包括：适度增加今后住宅用地供应，盘活存量土地，加大闲置土地清理、加强政府公共租赁住房建设、商品房明码标价等；并在媒体上频频强调深圳尚有6万余套房源待售，当前供应毫不紧张，提醒市民不要盲目跟风入市。

11月19日，袁国锋们得到大华集团扔出的一句话——“退房不可能，除非打官司。”无奈之下，四天后，他们将一份51人签名的解约通知送达开发商、贷款银行和贷款担保公司手中：“依据当初商品房预售合同补充条款约定和国家合同法，决定单方解除合同并请大华集团七日内通知具体洽谈事宜；在其退房要求获得大华集团答复前，将于2005年11月起集体停止还贷。”同时，他们还推选出了5名业主代表，寻找合适的律师，随时准备打官司。12月2日，大华集团回应：“合同解除的权利或继续履行合同的权利在我公司，而不在您。”

12月上旬，89名业主聘请的律师杜跃平接手“上海集体退房第一案”，并很快地将大华集团诉之法庭。

经过了漫长的磨合，建设部终于在年末与其他部委步调一致了。26日建设部部长汪光焘在例行的全国建设工作会议上称，下半年，全国70个大中城市房屋销售价格平均每月比上月增长0.6%，涨幅已经趋缓，“这主要是由于有效地遏制了投机资本”。至于下一年，他表示将继续贯彻落实加强房地产调控的政策措施，以调整供应结构为重点，及时安排并公布当年普通商品住房和经济适用住房开发项目，控制套型结构和销售价位，从源头上控制高档商品住房开发。

而之前半个月，“过冬”的房地产商们正感觉春风丝丝拂面。在11日闭幕的中央经济工作会议上，财政部部长金人庆说：“‘十一五’财政政策重点是刺激消费需求。”在房地产商听来，“刺激内需”就是房地产行业复苏的全部指称。建设部政策研究中心主任陈淮更给他们兜头浇上一瓢冷水：“不要一听到刺激内需，就认为是政府要帮着地产商卖房子了。‘十一五’规划重提刺激内需，但落实到房地产行业，绝不是鼓励老百姓都去买房子，而是鼓励适度地购买符合自身经济实力的房产，不是盲目消费，这种对内需的刺激是有限的。”

上一年，陈淮刚到建设部任职，拟就了《怎样认识当前房地产市场形势》，反对“房产泡沫论”，被一些网民视为房地产商利益的代言人。他没买房，坦然面对：“举个例子，就像天要下雨，谁要是预言，谁就可能被怀疑被卖伞的人收买了。所以，预言天要下雨的人，不管他是否揭示了天气变化的规律，总是难免产生嫌疑”，而天会不会下雨，他以为跟预言的人没有直接的关系。

跟着建设部，央行往“伞面”上戳洞。27日，央行对现行房贷利率政策进行微调，要求从2006年1月1日开始，凡在2005年3月17日前办理个人住房贷款的购房者将按新贷款利率还款的同时，对于高档住宅、别墅和非第一套住宅的购买者，将执行6.12%的利率，并将首付款比例提高到40%。

顺驰一如既往地过紧巴巴的日子。一位苏州顺驰员工回忆，2005年年底的一天，整个苏州项目公司的账上只有16元。

上海，本轮房价的领涨者，房价已经连续三个季度整体呈现跌势。据国家统计局统计数据，2004年10月以来，上海销售价格总体环比下跌0.6%；北京房价上涨幅度仍保持在12%左右，不过较上年同期下降5%—7%，青岛、天津、杭州等房价高速上涨的城市也开始刹车，沈阳以及中西部的部分大型城市，房价平均水平甚至出现了负增长。杭州房价增幅有所回落，但仍超过了10%，凡市中心区域，房价几乎都翻了一番以上。

2005年，全国城市普通住宅平均销售价格排名如下：温州仍然第一，9278元／平方米；上海跃升第二，8627元／平方米；杭州第三，7210元／平方米；深圳第四，7040.10元／平方米；北京第五，6232元／平方米，宁波第六，5900元／平方米；广州第七，5660元／平方米；厦门第八，5156元／平方米；南京第九，4960元／平方米；天津第十，4730元／平方米；青岛第十一，4639元／平方米；大连第十二，4241元／平方米。

2006年：有人“不买房”

调控无效，房价继续上涨。需求是市场经济的决定因素，有人想到用脚投票，发起“不买房运动”，期望房价就此低头。

国家发改委出来当调控“参谋长”。

开年后，发改委即给房地产调控定了基调。1月，发改委宏观院提交报告，指出操纵市场的力量仍然很强，房地产真正的软着陆还未实现，建议在政策上要做到三个政策不能松，以防止房地产泡沫卷土重来。三个政策是土地偏紧的政策、信贷政策和税收政策。

2月，又出《2006年房地产调控工作重点》，特别指出“对落实中央调控政策不力、投资规模、房价涨幅没有得到有效控制或出现反弹，影响市场稳定运行的地区，要加强监测分析和督促检查，必要时将给予通报批评”。

发改委副主任朱之鑫更打击了此前房地产业内“调控是控制涨幅，而不是降低房价”的幻想。在3月6日十届全国人大四次会议举行的记者执行会上，朱之鑫说，国家已经或正在采取四个方面的政策措施解决房价过高的问题。四方面为：优化土地供应结构，合理确定各类土地的供应比例，加强土地与住房供应的衔接；加快普通商品房的建设，特别要增加中小户型、中低价位的住房供应；进一步完善金融、信贷、土地、税收、销售等方面的政策措施；要继续整顿房地产市场的秩序，加强对各地的分类指导，特别要稳住住房价格，建立有利于房地产市场稳定发展的长效机制。

前一天，温家宝在作政府工作报告时，承接上年，提出要继续解决部分城市房地产投资规模过大和房价上涨过快的问题。

这一年经济按计划本应软着陆，GDP增长控制在9%左右。但是，一季度的GDP达到了近年来的最高——10.9%。

1、2月份北京房价上涨了17.3%，三环内楼盘单价突破万元。深圳涨势更为凶猛。新华社记者从《2006年一季度深圳市土地市场动态监测分析报告》中获悉，一季度，深圳商品住宅均价为8126.14元/平方米，同比上涨25.63%。其中，普通商品住宅（144平方米以下）价格为7053.6元/平方米，同比上涨16.48%；而非普通商品住宅价格为12438.48元/平方米，同比上涨53.28%。尤其是福田区和宝安区的非普通住宅价格上涨较大，分别同比上涨127.24%和94.95%。

面对高房价的“逼宫”，“国六条”——房地产调控的纲领性政策，率先出场。5月17日，温家宝主持召开国务院常务会议，审议并原则通过《中华人民共和国测绘成果管理条例（修订草案）》（简称“国六条”）。包括六项措施：住房供应结构、税收、信贷、土地、廉租房和经济适用房建设等方面。

5月29日 国务院出台九部委《关于调整住房供应结构稳定住房价格的意见》（九部委“十五条”），对“国六条”进一步细化，而且在套型面积、小户型所占比率、新房首付款等方面作出了量化规定，提出90平方米、70%的标准。这是从供应环节改善房地产供求关系。

随后，围绕“国六条”的系列政策措施相继出台。

税收方面，国税局扔出“霹雳双响”——

5月31日，下发《关于加强住房营业税征收管理有关问题的通知》（国税发74号文件），规定：2006年6月1日后，个人将购买不足5年的住房对外销售全额征收营业税；个人将购买超过5年（含5年）的普通住房对外销售，应持有关材料向地方税务部门申请办理免征营业税的手续。要求各级地方税务部门要严格执行调整后的个人住房营业税税收政策。针对投机，开始着手整顿二手房市场。比上年的不足两年全额征收营业税更严。

7月26日，发布《关于住房转让所得征收个人所得税有关问题的通知》（108号文），宣布从8月1日起，各地税局将在全国范围内统一强制性征收二手房转让个人所得税。

信贷方面，央行推出五记“化骨掌”——

4月28日起上调金融机构贷款基准利率。一年期贷款基准利率上调0.27个百分点，由现行的5.58%提高到5.85%；5年期以上个人自营性住房贷款的基准利率将由6.12%提高到6.39%；个人能享受到的最优惠的下限利率由5.508%提高到5.751%。

2006年7月5日起，提高存款类金融机构人民币存款准备金率0.5个百分点，将一次性冻结流动性资金1500亿元，并将影响货币乘数，产生多倍收缩效应，抑制货币信贷总量过快增长。

7月21日起上调金融机构人民币存贷款基准利率。金融机构一年期存款基准利率上调0.27个百分点，由现行的3.06%提高到3.33%；一年期贷款基准利率上调0.27个百分点，由现行的6.57%提高到6.84%；其他各档次存贷款基准利率也相应调整；个人住房公积金贷款利率相应上调0.09个百分点。

从2006年8月15日起，上调存款类金融机构存款准备金率0.5个百分点（农村信用社，含农村合作银行不变）。

8月19日起上调金融机构人民币存贷款基准利率。金融机构一年期存款基准利率上调0.27个百分点，由现行的2.25%提高到2.52%；一年期贷款基准利率上调0.27个百分点，由现行的5.85%提高到6.12%，其他各档次基准利率也相应调整，长期利率上调幅度大于短期利率上调幅度。同时，进一步推进商业性个人住房贷款利率市场化。商业性个人住房贷款利率下限由贷款基准利率的0.9倍扩大到0.85倍，其他商业性贷款利率下限保持0.9倍不变。商业银行可按照国家有关政策，根据贷款风险状况，在下限范围内自主确定商业性个人住房贷款利率水平。

由于一些地方没有严格执行2003年9月即已发布的《商业银行房地产贷款风险管理指引》的规定，2006年8月，银监会以“特急”形式再次下发了《关于进一步加强房地产信贷管理的通知》（54号文），对金融机构提出九项要求，其中严禁向项目资本金比例达不到35%、“四证”不齐等不符合贷款条件的房地产开发企业发放贷款。

土地作为房地产根源，引起了前所未有的重视。

据国土资源部执法监察局负责人介绍，2005年国土资源部执法检查发现，2003年10月到2004年9月，全国15个城市70多个县违法用地宗数和面积数分别占新增建设用地宗数和面积数的63.8%和52.8%，有些地方高达80%—90%。

在“两会”期间，温家宝明确提出，应对现行土地出让金分配体制进行改革。随后，财政部和国土资源部分别向国务院上报了各自的方案。两个方案在“重新分配”上冲突。国土资源部建议地方政府的土地出让金向中央集中，并在中央财政设立“地方土地收益基金”，自上而下管理。而财政部则希望纳入地方财政预算，理由是1994年中央地方财政体制改革时，已明确土地出让金属地方财政收入，中央政府再行收回缺乏合法性。

双方一度争持不下。直至9月全国国土工作“昆明会议”召开之前，曾培炎代表国务院最终拍板认可了财政部的方案，因为国土资源部的方案将进一步强化“中央钱多事少，地方钱少事多”的格局。

6月国土资源部对各地下达了查处土地违法案件的“量化指标”：省级国土资源部门要在2006年6月份公开、依法、严肃查处3起以上严重土地违法案件，年底前要达到8起以上。

7月24日，国务院办公厅发布《关于建立国家土地督察制度有关问题的通知》（国办发〔2006〕50号），国家九个土地督察局派驻地方，全国省（区、市）及计划单列市的土地审批利用将纳入九大土地督察局严格监管之下。

9月5日，新华社受权全文播发《国务院关于加强土地调控有关问题的通知》，明确要求：进一步明确土地管理和耕地保护责任，切实保障被征地农民的长远生计，规范土地出让收支管理，调整建设用地有关税费政策，建立工业用地出让最低价标准统一公布制度，禁止擅自将农用地转为建设用地，强化对土地管理行为监督检查，严肃惩处土地违法违规行为。

在次日的国务院第149次常务会议上，刚刚上报的《全国土地利用总体纲要》没有被通过。国务院对《纲要》中提出的耕地保护指标不满意，指出：全国18亿亩的耕地保有量至少要保持到2020年，而不是《纲要》中提到的2010年。

9月27日，国务院总理温家宝主持国务院常务会议，严肃处理郑州市违法批准征收农用土地建设龙子湖高校园区问题。10月，又一场全国性的土地违法清查风暴拉开序幕。

12月26日，国务院发布《关于规范国有土地使用权出让收支管理的通知》，规定从2007年1月1日起，国有土地出让收入全部缴入地方国库，支出一律通过地方基金预算，实行彻底的“收支两条线”管理。

在此轮调控中，建设部俨然“盟军司令”。

7月6日，颁发《关于落实新建住房结构比例要求的若干意见》（165号文件），明确37号文件中90平方米标准为单套住房建筑面积。

同天，联合国家发展和改革委员会、国家工商行政管理总局下发《关于进一步整顿规范房地产交易秩序的通知》（166号文件），要求房地产开发企业取得预售许可证后，应当在10日内开始销售商品房。同时加强房地产广告发布管理，未取得商品房预售许可证的房地产项目，不得发布商品房预售广告。

7月11日，联合其他五部委下发《关于规范房地产市场外资准入和管理的意见》（171号文件），要求加强对外商投资企业房地产开发经营和境外机构及个人购房的管理。171号文件大幅提高了外资进入中国房地产市场的门槛，被业内称为“外资限炒令”。

8月30日，出台《城镇廉租房工作规范化管理实施办法》，加强城镇廉租住房制度建设，规范城镇廉租住房管理，逐步落实住房保障政策。

9月5日，与国家外汇管理局联合发布《关于规范房地产市场外汇管理有关问题的通知》，规范境外购房主体购买境内商品房的外汇管理。

在调控初期，深圳的邹涛掀起“不买房运动”。

4月26日上午，邹涛在奥一网发表了《深圳市民邹涛关于发起“不买房行动”致全体市民的公开信》：“面对‘虚火上升’的楼价，为了社会的和谐，我们不能再视而不理，我们需要积极的行动……为了不做‘房奴’，为了一辈子不要再背负沉重的债务，让我们一起行动起来，在近3年之内不要买房。”此前“房奴”一词流行，指称那些为偿还房贷备感生活压力的购房者。

而同一天，中城联盟董事长联席会议正在南京国际会议大酒店召开，王石、冯仑等40余位董事长参加。在新闻发布会上，北京万通集团董事长冯仑说：“成为‘房奴’那是活该啊。人家国外还有很多人没有房呢，我们有些城市的自有房拥有率目前已经远远高过国外。你让大学才毕业的年轻人就去买房，这无异于让幼儿园的小男孩找媳妇。”

“房奴活该”刺激邹涛给房地产开发商们也写了一封公开信。他指责房地产是暴利行业，追问“有哪个开发商敢公布房地产开发的成本”，指明要北京万通集团董事长冯仑以及万科董事长王石接收。

几天之内，邹涛的公开信就被众多网站转贴。一时响应者众。某女士称以邮件和电话的方式，至少转发和通知了200人。有的在网上转发了N遍公开信，脖子都酸了。邹涛的市话通和手机响个不停。市话通待机时间本有2—3天，然而现在不到两小时电量就耗完，只能边充电边接听。电子邮件、短信、电话，邹涛应接不暇，每天只能休息三四个小时。

随后中国青年报社会调查中心与新浪网合作的一项调查显示，79.1%的参调网民支持“不买房运动”。

支持者来自全国，邹涛只想将“不买房行动”局限在深圳，以便集聚力量和控制。因此他只记录深圳响应者的姓名、联系方式。两天之内，人数已达4000人。

5月3日，深圳第16届春季房交会开幕。下午1：30，邹涛带上10盒“不买房行动”名片，几张签名表，站在会展中心北侧主入口。广东星辰律师事务所的律师姚铁陪在一旁，期望“不买房运动”成为推动房价回归理性的社会公益活动。邹涛一边向参观房交会的市民派发专门印制的“不买房行动”名片，一边邀请市民签名参与。对着每位在面前止步的人，他不断地重复：“多一个人支持就多一份希望。”他的“不买房行动”从网上走进了现实。

“我所说的‘不买房’不是要永远不买房，而且希望能够买到性价比更好的房。在房价回归理性之前，我希望大家能够共同行动起来，看好自己的血汗钱。”邹涛说。

一个小时后，10盒名片已经全部派光，50人签名。其中，一半人填写的“可承受的总价”为60万元左右，有8人认为深圳当前还有性价比合适的楼盘。

来自浙江义乌的张其吐没有觉得“楼价虚高”。他在宝安拥有一家电子厂，现已在深圳购买了两套住房。“现在后悔当时买少了，深圳是涨得比较晚的，买了肯定会接着涨。”一手房投资只需要首付两成，所需资金量不大，他认为对投资者很有吸引力。

房交会上，邹涛将一份写给政府部门的公开信递给深圳市国土局局长张士明。他认为深圳新近出台的《关于稳定房价促进我市房地产市场持续健康发展的意见》如果没有具体的落实措施，将有可能导致市场供求的紧张，反而成为新一轮房价上涨的催化剂。要求深圳市政府尽快落实经济适用房和廉租房政策。

随后，邹涛召集志愿人士，一起拟就“致深圳市委常委、副市长吕锐锋同志的公开信”——《中国公民邹涛关于规范深圳房地产市场的民意调研报告》。

邹涛还想给温家宝写信——《总理，请救救“房奴”》，让总理看到“最真实的中国房地产的现状”、“这个国家千千万万房奴的疾苦”。

5月8日，邹涛公布最新的“不买房运动”支持者数据：16317人，其中深圳11264人。这一天，吕锐锋收到了邹涛们的公开信。

市场却呈现另一番现实。五一前后，深圳楼市集体疯狂，新盘开盘几乎都遭到疯抢。龙岗区龙城国际288套单位，开盘当天售罄；南山唯一新推楼盘南海玫瑰花园3期，400余套大户型，均价1.5万元/平方米，开盘两天之内卖完。北京也不遑让。“明天第一城”的项目副总经理贾玉鹏称，五一期间看房的人数有六七百，比平时多了一倍，五期的房子已经有200套被预订，势头比2005年同期强。该项目2005年10月开盘均价才5000多元，现在已经突破7000元。北京邮电大学的周女士在“情势所迫”下交了2万元定金，准备买一套这里的房。“我买房就是冲着房价涨去的”，刚在“珠江绿洲”买了一套房的章先生说。

上海继续“沦陷”。号称上海有史以来最大的“五一房展”，迎来了11万人次的参观者，4天内仅成交了269套房子，平均每个参展楼盘成交不足一套。房地产商们为此“割肉”：闵行区某楼盘“购房即送轿车”；闸北区的一楼盘有1.5万元、2万元、2.5万元不等的现金奖励；一些开发商则送装修、送家具。

8月的北京更为疯狂。一个从江宁来京的小伙子正赶上了东亚奥北中心开盘，早上6：00就去排队，两天两夜后却被告知一套不剩。18天后，楼盘再推新房，他又去排队，和100多个人在售楼处呆了一夜，等到可以选房，房价已由5800元/平方米涨到6700元/平方米。北京新天地一期推出670套房，他又怀揣希望去，结果当日签到的客户4800多人。7个人抢一套房，他仍然没有好运。

苟延残喘了一年的顺驰终于“断氧”。9月5日，孙宏斌被10亿元资金的缺口压趴，以12.8亿元贱卖顺驰55%的控股权给香港路劲基建公司。这不够，他还以个人持有的融创集团60%的股权作抵押，向路劲基建公司贷款5.7亿元，贷款年利率高达12%。

黑马黯然离场之际，“上海集体退房第一案”一审胜诉。从9月28日起，退房手续开始在上海市宝山区新沪路1069号309室办理。窗外200米便是曾经令退房者寝食难安的“水岸蓝桥”，现在均价9700元/平方米，“似乎还有继续跌价的可能”。退房者只需花几分钟在几份文件上签名，10个月的官司便就此了断，在15天后拿到扣除部分费用之后的购房款。

从通宵排队购房到集体退房，周大军感觉像幻梦一场。周大军一直觉得自己和其他退房者不同，他们夫妇均退休，独子在读书。他想要一个梦想中的家。2004年12月，数千人排队，他幸运地买到一套139.13平方米的房，价格9030元/平方米。他开始并未想退房，只想和开发商商量换房，把14楼的房子换到更低的楼层，哪怕贴点钱也成。

周大军站在窗前，甩了甩手上的纸，低声问：“就结束了吧？”妻子坐在旁边，抬头瞄了他一眼，抱怨道：“作孽啊。”

那一刻，他们并不知道在短期炒房者纷纷离场之后，上海的自住需求支撑起了房价，2006年上海住宅销售均价为8135/平方米，较2005年上涨3.6%。

当然他们更不会知道自己带给了外资抄底的机会。

在3月底，上海房贷余额2300亿元，2月份房贷下降36亿元，3月下降38亿元，平均房价却上升了5.5%，并且销售面积上涨，2月每天的销售面积2.8万平方米，3月每天的销售面积5.9万平方米。外资在吃进房子。由于一直没有明确的数据，无人清楚多少外资进来买房子。据仲量联行的统计数据，2006年上半年，境外投资总额已接近2005年全年境外投资的70%，约35亿美元。

171号令亦可规避。业内人士称，一种是买卖双方都在境外拥有实体，收购就可避开中国法律在境外完成，另一种则是股权收购。

据统计，12月份全国新建商品住房销售价格同比上涨6.3%，涨幅比上月高0.5个百分点；环比上涨0.6%，涨幅与上月持平。北京、深圳仍然是房价上涨最快的城市，北京10.4%，深圳10.0%。而且，这两个城市的二手房价格涨幅也分别达到10.3%、11.4%。北京普通住宅销售均价已升至10323元／平方米。

2006年全国房价排名如下：深圳9384元/平方米，温州8689元/平方米，杭州7759.2元/平方米，北京7168元/平方米，上海7038元/平方米，广州6545元/平方米。

2007年：不买房的走了，赌房价的来了

政府继续左行，市场照常向右。招商地产在深圳的兰溪谷近1100套房子以当时市值计算，已可买下整个伊利集团，开发商自称“现在楼盘的利润率已经高到让我们不好意思的程度”。人们对房价的判断出现分野：发起“不买房运动”的邹涛黯然离开深圳；著名经济学家徐滇庆坚持上涨论，跟深圳的牛刀对赌；深圳房地产中介公司中天置业的老板卷款逃跑；王石抛出“拐点论”和“延迟买房”。

国家税务总局先打调控头炮。1月17日，国税总局宣布从2月1日起开始对房地产企业土地增值税进行全面清算。这不是新政策，只是加强房地产税收征

管。根据1993年12月13日国务院发布的《中华人民共和国土地增值税暂行条例》，土地增值税从1994年1月1日开征。由于是地方税，地方征管一直不太严。

在抑制外资炒房方面，商务部两下“辣手”。

5月23日，和国家外汇管理局联合下发《关于进一步加强、规范外商直接投资房地产业审批和监管的通知》（建住房〔2006〕171号），要求严格执行171号文件，依法加强外商投资房地产企业的审批和监管。主要包括：一、严格控制外商投资高档房地产。二、严格控制以返程投资方式（包括同一实际控制人）并购或投资境内房地产企业。境外投资者不得以变更境内房地产企业实际控制人的方式，规避外商投资房地产审批。外汇管理部门一经发现以采取蓄意规避、虚假陈述等手段违规设立的外商投资房地产企业，将对其擅自汇出资本及附生收益的行为追究逃骗汇责任。三、对地方审批部门违规审批外商投资房地产企业，商务部将予以查处纠正，外汇管理部门对违规设立的外商投资房地产企业不予办理外汇登记等手续。

《通知》还要求所有投资项目必须报商务部备案，对于没有在商务部备案的投资项目，外汇管理局不予办理外汇的审批与结汇手续。

11月7日，和国家发改委联合颁布《外商投资产业指导目录（2007年修订）》（下称《新目录》），扩大对外商投资房地产业的限制范围：12月1日起，继续限制外商投资于高档宾馆、别墅、高档写字楼和国际会展中心的建设、经营，外商投资土地成片开发则必须与内资企业合资、合作，并新增对外商投资房地产二级市场交易及房地产中介或经纪公司的限制。此外，还将“普通住宅地开发建设”从现行《目录》（2004年修订）的鼓励投资类别中删除。

为“防止经济增长由偏快转为过热，防止物价由结构性上涨演变为明显的通货膨胀”，央行就像一只摄像头，时刻紧盯着金融市场。

一年之内六度加息。自3月首次加息后，到12月21日后，一年期存款基准利率提高到4.14%；一年期贷款基准利率提高到7.47%。更于最后一次将活期存款利率下调至0.72%，这是5年来首次下调活期存款基准利率。

10次调整存款准备金率。调整后，存款类金融机构将执行14.5%的存款准备金率标准，创20余年历史新高。且12月25日的调整是中央12月5日提出从紧的货币政策之后第一次、同时也是本轮经济周期以来第14次上调人民币存款准备金率。值得一提的是，以往都是上调0.5个百分点，12月25日起上调了1个百分点。在这轮经济增长周期内，这个幅度的上调只在2003年出现过。据测算，上调1个百分点后，可一次性回收流动性资金近4000亿元。

由于贸易顺差增加及资本项目下的资金流入，中国庞大的外汇储备持续扩大，已超过1.4万亿美元，进一步加剧流动性过剩。光以上调存款准备金率来冲销国内过剩的流动性还不够。央行9月7日发行1510亿元定向央票，票面利率3.71%。财政部9月10日宣布，将通过全国银行间债券市场向社会公开发行2000亿元特别国债，均为10年期以上长期国债。2007年9月份计划发行3期特别国债总量1000亿元，其余1000亿元特别国债根据债券市场情况于2007年第四季度完成发行。

“二套房贷首付”是炒房的死穴，央行一直在瞄准。最终规定以家庭为单位，第二套住房贷款首付不得低于40%，利率不得低于基准利率的1.1倍。

9月27日，央行和银监会发布《关于加强商业性房地产信贷管理的通知》。这是央行121号文件和银监会“2·26”指引的合并。包括三个核心：

一、严格房地产开发贷款管理

不发放贷款给两种情况的房地产公司——自有资金不到35%或未取得“四证”项目，经国土资源部门、建设主管部门查实具有囤积土地、囤积房源的；对空置3年以上的商品房，商业银行不得接受其作为贷款的抵押物；除房地产开发贷款科目外，严禁以房地产开发流动资金贷款或其他贷款科目发放；房地产开发贷款不得跨地区使用。

二、严格规范土地储备贷款管理

不发放专门用于缴交土地出让金的贷款；对政府土地储备机构的贷款以抵押贷款方式发放，且贷款额度不得超过所收购土地评估价值的70%，贷款期限最长不得超过2年。

三、严格住房消费贷款管理

贷款方面，只能对购买主体结构已封顶住房的个人发放住房贷款；对购买首套自住房且套型建筑面积在90平方米以下的，贷款首付款比例（包括本外币贷款，下同）不得低于20%；对购买首套自住房且套型建筑面积在90平方米以上的，贷款首付款比例不得低于30%；对已利用贷款购买住房又申请购买第二套以上（含）住房的，贷款首付款比例不得低于40%，贷款利率不得低于中国人民银行公布的同期同档次基准利率的1.1倍，而且贷款首付款比例和利率水平应随套数增加而大幅度提高，借款人偿还住房贷款的月支出不得高于其月收入的50%。

抵押贷款方面，不得发放给贷款额度随房产评估价值浮动、不指明用途的住房；对已抵押房产，在购房人没有全部归还贷款前，不得以再评估后的净值为抵押追加贷款。

然而此后两个多月，没有一家银行公布二套房贷的执行细则，因为“出台很可能严重影响其在信贷领域的竞争力”。不得已，央行和银监会只好手把手教他们如何做，12月5日印发《关于加强商业性房地产信贷管理的补充通知》（银发〔2007〕452号）。界定如下：一、以借款人家庭（包括借款人、配偶及未成年子女）为单位认定房贷次数。二、已利用银行贷款购买首套自住房的家庭，如借款人家庭人均住房面积低于当地平均水平，再次向商业银行申请住房贷款的，可比照首套自住房贷款政策执行，但借款人须提供当地房地产管理部门依据房屋登记信息系统出具的家庭住房总面积查询结果。其余已利用银行贷款购买住房的家庭，再次向商业银行申请贷款时，均应按第二套房贷政策执行。三、已利用住房公积金贷款购房的家庭，向商业银行申请住房贷款时，也应按照《通知》有关规定执行。《补充通知》同时强调，凡发现填报虚假信息、提供虚假证明的，所有商业银行都不得受理其信贷申请。

“二套房贷首付”仍未就此完全明晰。央行和银监会又召集五大国有商业银行信贷部门负责人12月11日在北京就“第二套房贷”问题召开联席会议。确定了“二套房贷”的三个基调底线：公积金贷款不列入认定是否为第二套住房的参考项；已结清贷款的购房者，仍可算作第一套住房贷款者；夫妻双方只要有一方仍有房贷未结清的，再贷款购房需算作第二套住房。同时监管高层称，此次联席会议之后监管部门不再对“第二套住房”认定进行书面说明，具体由商业银行自己把握。

对此，房地产业界认为唯一偏紧的规定是“夫妻双方只要有一方仍有房贷未结清的，再贷款购房需算作第二套住房”。

价格上涨，却不支付物业持有成本，炒房行业更没约束。物业税足够恫吓炒房者。于是，国家税务总局和财政部在10月11日批准安徽、河南、福建、天津四省市为房地产模拟评税试点地区，至此，包括首批的北京、辽宁、江苏、深圳、宁夏、重庆，已有十省市开始物业税“空转”。

对土地的重视一如既往，开始加强土地供应调控，缩短土地开发周期。

9月28日，国土资源部部长徐绍史签署国土资源部令第39号，发布《招标拍卖挂牌出让国有建设用地使用权规定》，共28条，自2007年11月1日起施行。核心要求：房地产商缴清全部出让金后，办理土地登记、领取土地使用权证书后，才能取得土地使用权。开发商取得建设用地使用权可以按合同约定分期付款，但地方政府不得为开发商分期办理建设用地使用权证。

这一规定防止开发商囤积大量土地牟取不当利益；避免开发商在未缴清全部土地出让价款的情况下获取建设用地使用权证，或者在以少量资金获得大块宗地中的小幅地块建设用地使用权证的情况下向银行融资；避免开发商在未缴清土地价款而取得建设用地使用权的情况下出售房地产，影响产权人利益。

10月，国土资源部发出通知，要求优先安排廉租住房、经济适用住房和中低价位、中小套型普通商品住房建设用地，其年度供应总量不得低于住宅供应总量的70%；为防止开发商“囤积”土地，单宗土地的开发建设时限原则上不得超过3年。

住房保障引起高度重视。8月1日，国务院总理温家宝主持召开国务院常务会议，讨论并原则通过《国务院关于解决城市低收入家庭住房困难的若干意见》（国发〔2007〕24号），核心内容：保障类住房受益群体扩大，以收入论，由“最低收入”扩大到“低收入”；保障类住房面积限定在50—60平方米；政府责任细分为省级政府负责、市县落实；明确保障类住房开发四个资金来源，其中土地出让金收入用于廉租房建设的比例由此前的5%提高到10%。

政府向左，市场向右。据国家发改委、国家统计局3月19日发布的最新数据，2月份上海新建商品住房销售价格以0.1%的微弱涨幅暂别持续多月的新房价格下滑。到了6月，全国70个大中城市的房价涨幅突破7%，再创新高，跃居2007年峰值，所有城市新建商品住房均同比上涨。

猫腰多时的上海房价继续打直。5月份以来，上海房价一路上扬，多数楼盘涨幅超过20%。北京以10%的同比涨幅，继续呈现双位数上扬。汤臣一品终于进驻了三位“巅峰世界的杰出人物”。

上半年，北京万元以上的高档楼盘爆发性上涨，均价12820元/平方米，近40个楼盘半年内上涨幅度高达2000元/平方米以上，万科东第等楼盘数月内房价上涨高达6000元以上。低层均价为7万元/平方米的北京银泰中心柏悦府推出的21套房销售过半。

为了获得更高利润，一些房地产商甚至“捂楼”。北京“公园2008”整整一栋113号楼现房不卖。它已建为现房一年多。“公园2008”其他现房7月14、15日（注：周六周日）两天就销售了40多套。销售的好势头非但未令开发商笑逐颜开，反而“非常着急”，千方百计压销售速度：一个星期上调一次价格，每次300元/平方米左右，且不接受定金，直接签合同。

市道好，温州人也不放过自家门口的房子。据国家发改委、国家统计局调查结果，5月份温州房价同比上涨10.9%，位居全国70个大中城市第三位；环比涨幅3.6%，位居第二位。进入二季度，温州市区2万元/平方米以上的高价房开始屡见不鲜。这连温州市房地产业协会会长尤鸿鹤都不得不感叹“温州房价有点失控”。

资金松散的温州炒房团，已经难以左右北京、上海、杭州等大城市房价。在外资炒房团风生水起时，温州炒房团选择了“还乡”和“进军”二、三线城市。

返乡的温州炒房团分组作战、围剿城市核心楼盘。往往3—5名关系紧密的炒家形成一组，一组集聚上千万元以上的现金，安排好联动的中介所。各组间主要成员联系紧密，事先已沟通炒作目标、行动时间等。

据《经济观察报》报道，温州炒作房源主要以产权房和期房为主。

炒家与房东达成产权房的购房意向后，便借口是代第三方预订房子，只能先付订金，等第三方一两个月回来后，再办理过户手续。接着炒家将该套房在中介挂牌，售价高于原房价10%以上，等待下家。下家“上钩”时，炒家再借口“资金突然紧张、无奈卖房，房子尚未过户”，不过其能确保下家与房东之间的过户安全。等下家交了包含了涨价部分的订金后，剩下的都是下家与真正房东间的交易。

期房的话，炒家和房东需签订房屋买卖委托协议，再经公证部门公证。炒家通常先支付30%总房款，办理产权时再支付其余70%房款。而期房办理产权证需要一两年时间，期房限转政策限制期间不能变更户名。炒家却在交了首期后即在中介挂出房源，涨价15%。“钩”到下家后，手法与产权房一样。炒家再给房东一点“劳务费”，房东也就无所谓再签一次协议。

一名温州炒家提出，只需几千万元的流动资金，就可抬高楼盘50%左右的可交易房源的价格，进而能撬动这个楼盘房价。如果新增房源有限，炒作的标志性楼盘房价上涨，周边房价则跟涨，在辐射效应下，带动整个城市房价上涨。这与“地王”带动周边房价上涨，再影响更多区域的道理如出一辙。

温州房价飙升的另一主要原因还在于房源供应量不足。以瑞安为例，瑞安全市有110万人口，2005年，住宅供应量仅为64.91万平方米，共4872套房子；2006年，住宅供应量减少到21.25万平方米，共1480套房子；2007年更少，住宅供应量只有10余万平方米，700多套房子。而开发商为了追求利润，尽快回笼资金，将规划的小套室改为大套室卖，因此，更加激化了供需矛盾。

外资继续“分蛋糕”。全球最大的地产服务公司、标准普尔500强企业世邦魏理仕代理销售的天津中心服务式公寓在香港巡展取得了“很好的销售成绩”，推出的45套高档公寓销售过半，均价超过18000元/平方米，成为当时天津售价最昂贵的公寓。

世邦魏理仕在其《2007年6月北京房地产市场报告》中称，由于限外令，“外资在北京物业投资活动相对去年同期明显放缓，部分早已进入中国的机构投资者加强了与本地开发商在项目开发及双方战略投资的合作，已与投资者达成战略合作的本土房地产开发企业积极在全国进行扩张，加强土地储备的数量，中资开发商与外资投资者对中国的房地产市场仍然持乐观态度”，“近期，海外发展商在大连、沈阳十分活跃。这些发展商往往会聘请专业的房地产顾问公司对所开发的综合性项目进行前期市场定位研究。预计未来一段时间，随着这些市场的日益成熟，类似的投资活动会更加频繁”。

调控政策的延续，本来应该让发起“不买房运动”的邹涛备感支持。然而，因“遭受了太多的压力，去年经常会失眠，体重也下降了很多”，他出人意料地在4月下旬做出暂别深圳的决定。此时距他发起“不买房运动”马上就一年。

结束曾带来数百万元身家的高尔夫球用品公司后，5000元变卖了办公室所有办公物件，包括电脑、电话、家具等15件物品，他收拾好全部行囊——数个编织袋和旅行箱，其中两袋书。等蓝鸟轿车变卖后，他就返回湖南邵阳市隆回县的老家，在自家早已荒芜的农地种田维生。

邹涛黯然的背影还在深圳人记忆中余温尚存时，深圳房价再大幅上涨。根据政府公开数据，深圳商品房5月成交均价为14223元/平方米，比4月份上升22.86%。对比2006年数据全市均价9384元/平方米，涨幅达51.57%。有媒体写出“邹涛走了，深圳房价疯了”的标题。

地产中介跟着繁荣。据中原地产（深圳）总经理李耀智介绍，公司在半年内新添了50家门店。

深圳房地产业律师张茂荣发现，房地产纠纷类型的变化已经成为市场行情变化的晴雨表——上半年出现业主毁约潮。

6月房价随气温上升。招商地产在南山区的高级住宅兰溪谷二期正在询价，买家报价已到3.2万元/平方米。招商地产的某高管在一个房地产论坛上说，兰溪谷近1100套房子以当下市值计算，已可买下整个伊利集团。他感慨道："不是伊利的价值低估了，就是楼盘的价值被高估了。"月底，华侨城欢乐谷附近的"纯水岸"卖出了一套价值7300多万元的别墅，每平方米价格高达14万元，超过了上海汤臣一品。地产中介说："那栋别墅光佣金就挣了100万。"随后，那片别墅基本卖完。"现在楼盘的利润率已经高到让我们不好意思的程度了。"一位开发商私下坦承。

在众人沉迷于财富游戏时，也有房地产商已经有所警醒。一位地产商私下坦言："下跌是一定的，也许就在明年，也许不那么快。"他已经在为将要到来的寒冷期准备"衣被"。有的大地产公司已决定，在2008年年底前出清存货，不论什么价格。

仅上半年，深圳房价就上涨了50%。平均房价从2005年的7000元/平方米跃升到15487元/平方米，比5月份上涨1264元，再次成为全国之冠。

随着财富门槛越提越高，"此刻不买房，你就永远买不起房"的心理暗示在非富裕阶层无限蔓延。他们的心情就像一条被不断拧水的毛巾，一次比一次皱巴。

据世华地产在3月的调查，以前购房者多数来深圳3—8年，眼下3年，甚至刚毕业来了就要买。后买房时代的人基本无法依靠自己的收入支付房款，多靠两个家庭、两代人共同承担一套房子的首期，甚至按揭。

一位有威斯康星大学经济学博士背景的地产商将人们投资楼市的冲动称为"理性选择"。当前人民币的存款利息已低于通货膨胀率，即经济学家们所说的"负利率"。将现金留在手里或存银行，其实际购买能力将下降，并不理性；用于购买股票或房产，或许还可以预期未来升值。

众声喧哗时，一场关于深圳房价的"赌博"覆盖了"不买房运动"。

7月11日，在深圳会展中心举行的全球通VIP俱乐部名家讲堂上，著名经济学家、北京大学中国经济研究中心兼职教授徐滇庆做“中国股市和深圳房地产市场向何处去”的演讲。谈及深圳房地产市场时，徐滇庆说购房者、拥有住房的人、房地产商、地方政府和新闻媒体是推动房价上升的力量，“这些力量都很强大，所以没有不涨的理由”，“产业转移，经济萧条，利率和汇率上升，土地政策放松，政府干预和金融危机，是房价下跌的几个主要原因”。从目前看来，他认为房价下跌的因素都不具备，而最可能导致房价大幅度下跌的是金融危机，现在更是没有数据可以显示会到来。

“不能只看最近一两年房子涨价，30年收入涨了多少？很多人涨了100倍、200倍。”他从房价、收入比来论。

对深圳2万元/平方米的房价，他认为一点都不高，不是一个可怕的数字，要看幸福指数。他还指出：“炒房无罪，炒房也就是一种普通的商业行为和投资行为。关键在于目前我国的税法没有跟上，富人拥有住房的成本非常低。”至于造成目前房地产市场秩序混乱的根本原因，是“有些政府部门该管的没管好，又去管了不该管的”。应该建立起有效的市场区隔，市场的归市场，政府做好提供住房保障的事情，目前国家批给经济适用房的土地，只有1/3建成经济适用房推向市场，2/3被各级政府以团购的名义分下去了，“严重不合法”。

当相关言论被《南方都市报》和《中华工商时报》报道后，“深圳房价不高”令被称为“民间银行之父”的徐滇庆在网上招来数不清的“板砖”——“深圳市政府正要整治房价，徐滇庆跑来放了一把火，是何居心”，“企图为既得利益集团辩护而不惜赤裸裸地伤害广大民众，可谓其心当诛”，“相信于徐滇庆之后再也不会有比他更荒唐的经济学家”等。

骂战之下，徐滇庆也较起真来，7月30日，在《中国房地产报》上“公开设赌”：“深圳房价肯定要涨，这是经济发展的必然规律，犹如大江东去，绝对不是谁呼唤来的。倘若要跌，就凭我一介书生怎么能‘挺’得住？我们不妨再豪放一点：如果明年（2008年7月11日）深圳的房价比现在低一分钱，我一定在《南方都市报》上用整版篇幅向深圳的市民道歉。如果比现在还高，那怎么说？”

次日，深圳地产研究人士牛刀发博文，要与徐滇庆对赌。牛刀以深圳市国土资源和房地产管理局公布的2007年7月11日的新盘均价——每平方米15745元为参照，双方赌注一样，如果牛刀输了，也在媒体上用整版篇幅向深圳市民道歉。

看好牛刀的人不多，然而他的赢面在10月悄然增加。

位于深圳关外布吉的“左庭右院”，推倒了深圳房价的第一块多米诺骨牌。国庆前一周，变相降价——“购房送全套家私电器以及全屋装修”。国庆期间，“买3房送10万，买2房送8万”。两周前，“左庭右院”的业主们还为抢购到房而喜出望外，突然间身家就大幅缩水。

购房者说失踪就失踪了。深圳国庆黄金周正值2007秋季房地产交易会，超过200家开发商入场卖楼，然而7天时间里房屋成交仅为82套，最低一天的成交量5套。而之前购销两旺时，一天就要卖1000套。

与伊利价值等身的“半山兰溪谷”在10月1日当天售出少量单位，销售陷入冰冻期。深圳中海地产2006年以31亿元销售额位居深圳销售量第一，现在其三个楼盘的第二期销售也都不行，40亿元的销售任务不知如何完成。

“深圳楼市为什么萎缩得这么厉害？”深圳房地产研究中心主任王锋一次次接到市政府官员们的问询电话。

实际逆转在央行和银监会9月27日发布《关于加强商业性房地产信贷管理的通知》时就已形成。这一回，“二套房贷”准准地点在炒房者的死穴上。央行持续加息和调高准备金率，意味着套在房地产市场脖子上的绳索越收越紧。在第八次上调之后，央行准备金率已经达到了历史最高的13%，流动性资金瞬时被吸走，使得上海、深圳、杭州等城市的部分银行连第一套房都没钱可贷。

继深圳之后，从上海到广州再到成都，多个城市楼市成交量陆续萎缩。

10月开始，广州“开发商撑不住了”，1/3的楼盘开始降价。房地产商纷纷采取两种方式调整房价：一是将开盘前预期价格调低，比如金沙洲某楼盘十一开盘，从预期的11000元/平方米一下就调低到7500元/平方米，降幅在30%以上。二是“暗降”，比如送车库、送物管费和额外折扣促销。

增城某楼盘8月份卖了20套，9月份卖了30套，而10月份才卖2套。“最近朋友向我咨询买房的事，我都建议他们等等看。”其销售负责人说。

根据广州市国土房管局“阳光家缘”网站的实时签约数据，10月广州十区一手住宅成交量约55万平方米，比9月份下滑了18%，与2006年10月70万平方米的成立量比，跌幅超过两成。

被钉在“中国第一高价”上的汤臣集团这回倒跑得很快。其在浦东张江的纯别墅项目“汤臣湖庭花园”10月12日开盘即“甩卖价”——3.33万元/平方米。100套独栋别墅，25天售罄，套现10亿元。此前汤臣集团受最大项目“汤臣一品”拖累，公司主业房地产业收入下降明显。上半年报显示，截至2007年6月底，其房地产销售收入只有2118万港元。

深圳房地产中介公司中天置业评估有限公司总裁蒋飞则选了一条“保胜利果实”的捷径。11月上旬，他携巨款逃跑，中天置业全国150多家分公司全部倒闭，成为中国第一家倒闭的地产中介公司。公司2007年8、9、10月份就开始入不敷出，深圳公司每天只有不到10套房源成交。9月，中天置业资金链已经出现问题，一直拖欠分公司店面的租金，这种情况之前从未出现过。当时就有公司的员工在网上发帖，称有消息传中天置业会倒闭。三个月内，中天置业相继关闭了一些分店，未发员工工资。有员工称发现公司高层把员工工资挪作他用，甚至在转移财产。

据深圳市公安局经济犯罪侦查局出具的数据显示，截至11月13日，共有23名受害者报案，涉及款项2600余万元。其中仅14日下午报案的8名被骗客户的金额就高达588.1万元，其中最多的有260万元，少的也有3万元。而实际的情况可能更严重，业内人士估计，加上一些无法立案的受害者，全部受害者损失金额在5000万至2亿元，甚至更多。都是客户买房的首付款、定金和意向金。

11月14日，中天置业执行董事拿着财务汇总报告向深圳市房地产协会汇报，称蒋飞失踪后，公司留下1.7亿元的财务亏空。

33岁的蒋飞曾经书写房地产公司业务员的传奇。2003年3月，他注册成立了中天置业，从4家分店起家，发展为以深圳、上海和成都为区域中心，门店遍布全国。截至2006年上半年，员工即已超过2000人。

某房地产业内人士称深圳的楼市寒流来自银行，以往的调控不显效在于未得到金融系统支持。此番7月开始，各商业银行就减少了房贷数量。据中国人民银行深圳中心支行的数据，8月各银行的房贷总额是145亿元，9月是99亿元，10月则为49亿元。

中央政府并不为深圳房地产市场做出的下弯姿势而吹终场哨。12月3至5日，旨在为次年中国经济发展确定基调的中央经济工作会议召开。胡锦涛、吴邦国、温家宝、贾庆林、李长春、习近平、李克强、贺国强、周永康出席会议。会议提出了次年经济工作的主要任务：要把防止经济增长由偏快转为过热、防止价格由结构性上涨演变为明显通货膨胀作为当前宏观调控的首要任务，按照控总量、稳物价、调结构、促平衡的基调做好宏观调控工作。2008年要实施稳健的财政政策和从紧的货币政策。这是中国自1998年以来实行了10年稳健货币政策后的首次调整。

央行12月5日召开会议强调，次年将综合运用多种货币政策工具，采取有力措施，加强流动性管理。

“拐点论”首次从房地产商嘴里冒出。12月13日，在万科资助的“海螺行动II——中英解决城市低收入人群住房问题比较研究大会”上，有记者问王石：“10月以来，以广州为代表的一些楼市普遍遇冷，广州新建商品房的销售量下降严重，你是否认同楼市出现拐点的说法？”王石回答：“你问的问题和我们大会的主题没有什么关系，但是出于礼貌，我依然会回答你这个问题——是的。”

王石对调控的领悟并非说说而已。6天后，万科在广州康王路的万科金色康苑以低于预期6000元/平方米的价格开盘，不到2小时，C栋156套单位即售罄，销售金额逾2.1亿元。

接着，王石又抛出“延迟买房论”，让房地产商们在圣诞节平安夜无法平安。这天晚上，央视《经济半小时》播出对他的采访。他说：“很多人都问我说现在该不该买房子？我说你三四年之后再买吧，从性能价格比上来讲，因为我认为，性能价格比上来讲，中国和发达工业国家相比，我们这个房子是相当相当不值的，因为你要买房子，长期自己拥有，我建议来讲，因为我相信在三四年之后，因为这几年中国住宅质量一直在改善。”针对这一年“地王”频出的现象，他说：“现在造成社会上的形象就是：这些地产上市公司寡头垄断、圈钱、高价拿地，反过来再维持高价，所以我借着在中央电视台《经济半小时》这样的栏目上声明：2008年之后，万科绝不拿地王。”

建设部副部长姜伟新12月29日在全国建设工作会议上的总结说：既要防止房价过高过快上涨，也要防止过快过猛下降。但当前的重点还是要防止和抑制房价过快过高上涨。

国家统计局的数据显示，2007年全年70个大中城市房屋销售价格比上年上涨7.6%，涨幅比上年提高2.1个百分点。而珠江三角洲及北京、上海等个别城市房价的涨幅甚至高达40%以上，多个城市的商品房均价攀升至万元以上。全国共有7家房地产企业的销售收入突破百亿元，是历年来突破百亿元最多的一年。

2007年全国城市房价排名如下：深圳13372元/平方米，北京11454元/平方米，广州8793元/平方米，杭州8302元/平方米，上海8253元/平方米。

2008年：经济学家输了

升温的调控终于显效。万科带头降价；潘石屹声称“未来100天是很多房地产公司发生剧变的100天”；全国地产中介“很受伤”；赌输了的徐滇庆在报纸上刊登致歉信；杭州的业主闹退房。

9月以前，中央政府继续调控。

对土地的重视，前所未有。

这是由北京师范大学金融中心钟伟、魏伟、王雪公布的《中国房地产土地囤积及资金沉淀评估报告》引致。在2007年年底中央经济工作会议召开期间——12月4日——这份报告公布。据他们测算，截至2007年12月报告公布，房地产开发商囤地约10亿平方米，足以支撑房地产企业静态开发4年或者动态开发3年。这个数据令公众一片哗然。

各地国土资源部门的选择性执法，逼迫国土资源部唯有出情感牌。据国土资源部内部人士透露，部长徐绍史随后致信各地，“恳请”各地党委、政府进一步加强领导，督促本地区国土资源管理部门依法依规、从严处理违规违法用地行为。

中央却不再戒急用忍。2008年1月9日，国务院办公厅下发《关于严格执行有关农村集体建设用地法律和政策的通知》。指出：土地闲置满两年、依法应当无偿收回的，坚决无偿收回，重新安排使用；土地闲置满一年不满两年的，按出让或划拨土地价款的20%征收土地闲置费。

1月中旬，国家税务总局地方税务司副司长杨遂周在新闻发布会上称，2008年全国土地增值税要进行全面清算，国家税务总局正在研究对土地增值税的政策进行必要的修订和调整，使它便于征管。25日，国家税务总局下发了《土地增值税清算鉴证业务准则》（简称《准则》），进一步规范土地增值税清算鉴证业务。该准则于1月1日起施行。

“炒地”、“炒房”首次写进了政府工作报告。3月5日，第十一届全国人民代表大会第一次会议在北京人民大会堂开幕时，温家宝作政府工作报告。他在住房建设上专门指出：“加强市场监管，严格房地产企业市场准入和退出条件。依法查处闲置囤积土地、房源和炒地炒房行为。”

到了3月26日，在国务院第2次常务会议通过的《国务院2008年工作要点》，措辞升级——“依法查处闲置囤积土地、房源问题，严厉打击炒地炒房等违法违规行为”，由新组建的住房和城乡建设部牵头。半个月前，国务委员兼国务院秘书长华建敏在关于《国务院机构改革方案》的说明中指出，组建“住房和城乡建设部”，不再保留建设部。

连中纪委、监察部也介入土地的监管。5月底，中纪委、监察部、人力资源和社会保障部、国土资源部联合审议通过《违反土地管理规定行为处分办法》，自6月1日起施行。《处分办法》共24条，对应受处分的违反土地管理规定行为及其处分等作了明确规定，旨在落实最严格的耕地保护制度，坚守18亿亩耕地“红线”。

此前对土地管理的行政约束规定是监察部和国土资源部共同制定的《关于违反土地管理规定行为行政处分暂行办法》，早在2000年3月2日施行。但已经时过境迁，不适应出现的新问题。监察部、人力资源和社会保障部、国土资源部根据《中华人民共和国土地管理法》、《中华人民共和国行政监察法》、《中华人民共和国公务员法》、《行政机关公务员处分条例》及其他有关法律、行政法规，对《暂行办法》进行了修订。

毕竟惩治在后，预防应先行。7月21日，监察部、国土资源部、财政部、住房和城乡建设部、审计署五部门联合印发通知，要求各地继续组织开展国有土地使用权出让情况专项清理和检查工作，切实加强土地调控，预防和治理土地出让领域的腐败问题。

还在土地出让合同上列明防范开发商囤地的条款。6月1日，国土资源部、工商总局联合下发通知，向各地发布《国有建设用地使用权出让合同》示范文本，自7月1日起执行。规定：商品住宅项目原则上开发时间最长不得超过3年。如果开发商不能按照本合同约定日期开竣工建设的，须按一定比例支付违约金；开发商不能按期开工，应提前30日向国土部门提出延建申请，经国土部门同意延建的，其项目竣工时间相应顺延，但延建期限不得超过一年。

其他调控政策则围绕中央的精神——“综合运用税收、信贷、土地等手段，完善住房公积金制度，增加住房有效供给，抑制不合理需求，防止房价过快上涨”——在前后进行。

2月4日，中国人民银行和中国银监会联合颁布了《经济适用住房开发贷款管理办法》以引导银行支持政府主导的经济适用住房开发建设，并提出制定了一些优惠措施：放宽贷款申请条件，规定经适房贷款项目的资本金不得低于项目总投资的30%，低于一般商业性房地产项目不得低于35%的规定；利率优惠，“贷款利率按人民银行利率政策执行，可以适当下浮，但下浮比例不超过10%”；放宽贷款期限，原则上为3年，根据情况最高的贷款期限可放宽至5年。

3月20日，证监会发行部表示，支持优质房地产企业通过IPO或借壳上市等方式，通过资本市场实现做大做强，但对募集资金用于囤积土地、房源，或用于购买开发用地等的IPO，将不予核准。

4月16日，国家税务总局发布《关于房地产开发企业所得税预缴问题的通知》。规定：在省、自治区、直辖市和计划单列市人民政府所在地，非经济适用房开发项目不得低于20%，符合规定的经济适用房开发项目不得低于3%；在地级市、地区、盟、州，非经济适用房开发项目不得低于15%；位于其他地区的，不得低于10%。

在上半年，央行先后6次将银行存款准备金率从14.5%提高到了17.5%。通过提高银行存款准备金率收回流动性资金约6000多亿元（其中5月和6月份对四川地震灾区不予提高）。

王石不止是在嘴上说说“拐点论”、“延迟买房论”。广州的领跌掀开了万科全国降价的序幕。2008年1月24日，位于成都蜀都大道上的万科“魅力之城”四期报价4500—4600元/平方米，而上年底为6000元/平方米以上。成都另一个万科楼盘竟称“可返还5万元到10万元”。成都万科“金域·西岭”、“金域·蓝湾”以及万科“朗润园”等均有类似程度的促销活动。万科武汉的一些楼盘也有一定幅度的价格下降。

以2005、2006、2007年的经验，房地产商们和任志强一样以为“政府越调房价越涨”。“老大”意欲何为，内部阵营首次出现分化。

潘石屹起初坚决反对。他发博客称，对市场的分析要定性和定量相结合，如果只是在个别数据基础上进行分析，将会得到错误结论。在2月2日央视《新闻调查》中，他与王石进行观点大PK。王石说：“过去的2007年，市场拿地的这种预期的疯狂，这种价格的疯涨，这种消费者的这种焦虑的心态啊，我觉得没有比用‘心惊肉跳’更好的词来形容了。”他反讥：“就房价涨10%—20%，在中国的话好像觉得比较多，在香港的话，有的时候一两个月就是

50%，王石都是见过大世面的人，还用得着因为涨10%的价格，就什么心惊肉跳，我觉得用不着。”对于王石说“目前全国共有7万家房地产企业，随着市场的调整，行业的格局必将发生大的变化”，他当时未回应，过后不久却指出万科在越来越多的城市发起降价行动，是利用其影响力在市场上清理门户。在恒大首次上市失败前，他甚至称：“北京楼市的春天和春天一起来了，北京房地产市场的观望现在就结束了。”

然而3月22日，潘石屹的态度来了个180度的大转变，抛出了“百日剧变”论——“3月20日发生的恒大IPO叫停，是2008年中国房地产界最具标志性的事件，未来100天是很多房地产公司发生剧变的100天”，认为房地产市场即将发生巨变，大量企业将进行整合。比对了多家同业公司的财务情况，他指出2007年，全国新商品房的销售额为2.9万亿人民币，从国土资源部公布的数据来看，1—11月份交纳的土地出让金就有9130亿元人民币，全年的数据应该超过1万亿元。一般出让金占地价款的1/3，其他的2/3是农民的补偿费和拆迁费。如此推算，2007年开发商买地所花的资金超过了3万亿元。也就是说2007年开发商买地的钱超过了全年的销售收入。每家的情况可能各有不同。有资金链条紧的，也有资金链条比较宽裕的。总的情况不容乐观。

其实，此时王石的“拐点论”还仅是指“房价拐点”，而非“房地产市场拐点”。到4月26日，中城联盟2008年年会，他的观点便转为后者。王石的传人、万科总裁郁亮在会上指出，应该停止对政策后市的幻想和预测，“应对第一，预测第二”。郁亮甚至认为未来银行可能会主动要求开发商降价，并重申此前的“拐点”并非“价格拐点”，而是市场从亢奋转向理性。

在此之前，万科降价风已经刮到北京、上海。北京万科“四季花城”在春节前推出20套特价房，户型面积为95平方米和120平方米，一次性付款，最低优惠至7400元/平方米，之前的均价为8300元/平方米。北京万科“紫台2—2号楼”均价直降500元/平方米，精装均价从16500元/平方米降到16000元/平方米。上海万科在元宵节对旗下部分楼盘集中优惠销售，优惠幅度达到5%。

另一地产巨头绿地集团效仿万科。元宵节前，绿地“21城孝贤坊”，每天都有一批一房和二房房型的优惠房，面积55至86平方米，售价从28万元到55万元不等，有的最高6万元的优惠，折扣超过九折，要求一次付清。其优惠幅度是近年来最大的一次，“以前全部付清也就优惠2万元—2.5万元吧”。

房地产商尚在辩论“春天”、“冬天”之时，号称中国最大的地产中介创辉租售集团有限公司已在割肉求存。1月初，创辉关闭在广州全部门店，近300家；关闭上海的将近200家门店，上海总部亦关门；在武汉的门店也在萎缩。在创辉官方网站，留存着寒流之前的畅想——未来五年全国范围开3000家店，着手上市准备。

深圳房地产市场继续探底。深圳市国土房产局网站成交数据显示，4月12日—18日一周内，全市新房成交均价为每平方米12961元，4月29日，全市新房成交246套均价每平方米11753元。4月30日的每平方米9323元，创下了2007年10月以来的新低，并且全市新房成交283套，市区内福田7套、罗湖3套、南山3套，市区外盐田成交2套、龙岗成交182套、宝安86套。

“再低，就不可能了”，一家深圳的地产商五一前在清坪高速收费站竖起巨幅告牌，宣称其五一开盘一期全新五号楼宽景单位约5056元/平方米起（注：在深圳关外）。醒目的广告词旁映衬着一名穿着红色低胸裙子的女子。

接着，深圳“春季房地产交易会”照例在五一期间举办。展销楼盘多，房价比平常均优惠2000元—5000元/平方米。在关外布吉的“慢城”刚开盘，拿出一套取名“婚房”的特惠单位，抽中该套房者可获得5折优惠。大多数开发商虽未明确降价，都纷纷推出特价房优惠30万元。房地产商云集，成了开办8年以来人气最火暴的一次，“大家都憋不住了，都来互相摸底来了”。

然而，任何撩拨作用都不大。在五一假期三天，深圳楼市成交量分别为208套、151套、185套，远不如4月最后一周日均成交量，更达不到交易旺期日均250至300套的成交量。

二手房也照样不景气。炒房者万先生上年在南山区“半岛城邦”购买了一套150多平方米的房，每平方米3万多元，现不到2.5万元，亏了近100万元。由于房屋不能出手，万先生的经济压力大增，准备尽快脱手。

北京的房地产商出货决心更大。五一期间，“月亮河城堡”公寓二期新推面积177平方米至223平方米两至三居大户型，全套精装修，赠送30万元大礼包，首层还赠送南北私家庭院；“美利山”全景阔宅，赠送宝马3系320i香车；“金隅·万科城”一次性付款93折；天鹅堡买房直减20万元现金。

这些与珠江“奥古斯塔城邦”相比，就成了“小儿科”。珠江“奥古斯塔城邦”购买联排别墅即可获价值63万元公寓一套，或直抵63万元房款。这是针对其新推的111栋、107栋联排别墅，平均户型280平方米左右，每套400万元至500万元，赠送的房子是该项目在售的公寓产品，户型面积在80平方米左右。

这创造了房地产营销手段的一项纪录——第一个“买房送房”。

在别的地方处于风声鹤唳之时，温州人只当调控是背景音乐。有多少房子就能卖掉多少，商品房毫无积压。温州三盛房地产开发有限公司销售部负责人求国新称，其公司开发的新楼盘“嘉一广场”4月开盘，均价29000元/平方米，100多套房子没多久就被一抢而空。由于供不应求，开发商普遍将首付款提高到50%—60%，有的甚至提高到80%—90%，购房者照买不误。

温州市区以及下辖的各县（市）的房价好似最后拉升的股票般上涨。1至5月，市区均价达16000—17000元/平方米，个别地段房价甚至突破40000元/平方米。瑞安安阳新区的房价1至8月，每平方米房价涨幅高达2000—3000元。二手房房价跟涨，王先生2003年在安阳新区买的一套带阁楼的三居室，当时4000多元/平方米，现在20000多元/平方米。“在瑞安，没有比买卖房子更赚钱了。”王先生说。

在一些撑不住的外省市地产商眼里，温州同行俨然是营销至尊。他们赶到温州寻求合作，或低价转让项目。温州一些有资金实力的企业也以为自己有神奇的力量，谋划成立“私募基金”，计划收购外地烂尾楼，进行包装、整改，再择机高价卖出。

全国的地产中介集体在上半年“冻伤”。据不完全统计，北京仅中大恒基就关闭了300多家门店，加上顺驰等其他中介公司，北京约有600至700家中介公司门店关闭。

上海12000家地产中介门店“蒸发”了将近一半，10万名地产经纪也锐减至4.5万人水平。据统计，该年前六个月，上海二手房市场总计成交仅7万多套，以12000家门店数计算，平均每家门店月成交不足1套，单月“零成交”的情况大量涌现。一些中介迅速收缩，“满堂红”在浦东的15家门店已全线撤离，合富置业则将在沪门店数由95家调整至75家。就连当地最大的地产中介中原地产，也已推出了“瘦身”计划，预计现有的3000名员工将裁员15%。

深圳人格外关注徐滇庆与牛刀的“赌局”。

7月之前，徐滇庆一直认为他会赢。3月24日，在深圳的一次沙龙上他表示，“我有200%的自信”。6月28日博鳌21世纪房地产论坛2008届年会上，他指出有几万亿元的资金在等候涌入中国，信心一旦恢复，要涌进房市，夏天房价会有暴涨期。房是指高档商品房，因为“海外流进来的资金，一般来说要保值，所以小户型可能没兴趣，但是豪宅、大户型的会相当性地暴涨”。

深圳市国土资源和房产管理局公布的数据显示，6月21日全市新建商品房交易113套，成交面积12055平方米，平均价格13165元/平方米。6月25日网友发帖要求他道歉。

对此，他说：“我不用道歉！我们讨论房价的事情，要看什么指数了，看交易价的历史趋势，不是看房地产商的要价，只能以国家统计局的数字为准。我们研究经济情况，你必须从30年前就告诉我，同时告诉我统计口径，我才能判断。你昨天刚刚成立的话，取样的标准是什么，去年特别是广州，突然就说房价跌了6%，好奇怪，原来是口径变了。北京房价原来说的是市区，四环以内，现在是六环都包进来了，根本不是一个地区的市，而且你也没有资格说。我们说长期趋势，只能以负责任的统计机构。”

而牛刀早在6月1日即断定徐滇庆必输。他发表博文《我没有理由不让徐滇庆道歉》，指出：“从目前房价走势看，深圳还将进一步下跌，6月1日，深圳新房总成交只有74套，均价10395元。今年4月，新房均价只有11962元，不仅相对前期高点的18900元，跌去了40%以上，而且同比也开始下降。不出大的意外，徐滇庆胜出的可能性不大。”

对牛刀的博文，徐滇庆则称牛刀应该道歉：“深圳房价每一个月都在涨，所以我就劝牛刀，到7月份我就不提了，我饶了你。”

很快，徐滇庆的态度在网上招来汹涌骂声，有网友直接称他“徐赖赖”。

7月1日，徐滇庆给南方都市报发来了道歉信，信中没有明确承认深圳房价下跌。“我必须承认，作为一个学者当时以打赌的方式来讨论深圳的房价，是不太妥当的。无论（深圳房价）涨还是跌，我都向深圳市民道歉。” 接受采访时，徐滇庆称此举目的是希望百姓能理解他的本意，而不是涨还是跌那么简单看待。

在这封名为《我向深圳人民道歉》的信里，徐滇庆这么写道：

在2007年7月我说过，如果一年以后深圳房价不涨的话，我向深圳人民道歉。一年就要过去了，无论深圳的房价涨不涨都理应由我来道歉。

我说这句话错就错在简单地预测房价，很容易被人搞成娱乐性的新闻，助长浮躁的学风，有可能转移视线，忽略了房地产市场急需解决的根本问题。

房价如同所有的价格一样，潮起潮落，有涨有跌。中国经济高速增长，基本面很好，对住房的真实需求非常旺盛，投机需求随时可能卷土重来，在相当长时间内尚且不能改变供不应求的状况。因此，房价上升是一个长期的趋势，尽管在资本市场全面低迷的情况下部分地区房价下跌，但并不能改变这个趋势。

当前推动房价上升的力量不仅来自于供求关系，更重要的是不仅国内流动性过剩，海外资金还大量涌入境内，带来很大的通货膨胀压力。由于海外资本市场动荡不安，大量资金寻求避难所，不断流入中国。目前，这些资金受到资本市场信心低迷的影响或者存入银行，或者持币观望。银行中居民储蓄存款从2007年10月的16.3万亿元急剧上升，到2008年5月已经突破了19万亿元。当前银行基准利率4.14%，而2008年5月的CPI为7.8%。在负利率的驱使下，一旦市场信心恢复，这些资金迟早要寻找保值、升值的渠道。如果这些资金流入商品市场，有可能推高物价；如果流入证券市场，可能导致股市大起大落；如果流入房地产市场，有可能导致房价暴涨。

2007年全国商品房销售总额27000亿元，平均每个月2500亿元左右。除去廉租房、经济适用房和小户型房之后，在北京、上海、广州、深圳等大都市中每个月可以提供的商品房总量不过几百亿元。可是，2008年第一季度属于不可解释的流入资金超过6000亿元人民币，4月份一个月就高达3500亿元。海外流入资金如果进入房地产市场必然盯住大都市的高档商品房。

已经流入国内的资金就像前段时间地震灾区的堰塞湖一样，高悬在我们头上。我们不知道堰塞湖什么时候决堤，也不知道还要不要下雨，下多大的雨，但是，我们确切地知道堰塞湖中有多少水，一旦决堤会造成什么样的危害。在四川救灾过程中，政府果断地将绵阳60万居民转移到高处。多亏军队奋不顾身抢在暴雨之前疏通了堰塞湖，避免了人员伤亡。

资本市场的信心变化具有很高的不确定性。从理论和实践上我们知道资本市场的信心变化非常迅速，说变就变。目前我们不可能预测什么时候资本市场的信心能够恢复，也不知道还有多少海外资金要流入中国，但是，我们确切地知道已经有数万亿资金在资本市场上蓄势待发。可以提供的房源和外来资金总额不在一个数量级上，这是我们必须认真应对的挑战。我们必须未雨绸缪，防范在房地产市场上出现恶性炒作最终导致泡沫经济。房价暴涨充其量不过是肌肤之疮，而银行危机才是心头大患。如果放松警惕，就可能遭遇金融危机。

其实，即使深圳的房价下跌，依然远远超出了一般老百姓的购房能力。由于贫富差距过大，大部分工薪阶层早就买不起房了。当前在商品房市场上的只是一部分高收入群体。讨论住房问题理应把注意力集中在保障性住房上，这才是当前房地产市场上急需解决的核心问题。

我们应当关注各级政府是否将土地出让金的10%用于廉租房建设？

各级政府从财政预算中拿出多大的比例来帮助廉租房建设和经济适用房？

是否严格执行用70%以上的面积盖90平方米以下的小户型住宅？

是否能够做到让老百姓“买不起大的，买小的；买不起贵的，买便宜的；买不起新的，买旧的；买不起，租得起；租不起，白给你”？

是否能够通过制度创新完善房地产税收政策，制止囤房投机？

当前特别要关注，为什么国务院和银监会三令五申要求房地产企业的自有资金不得低于项目投资的35%，可是迄今为止还有那么多的房地产企业不能达标？有些房地产企业空手套白狼，资本回报率非常高，却将风险转嫁给了银行和广大储户。这严重违背了广大民众的根本利益，也是金融纪律不能容许的。

与其空谈什么限制高房价还不如踏踏实实地为民众做点事情。千万不要替利益集团代言，干扰中央治理通货膨胀的金融政策。

一年前，我说深圳的房价要涨，错在把时间段说得太绝对。但是总的趋势判断并没有错，所依托的理论也没有错。2007年上半年深圳房价暴涨是因为过度投机，把房价炒了上去，目前出现一些调整也在意料之中。但是，绝对不等于今后不会再度出现炒作。在流动性严重过剩的情况下，金融危机正在我们四周徘徊，朋友们，要警惕啊！

事隔不到一年，万科再次被砸。不同之处是此次事发杭州，已购房者不满，要求退房。

早在2月下旬，万科在北京、上海降价时，杭州即有媒体发出“万科的降价风何时席卷杭州”的疑问。6个多月后，9月2日下午，万科的“降价风”终于刮到杭州。万科推出“万客会十周年之青年置业计划”，在“白鹭郡东”、“白鹭郡南”、“魅力之城”、“逸品阁”四个楼盘中，精选226套小面积低总价的房源，最低7.5折优惠青年置业和首次置业家庭。

之前购买这四个楼盘的部分业主不干了，他们的房产大幅缩水。以“魅力之城”为例，2007年开盘时，毛坯房单价超过1万元，而2008年二期开盘房还是精装修。

张璐买的“白鹭郡南”23栋在整栋打折的房源之中。这套89平方米，她7月底才买下。这栋楼7月20日开盘时，9663元/平方米，比上一期每平方米贵300元，一楼带有等面积的地下室。售楼小姐对她称“可以打9.8折，就算王石老婆来买，也是这个价格。以后也不会有比这更低的价格了”。楼盘位于杭州郊区的余杭区良渚镇，比之市区每平方米数万元的房价，算便宜。在和售楼小姐讨价还价后，总价又便宜了3万元，她以83万元成交。

“本来就是自己的婚房，并不是投资。明年3月10日才交房的房子，现在连样子都没看到，居然两月不到一下子就损失了十多万元，等于几年的积蓄都打了水漂。”想起当时还为自己的讲价功夫自豪，她不由苦笑。

事实上，张璐的浮亏并没有她说的那么多。售楼小姐向后面的购房者介绍“白鹭郡南”的价格是65平方米左右的房子，总价在45万元左右；88—90平方米的房子，总价在57万—60万元之间；110—130平方米的三房，价格在61万—83万元之间。大概打了7.5折。

同样位于杭州郊区的“魅力之城”，此次促销的二期装修房价格为8500—9500元/平方米，面积85—89平方米。据《上海证券报》记者了解，此前的销售价格是11000-12000元/平方米，大约打了7.3折。倒是让业主很受伤。

打折后第三天，9月5日，80多名购房者来到万科杭州总部所在的浙江省世界贸易中心抗议。次日是个周六，近200名购房者再次到世贸中心，选出6名代表与杭州万科公司总经理傅明磊谈判。业主要求退房或全额补偿，傅明磊称补偿是绝对不可能的，万科会在小区的基本设施上或小区环境上进行改进。谈判陷入僵局，不到半个钟头，傅明磊离开。部分退房团成员情绪激动，打砸万科杭州公司，打破一些玻璃等物品，多台电脑移位。

据当地媒体报道，万科杭州公司“青年置业计划”推出当天，共推出优惠房源216套，当天实现销售认购133套，认购金额1.08亿元，套数认购率达61.5%。9月4日，杭州公司拿出魅力之城和白鹭郡南共220套低总价房源加入青年置业计划，当天共实现认购112套，认购金额约1.05亿元，其中当日新推套数认购率45%。

“奥运”概念没能支撑住北京房价。数据显示，北京平均房价，7月为13600元/平方米，8月为12450/平方米，9月为8548元/平方米。奥运后的第一个月，北京房价就不见了40%。

“十一”黄金周期间，北京一手房市场销情不佳。商品房和经济适用房的成交量较2007年同期下降近4成，而在销出的1988套住宅中，限价房占781套，另有622套是经济适用房，商品房实际销售仅为585套，日均销售不足84套；二手房成交仅47套，比2007年同期急跌六成多。

三季度北京过半数豪宅楼盘销量在个位数，银泰中心、慧安华庭、天安天地大厦、新天嘉园4个楼盘只卖出1套。

10月11日，中港兴业房产茂华国际村店长张剑对《中国经济时报》记者称，北京恐慌性抛售占到全部房源的15%左右。在麦田房产茂华国际村店，橱窗上贴满了大幅降价的房源海报，总共有24套房源，降价额度从10多万元到70万元不等，很多降价幅度都在40万元—50万元之间，降幅最大的一套房子降价额度达到71万元。这也是毗邻CBD的北京中心城区首次出现成规模的抛售行为。麦田房产茂华国际村店经纪人员说：“事实上降价的远不止这些，还有很多降价房源没法挂出来。”

上海也好不到哪儿去。佑威房地产研究中心数据显示，上海9月一手商品房（剔除动迁配套房）成交64.42万平方米，环比下滑22.5%，同比减少了74.6%；其中，一手商品住宅成交量为43.69万平方米，环比下滑32.8%。而与此同时，供应量却是有增无减。9月份，上海一手商品房的供应量为176.18万平方米，环比大幅增加了75.1%，比2007年同期减少28.3%；其中，一手商品住宅的新增供应量为120.66万平方米，环比大幅上升63.4%，同比减少31.9%。

在上海的十一黄金周“假日楼市”，据主办方不完全统计，参展人数达到13万人次，4天展览期间预订住宅821套（包含异地楼盘），无法和2007年的火热相比，与非常低迷的2006年相比，预订量也下降了37%左右。

金融危机下，外资也没了炒房冲动。相关机构统计显示，三季度，曾是外资投资意愿最强烈的上海房地产市场，仅有三宗外资购买交易。早期进入中国的海外投资者也在寻求转手，最近一段时间以来，摩根士丹利、花旗银行、雷曼兄弟、美林等多家外资投资基金开始通过中介寻找买家，准备出售此前在中国购买的物业资产。

在中央政府用尽所有的调控手段后，在资金链紧绷的压力下，降价、通过销售回款自救，在2008年年底成为房地产全行业的共识。

2009年：房价万元时代

房地产商意外得救，“从冬天直接到了夏天”。深圳房价每平方米超过2万元，北京、上海、广州和杭州亦进入万元梯队。海南长期伏地的房价，突然跃身。一名三亚清水湾的售楼小姐卖了13亿元，一跃成为“最牛销售小姐”，提成200万元。房地产公司竞相上市，超级富豪接连诞生。

这一年对房地产的政策前松后紧。

紧缩数年的房地产相关信贷政策首先“松绑”。

1月3日，四大国有银行宣布，凡2008年10月27日前执行基准利率0.85倍优惠、无不良信用记录的优质客户，原则上都可以申请七折优惠利率。2月以后，各大银行住房贷款七折优惠的细则相继出台。

在4万亿的刺激经济计划推动下，各银行积极放贷。上半年贷款投放规模创出空前的“天量”，人民币各项贷款上半年累计增加7.37万亿元，同比多增4.92万亿元。新增贷款规模不仅创下有史以来同期最高水平，还超过了以前各年度全年贷款投放规模。除四五月份外，上半年其余各月贷款投放规模均超过万亿元。紧勒在房地产商脖子上的“无影绳”骤然而松，他们不再满世界找“衣服”——资金，避免“冻死”。

宽松的货币政策甚至影响了温州民间拆借的利率。从3月份开始，温州民间拆借的利率开始大幅回落，在一个月内，由高位时的六七分息，降到3分息。

不久，房地产商们更领到一个“大红包”。5月27日，国务院发布《关于调整固定资产投资项目资本金比例的通知》。明确规定，保障性住房和普通商品住房项目的最低资本金比例为20%，其他房地产开发项目的最低资本金比例为30%。这是自2004年以来执行35%自有资本金贷款比例后的首次下调，已恢复到1996年开始实行资本金制度时的水平。

市场的“不差钱”，加之1月1日起实施的二套房营业税优惠政策，使房地产市场交易开始活跃。

3月，广州新房成交63万平方米，比一二月增加了20多万平方米。而在2008年，广州每月新住宅的平均成交量仅46万平方米。4月的数据为83.24万平方米，同比上升108.2%，环比上升30.9%。这个数字已经恢复到了楼市成交最活跃的2006年的水平，是自2007年6月后月交易量首次上80万平方米，为22个月以来的最大月交易量，最接近这个数字的是2007年7月的75万平方米成交量。

价格亦随成交量的上升而上涨。广州三四月份成交均价平均每月上涨200元左右。

此后，豪宅和高档公寓在此轮上涨中最为抢眼。

3月，上海世茂集团的一个豪宅楼盘开盘。现场来的第一个客人，开了一辆加长卡迪拉克。他看中的某套房，价值数千万元。当他准备刷卡、一次性付款时，售楼人员说可以打折。但他却挥挥手，说：“不用啦。” 这等财势豪气，令不少世茂集团的员工惊为传奇，事情过去半年后，仍记忆犹新。

悄然启动的豪宅市场，让所有地产商猝不及防。

第一季度，广州千万元以上豪宅的销售额为零。起初，花都玖龙湖别墅的销售人员一筹莫展。这个距广州有40分钟车程的别墅，第一批85套，平均价格每平方米2万元，包括一套最贵的3万元/平方米的楼王，总价从800万到2000多万元，其中一半的房子总价上千万元。

4月中旬，开发商和代理销售公司搞了一个晚宴，邀请潜在客户进行销售前的集中推介。原计划接待300人，现场却多了一半不速之客。超过450名的富人对别墅有兴趣。因此，开发商弃绝一个月后开盘的计划，决定一周后即开盘销售。

派驻楼盘的合富辉煌销售总监潘耀曦说：“经过4月底周末两天的销售，全部85套别墅都卖出去了，回笼资金10亿元。”据说有些客户还一次性买了四五套，属于家族式购买，一掷半个亿。

半个亿还不够豪气，北京《楼市》出品人蔡鸿岩对作者说，在海南三亚陵水县的土福湾，有一个人一次买了2个亿的房产。

转眼，房市变了菜市。

“无论是质量好还是价格好，反正总有个理由让这些房子卖出去。”富力地产执行董事吕劲接受采访时说。6月1日公布，截至5月31日，富力协议销售额约106.1亿元，占全年目标220亿元的48%。

地产商的境遇变化，恰如金地集团高级副总裁赵汉忠的比喻——“从冬天直接到了夏天”。

2008年年底富力地产董事会上众人正准备将2009年当作“最困难的一年”，公司将旗下项目评估整理后，将有限资金投入重点项目，其余部分项目进度放缓，而部分项目则停工。富力因高负债和现金流短缺，一度和上市搁浅的恒大深陷入资金链断裂的信任危机。

8月8日，上海星河湾开盘，每平方米4万元，320多套房一天就卖出了264套，当天卖了40亿元，创造国内房产销售纪录。“提着50万元当首付现金的人，连排队看样板房的资格都没有。”陈华中对作者说。当天，他载外地朋友去看楼。

欲购房者正不知所措之际，国金证券首席经济学家金岩石的一番预测更让他们心神慌乱。8月底，金岩石公开称，以2009年1月1日为基准，北京、上海的房价将在未来5年涨一倍，其中高端项目的房价很可能突破每平方米30万元。

金岩石的话在央企凶悍抢夺土地的背景下（见“地王篇”），显得声声理直。按照房地产界将地价喻为“面粉”、房价喻为“面包”的说法，“面粉”已经屡屡比“面包”贵，将来铸出来的“面包”必然天价。或者说，这种天价“面粉”将来做出来的已然不是“面包”，而是“蛋糕”。蛋糕卖个天价，未尝不可。

“北京是全中国人的北京，上海是全世界人的上海。”房地产商及相关人士不遗余力地描述着。中国的钱袋子、世界的钱袋子，似乎都争相要倒在北京和上海。

根据世邦魏理仕的报告，2009年前三季度北京高档公寓的成交套数较2008年同期相比增加了一倍有余；三季度，北京高档公寓销售报价较上季度大幅上涨了7.7%，均价达到人民币32999元/平方米，比2008年同期增长6.5%。一些新入市项目售价均价在人民币40000到70000元/平方米之间，如钓鱼台七号院、悠唐公寓、正源·金融世家华苑等；高档别墅的平均报价自2009年以来保持逐季上涨的势头，三季度高档别墅的平均报价为人民币30929元/平方米，较上季度增长了3.7%，与2008年同期相比则上升了11%，新推出的高档别墅项目如颐和原著、清锦源、泰合红御等总价大多在人民币1000万元以上。

据北京市统计局、国家统计局北京调查总队统计，一至三季度，北京四环路以内普通商品住宅期房均价为19109元/平方米，四至五环路为17205元/平方米，五至六环路为9980元/平方米，六环路以外为7878元/平方米，分别比上半年上涨2226元/平方米、1457元/平方米、684元/平方米和275元/平方米。

而上海的房价已经可以比肩纽约。其高档公寓价格已涨至10万元/平方米左右。外滩和陆家嘴区域的一线江景公寓的售价普遍在10万元/平方米以上，以汤臣一品为首的高档公寓售价最高已达15万—16万元/平方米；市中心的新天地板块的高档公寓价格也高达8万元/平方米以上。普通商品房，上海内环以内每平方米4万元，中环至外环2万元，外环1万元。

根据房地产评估公司米勒—塞缪尔的数据，纽约最繁华的区域曼哈顿，同期的公寓的平均价格为近158万美元，折合每平方米8万多元人民币。纽约市长彭博所住的曼哈顿的上城，是高档公寓的集中区域，该区域每平方英尺1655美元，相当于12万多元人民币/平方米。

在纽约的另四个区——布鲁克林、皇后区、布朗士或者斯坦顿岛，房价则比曼哈顿便宜一半以上。这些区域都有方便的公交车系统和地铁，一般一个小时以内可以到达曼哈顿。

上海的房价确实已经国际化了，外滩和陆家嘴的房价超过了东京核心区的住宅价格，而上海的单位土地产出不到东京的5%。

深圳也不遑让，在三季度全国重点城市商品房平均售价排行中居第一，历史性地攀上2万元，20216元/平方米。其后分别是：上海第二，16939元/平方米；北京第三，15136元/平方米；广州第四，13692元/平方米；杭州第五，12989元/平方米。

此轮上涨，海南尤为抢眼。11月，海南将建国际旅游岛的消息传出，海南房价像搭上了火箭般飙升。

海口1月的均价还只是每平方米4061元，到了11月，海口主城区新建住宅销售均价接近6000元/平方米，个别现房销售价突破万元大关。

温州“太太炒房团” 团长罗夏兰5月带“飞机团”到海口时，位于“李嘉诚盖的别墅”后面的某海景楼盘，售4800元/平方米。在她们看来这个价格便宜得不可思议，温州郊区下吕蒲的安居工程，2000年就要卖6000元/平方米。“海口海鲜、水果便宜，气候好，适合养老。”罗夏兰说。100平方米的房，首付两成还不到10万元，包括她在内的10多人纷纷出手。不曾想，到七八月后，房价一路上涨。罗夏兰将“养老房”转出后，一些人也委托她帮转，但房价持续上涨，几乎一天一个价，她们又改了主意。这里的房价顶峰时达到1万多元/平方米，令罗夏兰直后悔转得太早。

换购房子的景象在17年后再现。海口金垦路某楼盘销售员说："我在海南卖房这么多年，也没有见过这种场面，买房的人站满了售楼大厅，争着签合同。来买房的很多都是在海口工作的。"

开发商见状，干脆"捂盘"待涨。位于海口市黄金地段的"八里银海"11月30日已经取得预售许可证，按规定应在10天内公开发售，然而到12月14日仍未开盘，让有意购房者签订《八里银海VIP钻石卡申请书》——缴50万元"诚意金"，当场选房；缴8万元，等开盘后按顺序选房。开发商内部人员透露，11月26日、27日两天，楼盘小区共计售出200多个购房号卡，其中缴50万元的号卡54个，缴8万元的150多个，总计收到近4000万元。

这并非个案，以至海口市住房和城乡建设局在12月14日向开发商下达通知，勒令限期开盘销售。

三亚则进入"白热"状态。每平方米50000元的一线海景房并非罕见。普通楼盘也超过1万元/平方米。

三亚凤凰岛上某楼盘还未开盘，内部认购排号已排到400多号。内部认购需交"诚意金"，以100平方米为临界点，小户型需交纳50万元，大户型需交纳100万元。而且，排号期限只有两个工作日，两个工作日内不交"诚意金"，排号自动作废。《海南特区报》记者采访时，销售员称仅一人未交。另一楼盘从10月1日开盘到12月初，1400套房子仅剩20多套大户型。"山屿湖"11月4日开盘均价为1.3万元/平方米；12月9日价格就涨到了1.8万元/平方米，1000套房已卖了近500套了。

随着畅销，销售人员变"势利"了。一般售楼小姐只接待有电话预约或看过房的意向客户，对咨询小户型的购房者或第一次咨询购房的客户，以"抽不开身"推脱接待。

陵水县的清水湾也备受追捧。清水湾是海南东海岸五大湾区之一，与三亚湾、亚龙湾、海棠湾同属大三亚旅游圈，被公认为"海南最美的海岸线"之一。

号称"比肩世界著名旅游度假胜地、打造一个365天度假新国度"的雅居乐清水湾，在10月1日吸引了一帮温州人。他们一口气"团购"了60多套别墅。其中一位从事纽扣生产的商人不满足只得一套，次日悄悄返回售楼部。打听到还余38套洋房，每平方米9000多元，他当场刷卡首付1000万元，以八五折的"团购价"统统吃下。如此，他们便包揽下国庆黄金周期间雅居乐清水湾的全部房源，总面积15000平方米，总房价逾4亿元。

2009年海南清水湾合约销售额约64亿元，占总销售额的28%，居全国单个楼盘销售之冠。此前，清水湾项目备受质疑，被指押宝。按照3月下旬的首期开盘计（洋房均价8500元/平方米，别墅均价1.8万元/平方米），清水湾项目所有住宅类项目全部开发完毕，最低累计销售收入为360亿元。如此看来，雅居乐赚了个盆满钵满。它前后分三期拿到的清水湾1.5万亩，地价不过25亿元。其中，2007年2月一期450万平方米，以226元/平方米拿下，总计10亿元；2008年第二期土地，207元/平方米。而摩根士丹利更要乐翻天，2008年只用52亿元就换来30%股权。一名清水湾的售楼小姐销售额13亿元，一跃成为“最牛销售小姐”。按照开发商起步佣金价1.5‰计算，她可拿提成200万元。

精明到“头发都是空心”的温州人也分得丰厚的一杯羹。

北京企业商会副会长陈俊对作者说，在1993年海南房地产泡沫破了以后，以温州人为主体的浙商已经杀了进去，以最低价收购了无人要的地和烂尾楼。一听到海南被国家批为国际旅游岛，他劝身边的人千万不能进去，供求关系变化了，去了不是做凤尾，连猪头都做不了，只能做猪尾。涌进去的人，第一时间皆是抢地、抢房，早埋伏进去的温州人便将手上的地和房一天一个价，“2万、3万、5万”地卖出。

在海南房价上涨的过程中，温州人已经分批撤出。年初，一个10人的专业炒房团，每人出2000万元，来到海口，首付20%，以6000元/平方米的价格，从某楼盘的开发商那里包下销售的全部房源，要求可在60天内随意更改房产所有人的名字。

60天内随意更名是炒房的核心潜规则，意味着房子在60天内转多少人都行。按照国家规定的商品房预售合同登记备案制度，与购房者签订预售合同之日起30天内，开发商须到当地的房地产交易管理部门登记备案。此规定旨在保护购房者利益，防止开发商一房多卖。

随后，这10人各自联络自己的亲朋好友来买，房价涨到7000元/平方米。亲朋好友又通知自己的“关系人”，房价涨到8000元/平方米。见房价涨势喜人，外面的人也跟进，房价一路飙升到1万多元/平方米。而温州人在八九千元/平方米以下已经悉数抛尽。

国家统计局发布的全国70个大中城市房屋销售价格指数显示，12月，三亚房价比11月上涨5.1%，排名全国第一，海口环比上涨了3.3%，排名全国第四。

随着房价如乘电梯般上涨，房地产企业在股市也“亢奋”起来。

7月29日，中国建筑作为2009年第一家房地产企业上市。尽管当天A股大盘一度跌停，最终暴跌5%，是当年最大的跌幅，然而中国建筑首日收盘价仍较发行价高56.22%，成交291.68亿元。同一天，在港交所，北京金隅作为2009年第一家房地产企业也上市，逆势上涨56.27%。

截至7月31日，A股上涨约80%，房地产板块的涨幅却是142%，在香港上市的合生创展的涨幅更超过1000%。

股市的“提款机”效应吸引着众多房地产企业。从9月开始，内地地产股集中赴港IPO。9至10月，共有超过13家内地房地产公司在香港申请上市或者进行招股。9月29日，恒大地产上市聆讯，同一天，花样年、卓越地产、福建明发、厦门禹洲也在港交所上市聆讯。

然而，内地房企在香港股市却开局不利。9月30日，华南城首日上市，报收1.62港元，比其招股价2.1港元跌了22.9%，成为香港股市有史以来首日上市最大跌幅纪录；10月2日，恒盛地产报收3.76港元，比其招股价4.4港元下跌14.5%。如此，宝龙地产将股价下调40%，才于10月14日成功上市。

上一年折戟香港联交所的恒大地产调整战略，将原计划融资78亿—117亿港元缩减四成多，比上一年拟上市时的融资规模缩水一半，改为7.69亿美元（约合52亿元人民币），招股价区间为3—4港元，发行约15亿股股份。为了确保招股顺利，许家印拉到刘銮雄和郑裕彤各5000万美元认购股权。10月19日路演时，新世界发展主席郑裕彤、华人置业主席刘銮雄、中渝置地主席张松桥、香港烟草有限公司主席何柱国等到现场为恒大造势。

11月5日，恒大地产在香港成功上市。以当天收盘价4.7港元计算，许家印夫妇的合计资产达479.49亿港元（约合422亿元人民币）。根据11月4日福布斯在上海发布的富豪榜，比亚迪老板王传福为中国首富，身家396亿元人民币。如此，许家印夫妇便取代王传福，坐上中国首富之位。同时，恒大地产亦超越碧桂园，成为在香港上市市值最大的内地民营房企，其5120万平方米的土地储备更居内地房企之冠。

紧随恒大地产，曾宝宝领军的花样年控股集团有限公司11月25日在香港挂牌上市，成为深圳本年度首个在香港成功上市的地产企业。

次日，龙湖地产上市。以收盘价8.11港元计算，公司董事长兼CEO吴家军夫妇身家达316.29亿港元，超过目前房地产女首富碧桂园大股东杨惠妍约290

亿港元的身家，吴家军成为中国房地产女首富。

几家欢喜，几家愁。由于招股价格过高，卓越地产管理层不愿按投资者的要求下限定价，导致公开发售部分不足额，最终不得不成为第一家搁置上市计划的内地房企。孙宏斌亦再次铩羽而归。12月15日，孙宏斌名下的融创中国宣布，由于市场情况不佳，公司上市计划被搁置。

时隔五年，“泡沫论”再起。

国务院发展研究中心宏观经济研究部部长余斌称，2009年1—11月，全国住宅销售均价达到4600元/平方米，比2008年均价上涨了1000元/平方米，为住房制度改革以来涨幅最高的一年。其中，深圳、杭州、南京、北京、上海等一线城市房价涨幅超过全国平均水平。

万科董事长王石在12月4日接受美国《华尔街日报》专访时，虽然称中国整体楼市尚无泡沫，但他也指出北京、上海、广州、杭州、深圳等一线城市的房地产，毫无疑问存在明显的泡沫。他说，如果泡沫向二、三线城市扩散，将会步日本房地产泡沫后尘。

而著名经济学家谢国忠则认为，中国的房地产已经提前通胀，房地产泡沫已经很大，一旦全球通胀来临，房地产市场必然受到冲击，买房子并非保值的良策。

这些声音是否传达到中央政府，不得而知。但房价问题再次引起中央政府的关注。国际金融危机导致哀鸿遍野之际，借助房地产业的投资和消费以保持经济增长，事易时移之后，政策自然调整。

12月9日，国务院常务会议提出“个人住房转让营业税免征时限由2年恢复到5年，其他住房消费政策继续实行”。

同日，国家发改委主任张平表示，“我国将完善住房消费和调控政策，增加中低价位和限价商品房的供应，抑制投机性购房”。

14日，国务院总理温家宝主持召开国务院常务会议，研究完善促进房地产市场健康发展的政策措施，提出了后来被称为“国四条”的四条意见：一、增加普通商品住房的有效供给。适当增加中低价位、中小套型普通商品住房和公共租赁房用地供应，提高土地供应和使用效率。在保证质量前提下，加快普通商品住房建设。二、继续支持居民自住和改善型住房消费，抑制投资投机性购房。加大差别化信贷政策执行力度，切实防范各类住房按揭贷款风险。三、加强市场监管。继续整顿房地产市场秩序，加强房地产市场监测，完善土地招拍挂和商品房预售等制度，加强房地产信贷风险管理。四、继续大规模推进保障性安居工程建设。力争到2012年末，基本解决1540万户低收入住房困难家庭的住房问题。

一周之内，中央三次重要会议都涉及到了房地产政策，并且强度一次比一次加大。这意味着，脱缰野马般飞涨的房价触碰到了中央政府的容忍底线。

之后，土地和税收调控政策随即出炉。

12月17日，财政部、国土资源部、央行、监察部等五部委公布《关于进一步加强土地出让收支管理的通知》，将开发商拿地的首付款比例提高到了五成，且分期缴纳全部价款的期限原则上不超过一年。而此前各地方土地出让大多执行20%—30%的首付政策。

12月23日，财政部和国家税务总局出台了《关于调整个人住房转让营业税政策的通知》。除个人住房营业税免征年限变化外，规定普通住宅交易继续享受税收优惠，要求“为维护正常的财税秩序，各地要严格清理与房地产有关的越权减免税，对清理出来的问题，要立即予以纠正”。

2010年：买，还是不买？

上半年，房地产市场出现两重天。4月地产新政前，国际旅游岛的确定，让海南“烧焦”了。均价6万—7万元/平方米的三亚凤凰岛，开盘当天，700套即售罄；三亚和海口的高级酒店被前来炒房的人全部订满。炒房客为出行方便，就地买车，汽车上牌量一下比前期上涨了3倍，导致车管所忙不过来。地产新政后，市场开始冷却，传闻中的房产税似乎将成为压低房价的最后一根稻草。邹涛向过去参与“不买房运动”的人公开道歉，欲发起“万人自住买房抄底团”。万科等房地产公司又开始降价了。

海南的房价持续“高烧”。

2010年1月4日，国务院正式颁布了《关于推进海南国际旅游岛建设发展的若干意见》。此后5天内，整个海南省商品房销售量，据统计达到了2008年全年销售量的总和。“这是海南在沉寂了20年之后的一次重大历史机遇，在《意见》公布后，人们对海南的关注程度是我们之前所没有想到的，海南不仅仅是炒热了，更是烧焦了。”海南省委书记卫留成在参加全国“两会”期间说。

三亚市副市长李柏青说：“国际旅游岛消息传出后，三亚一个楼盘一个月内均价每平方米上涨了7000元。乐东是海南非常偏僻的县城，房价都已达到每平方米3000元。”

陵水县某项目太原展示中心的销售主管高雷称，1月5日，该项目推出了10栋公寓楼2000余套房子，两三个小时就在全国售罄。山西市场有9位客户甚至没去楼盘现场，直接通过长途电话转账付款购买。

一位山西阳泉的投资客2009年曾在海南购买了8套房，头两套房是为了资产保值和家人度假，没想房价一路上涨，就又买了6套。当听到海南要建国际旅游岛，还要试水博彩业、开辟免税区时，声称“如果有好楼盘开盘，就是借钱也得买”。而他的亲朋好友甚至想买一整栋楼。

三亚凤凰岛更成为热炒的标杆。

1月11日，三亚凤凰岛开盘，四、五号楼均价6万—7万元/平方米，开盘推出700套，当日售罄，远远超越2009年星河湾在上海创造的国内房产纪录。三亚凤凰岛发展有限公司董事总经理陈璐称，当初客户来交诚意金的时候，连户型都不问。2009年底，凤凰岛仅计划推出一栋公寓，预估价格3.8万—5万元/平方米。

自此，凤凰岛的财富神话故事源源不绝。三亚某地产中介称，一个浙江购房者2009年11月以内部认购价4万元/平方米买了一套60多平方米的公寓，1月中旬这套房子卖了400多万元，赚了近200万元；民间盛传，温州人在凤凰岛一个楼盘就赚了上千万元。

然而，这个被视为财富之岛的地方，此前是一个荒芜了十几年的人工岛，曾被三亚人称为“美女脸上的伤疤”。若非浙江国都控股有限公司董事长柴慧京2006年首次上岛时联想起4年前的迪拜之行，凤凰岛恐怕只有前世，没有比照迪拜世界岛的今身。

为避免重蹈1992年的覆辙，1月15日，海南省召开推进海南国际旅游岛建设动员大会，卫留成明确表示，在海南国际旅游岛建设总规划正式获得国家审批前，3月前暂停土地出让和审批新的土地开发项目，以利海南国际旅游岛长远的建设发展。

不曾想，旨在预防房地产泡沫的“限地令”成为房地产价格跳涨的推手。琼海房价由每平方米4000元涨到七八千元；海口有的楼盘一天之内每平方米上涨5000元；三亚“山屿湖”，2009年11月开盘时为13000元/平方米，1月18日均价达28000元/平方米；雅居乐清水湾已涨到3万多元/平方米；凤凰岛二期开盘销售均价达到8.5万元/平方米。

根据国家统计局的统计，三亚平均房价截至1月6日不到11000元/平方米。而海南搜房网统计数据显示，1月11日至1月20日三亚商品房销售均价为20582.96元/平方米。以这两组数据对照，两周内，三亚房价翻番。

对供应可能不足的想象更加刺激了人们的购买欲。

海口市海甸岛的一个高档楼盘，此前乏人问津，现在其别墅卖到每平方米4万多元，公寓每平方米售价也高达1.6万元，并被抢购一空。

1月23日，三亚湾旁的一个“一线海景产权式酒店”开盘，均价3.4万元/平方米，当天成交额3.67亿元。售楼小姐马上被要求从第二天开始一律不接受按揭贷款，所有购房者必须一次性付款。结果次日，一个浙江人买了10套。

海南省定安县的昌茂中润温泉水城，很多购房者直接拖着装现金的行李箱去。一位刘姓销售人员称，浙江的一位购房者，买下了50多套小户型，每平方米3000元，总价1500万元。

三亚和海口的高级酒店被前来炒房的人全部订满。炒房客为出行方便，就地买车，汽车上牌量一下比前期上涨了3倍，导致车管所忙不过来。

之前敞开销售的一些楼盘，“限地令”出台后，为了坐地起价，干脆“封盘”拒客。已经圈占大量土地的企业，手中资源越发奇货可居，比如中粮集团、华润集团、鲁能集团、海航置业以及雅居乐、富力地产等。

从三亚到海口 195 公里的黄金海岸线上，随处可见投资数十亿、上百亿元的大型房地产项目。海南的整个东部沿海，海棠湾、清水湾、香水湾、石梅湾、神州半岛、博鳌等，都在不亦乐乎地盖房子，仿佛一场声势浩大的搭积木比赛。

然而，春节过后，喧嚣已久的海南一下归于平静。三亚市新风路某房地产中介门店负责人张路说：“买房子的人好像一夜之间都消失了。一周也没多少，进来的也就看看而已。”在中介机构那里，凤凰岛已经出现5万元/平方米转手的报价。

不久，美国知名杂志《福布斯》评选出全球七大近在眼前的金融泡沫，中国的房地产市场列居第二。《福布斯》认为宽松的货币政策造成了房地产价格的虚高。

在最严房贷政策和新“国十条”出台之前，中央政府已经不断出招“追杀”高房价。

1月10日，国务院出台“国十一条”，严格二套房贷款管理，首付不得低于40%。

国土资源部前所未有地表现出威慑力量。3月10日，出台《关于加强房地产用地供应和监管有关问题的通知》，规定开发商竞买保证金最少两成，一月内付清地价50%，囤地开发商将被冻结等19条内容。3月22日，提出在2010年住房和保障性住房用地供应计划没有编制公布前，各地不得出让住房用地；将在房价上涨过快的城市开展土地出让招拍挂制度完善试点；各地要明确并适当增加土地供应总量；房价上涨过快、过高的城市，要严控向大套型住房建设供地。4月15日，公布2010年住房供地计划，拟计划供应住房用地总量同比增长逾130%，其中中小套型商品房将占四成多，超过2009年全国实际住房用地总量。

为避免有人钻契税优惠政策的空子，财政部4月2日下发通知，规定对两个或两个以上个人共同购买90平方米及以下普通住房，其中一人或多人已有购房记录的，该套房产的共同购买人均不适用首次购买普通住房的契税优惠政策。

严格的三套房贷指引也出台，以抑制投机。4月18日，国务院发布通知，指出商品住房价格过高、上涨过快、供应紧张的地区，商业银行可根据风险状况，暂停发放购买第三套及以上住房贷款；对不能提供一年以上当地纳税证明或社会保险缴纳证明的非本地居民暂停发放购买住房贷款。

13天后，北京市政府立即发布了遏制房价过快上涨的“京十二条”，叫停第三套及以上房贷。随后，深圳也跟进。上海的相关细则迟迟未出台，大部分中资银行对合约签订和审批流程差不多走完的房贷，仍按照之前的办法放贷，刚刚送进银行的材料则在流程上缓行，等待监管机构和上海相关细则。广州旨在落实中央精神的“穗24条”中没有暂停第三套房贷的内容，广州市国土房管局新闻发言人黄文波称“决定是否暂停三套房贷是金融监管部门和各商业银行的职权”，起草“穗24条”过程中，他们已征求了人民银行等金融监管部门的意见，部分商业银行已明确暂停发放，部分商业银行已提高三套房贷首付和利率；如果将来看到中央的政策在广州影响还不够，再出台限制购买三套房等措施。浙江也未叫停第三套房贷。在浙江省房产新政实施细则出台后，只要首付比例5.5成以上，利率上浮15%—20%，各家银行即准批第三套房贷。

炮轰完新“国十条”和“京十二条”后，一直坚定看涨的华远集团总裁任志强破例调头，认为这次调控房价肯定会跌。

果然，房价跌了。通过北京市场情况，可窥斑见豹。根据北京中原三级市场研究部统计，地产新政出台半个月后，北京二手商品房价格降至18635元/平方米，相比创造历史最高纪录的4月上半月的成交价格，下跌幅度达到了6.2%。

接着，与市场信心直接相关的成交量大幅萎缩。根据北京房地产交易管理网数据统计，5月上半月，北京存量住宅网签成交量为7430套，比4月上半月下跌51.6%。除去经济适用房，纯二手商品房的实际下跌更加明显，上半月二手房总成交量仅为2930套，相比4月上半月的1.6万套，下跌幅度超过81.7%。

然而，公众认为房价仍未实际性下跌。市场普遍猜测，中央政府最厉害的“杀手锏”随时有可能祭出，那就是物业税。

物业税来自境外的房地产税收方面的经验。世界各地房地产保有税的名称各有不同，德国、美国称“财产税”，奥地利、波兰称“不动产税”，新西兰、英国称“地方税”。在很多国家，它都是地方主体税种。

在美国，拥有房产后每年交不动产税给州政府。各州税率有所不同，一般幅度在房产价值（政府一般每两年左右评估一次）的1%到3%之间，分两次付清。

所购房产如果持有两年以上（以过户时所发的房契时间为准）再出售的，夫妻俩可以有50万美元的免税额，即房产增值没有超过50万美元就可不交税。单身的免税额为25万美元。如果超过免税额，联邦政府要对涨价部分征20%的个人所得税。如果持有时间未足两年，所有涨价部分全部要交20%的个人所得税。不过，会扣除装修以及其他改进房屋的费用和贷款利息。如果个人一年内买进又卖出一套房子，将被征收35%的个人所得税。

“财产税”是美国地方政府最大和最稳定的财政收入来源，通常占七八成，用以维持地方政府管辖的幼儿园、学校、医院、公共图书馆、公共交通、公园、消防和警察部门、街区维护的开支。美国的财产税并非一成不变，各级地方政府根据当年的预算、应纳税财产的总价值、其他来源的收入等变量来确定当年的物业税税率。例如2008、2009年金融危机席卷房地产市场，美国购房者大量减少，不少地方政府都出台了减免税收的措施来鼓励居民购房。

英国将“地方税”分为八个等级。为保证公平，物业税等级的评估由独立的专门机构（评估局）来评估，而不是由物业税的收取部门——地方政府来评估，分级的主要依据是1991年的房价，1991年后建造的房屋也需要折算成1991年的房价来评估等级。

“地方税”是该国地方政府收入的主要来源之一，英国平均每套房产交纳“地方税”1146英镑。2008年，物业税占英国地方政府收入的25%，另外主要收入来自中央政府补贴和商业税。

“地方税”主要用于11个方面：警察、治安服务和消防员；垃圾处理及垃圾回收；城市景观；巴士补贴和老年人免费巴士服务；公共健身房、游泳池和休闲中心的维护费用；低保户的住房补贴；政府公房的管理和维护费；法律服务和选举开支；博物馆和旅游；环境健康和食品安全；防洪等。

法国采用土地年度税的形式征收不动产税，包括三类房地产税——“未建成区地产税”、“建成区土地税”和“住宅税”。

“未建成区地产税”由空地的所有者缴纳税金，征税根据是土地的出租价值，其税金减免部分是20%；“建成区土地税”由建筑物（住宅或其他建筑物）的业主缴纳税金，征税根据是建筑物的出租价值，其租金减免部分是50%，地产的租赁价值作为征税基础，再乘以一个可调整的税率，每年的税率由房屋所在市镇确定；“住宅税”由住宅居住者缴纳税金，没有减免部分。如果房屋空置，业主无需缴税。

在上述三类房地产税中，有两类是由业主缴纳，一类由居住者缴纳，由业主缴纳的两类考虑了业主的成本，因此有减免部分，而由居住者缴纳的一类则没有减免。可见对于出租的房地产来说，其税负是分别由出租方和承租方承担的。从其税收政策中，看不出明显的鼓励或不鼓励出租的取向。

荷兰对房屋征税有三种：一是地方政府课征的财产税，主要征税对象是房屋；二是房屋消费税，对房屋使用者征税；三是中央政府征收的净值税，也包括对房屋征税。

财产税属地方税收，是地方政府为数很少的几个税种中最重要的税种。课税对象包括土地、房屋等不动产和某些动产。但主要是房屋，故对许多土地有免税规定。房屋价值由地方政府参照房屋的市场价值评估确定，税率由各地政府自定。

净值税征收对象也包括个人住宅和营业用房。对营业用房有减免规定，13.1万荷兰盾以下的房屋金额免税，超过则减征40%的税款，减免税额最高不得超过58万荷兰盾。对以房屋租赁维持生存的低收入者给予减税照顾。

房屋消费税对房屋使用者征收，包括自用房屋和租用房屋的人。计税标准为房屋租金和房屋内使用的家具的价值。税率是比例税率，按家具和房屋租金分别课以不同税率。允许从租金中扣除一定数额，就其余额课税。

荷兰的这种税收制度显得与众不同，它的净值对营业用房有减免，而对个人住宅没有。它的房屋消费税可以说是世界上独一无二的，这种税收政策鼓励业主将住房出租。另外，它还鼓励低收入者出租房屋。

比利时只要是房子都要收物业税。物业税按照其“出租收入”来征收，因为所有住宅都被视为有“出租收入”的房产。比利时分三个大行政区，各区的物业税交纳规则相同，但比例稍有差别。各大区都有一个叫做物业税管理处的部门，在每年的固定日期，这个部门会综合你房子的大小、条件等情况，对业主的房产在一年12个月的“出租收入”进行估价。估价的30%—50%（据房子的地段决定）作为物业税，由业主缴纳。

如果住宅是绿色住宅，如用太阳能、用节能锅炉，也可以免掉部分物业税。比利时的有关物业税的规定很完善、科学，业主也都自觉缴纳。否则，将被处以巨额罚款，甚至坐牢。

澳大利亚只收土地税，个人自有住房不收。澳大利亚政府对土地税规定了起征点，只有当房产占地的地价高于起征点时才征税。一般在地价的1%—3%之间。买卖房屋时也不涉及什么税，只是卖家涉及个人所得税。税务部门格外关注多套房产者，在每年3月报税时，如果对获利隐瞒不报的，处罚非常严厉甚至会坐牢。不动产税则是政府根据房屋的占地面积和每年进行评估的房屋价值按0.3%—1%征收。

在香港，如房地产作出租用途，则该租金收入须缴纳物业税。物业税是在每一个课税年度按照土地或楼宇的应评税净值，以标准税率向在香港拥有土地或楼宇的业主征收，若物业拥有人为法团并作出书面申请，则租金收入可视为公司营业收入，免缴物业税而征收利得税。物业税适用税率为15%。

由于物业税必须经人大立法，其涵盖广阔、程序复杂，且我国内地房屋土地只有使用权，有人想出了简化概念的办法，改“物业税”为“住房保有税”。“住房保有税”一时日嚣尘上，连任志强都认为“比较可取”。

由于不时传出试点“住房保有税”的消息，上海成为舆论的中心。5月27日，上海房地产交易中心主任向《证券时报》记者表示，上海住房保有税将在近期出台，上海将作为试点开征住房保有税。这一消息似乎印证了4月7日《上海证券报》的相关报道——“上海拟开征住房保有税，该项工作由上海市住房保障和房屋管理局牵头负责，目前基本方案已定”。

消息传出次日，沪深股市5月28日地产股下跌，广宇发展（000537）跌4.49%，苏宁环球（000718）跌4.25%。

但消息的真伪依然难辨，公众照旧是雾里看花、水中望月。此前，上海市分管金融工作的副市长屠光绍于5月14日称，上海市房地产调控细则和房产税出台的相关工作正在进行中。随即，国家税务总局新闻处处长牛新文就在5月17日称：“按照现行的规定，税收立法权在中央，也就是说中央来定，地方去执行，地方政府没有权力出台新税种。”国家发改委产业研究所所长助理黄汉权也明确表示：“三年之内免谈房产税。”但，国家发改委在5月24日通过新华社对外辟谣，称黄汉权的讲话不代表国家发改委的立场，随即发布《关于2010年深化经济体制改革重点工作的意见》，提出逐步推进房产税改革。5月27日，上海房地产交易中心主任对《证券时报》记者称，上海住房保有税将在近期出台，上海将作为试点开征住房保有税。随后，即传出上海住房保有税“两周之后出台”的消息。

5月31日，喧嚣再起。国务院批转国家发改委《关于2010年深化经济体制改革重点工作意见的通知》，明确提出“逐步推进房产税改革”。上海、重庆、湖南等地，不断传说“房产税改革试点方案已经上报国务院待批”。6月3日，国家发改委官员表示，“改革开放以来的经验是鼓励地方试点”。不足一周时间内，“税”惊中国。

按现有的官方统计数据，结合最新的关于我国住房保有税征收政策消息测算，一旦我国政府部门对住房开征保有阶段税费，每年此类税收的总额将突破1000亿元，与2009年现有房地产相关的五项税种的全年增量总额相当。无怪乎，地方政府假中央税制改革之机，积极“活动”。境外“住房持有税”全部建立在永久产权上，我国内地只有70年的土地使用权的房屋参照别人的模式征税，折算下来，恐怕也将是世界最高“住房持有税”。

据复旦大学金融与资本市场研究中心主任谢百三透露，上海共上报中央两套方案。A方案："住房保有税"出台前买的房不征税，出台后的第一套、第二套人均70平方米以下不征，第二套人均70平方米以上及第三套以上的征税；B方案：新房、老房都征税。第一套和第二套人均70平方米以下不征，第二套人均70平方米以上及第三套以上的征税。

似乎这只是针对豪宅和高端住宅的房地产税。然而，税收品种只能上不能下，一旦开始试点，以后就可借其他理由，逐级推进，将所有有产者一网打尽，一如马其诺防线的溃败。现在准备看有产者笑话的人，未来也会成为其中之一。

在福布斯2008年税负最重榜上，中国排名第五。税负未减，再增房产税，于法、于理，都说不通。

不少专家、评论家寄望"住房保有税"改变地方政府高度依赖土地财政的状况。这实在是一厢情愿。一旦"住房保有税"成真，更可能的情况是地方政府两只手都忙活：一只照收土地出让金，一只拧开住房所有者的"水龙头"。作为城市CEO，地方政府怎么可能随便放弃一条财路？不过是房地产市场的好坏决定了它到底能蓄多少水的问题罢了。即使限定土地出让最低者得，那些零地价和超低地价的房子，哪个不是随行就市？楼面地价每平方米200多元的雅居乐清水湾不就是一个样板？

抛除经济政策的宏观调控，房价正本清源的工作，作者以为要从分税制开始，让地方政府的事权与财权对等，然后政府主要管好自己分内该管的事，包括对开发商资质的规范、土地出让金的缴纳、土地使用规范、金融机构对开发商和购房者贷款条件的约束、保障性住房供应等。每一项参照要求做好了，什么"史上最严厉"政策都不要，房价自然不是越调越涨。至于买卖之事，大可以交给市场来调节。

"住房保有税"引发公众联翩想象之际，邹涛再度高调现身。这一回，他搞的是"房产抄底团"。他声称，通过他的团队资源及"你在休息，钱在工作"的中国独创邹涛投资法，可获得内部房产项目投资抄底机会、经验。

在自我介绍中，邹涛如此描述自己——"12年股市楼市投资实战经验、中国首个万人购房团策划操作人、邹涛投资法创始人、投资理财实战专家"。"三年不买房运动"的发起人，仿佛另有其人，跟他毫无关系。

直到5月8日，那个"三年不买房运动"的发起人才站了出来。邹涛在其名为“投资理财实战专家邹涛官网”上，以博客的形式公开向2006年5月响应其发起的“三年不买房行动”的人道歉。“深深鞠躬”后，他称：“中国的房价，已经连诺贝尔经济学奖获得者也看不懂了。中国楼市越来越像股市，房子已经变成一种投资品，只适合波段操作，高抛低吸，我们唯有顺势而为。”

道歉信里，邹涛隐匿了一个有意味的信息。2009年底，他以不到50万元的价格在深圳买了一套法院拍卖房，约4000—5000元/平方米，比市价低30%。《南方都市报》记者采访时，他拒绝透露这套房位于何处。

三天后，邹涛在博客上延续道歉话题——“除了道歉，我还能继续做什么”。他称要做三件事：一是整理《邹涛房产研究与实战系列》经验研究材料，编写一本《中国老百姓购房经验技巧实用大全》；二是定期开办“买房实战经验教训内部讲座研修培训班”；三是在全国有需要的地区筹备“万人自住买房抄底团”。

事实上，无需万人结团，市场上不乏降价楼盘。恒大地产集团从5月6日开始，将统一在全国楼盘推出8.5折促销活动。2008年领军降价的万科不甘人后，6月在全国范围内降价。6月4日，在深圳龙岗推售万科清林径，价格极具“诱惑性”，最低单位仅8000多元/平方米，均价10000元/平方米，当即售罄。而万科清林径目前在售的大户型产品均价20000元/平方米。有意思的是，万科多个在深圳的楼盘选择晚上开盘，包括万科清林径。买家涌涌的景象，6月7日出现在广州白云区某楼盘。该楼盘均价8000元/平方米，比广州市十区一手住宅5月交易登记均价12955元/平方米低了近四成，而且带精装修，有太阳能发电和中水循环系统，实现水电“零公摊”，当天卖掉八成。

一向以营销手段自恃的广州房地产商也开始借鉴别人经验，开始跑到温州找买家。“太太炒房团”团长罗夏兰告诉作者，现在温州国际大酒店每天都有一个广州楼盘的推介会。属辖广东肇庆市的四会市某楼盘打着广州的旗号，以3000多元/平方米的价格招徕了“太太炒房团”。

即使价格看起来诱人，买还是不买，对更多的人仍然是个问题。谁也说不清“住房保有税”这柄剑，到底会否落下。

唯有罗夏兰觉得前途向好：“房地产好，要找我。不好，更要找我。”市场好的时候购房者要找她，不好时开发商要找她。

后 记

本书除部分作者的采访和政府公开信息外，参阅大量国内主要媒体的公开报道，比如《21世纪经济报道》、《南方周末》、《新京报》、《南方都市报》、《南都周刊》、《财经》、《第一财经日报》、《第一财经周刊》、《三联生活周刊》、《东方早报》、《每日经济新闻》、《瞭望》、《中华工商时报》、《华商报》、《广州日报》、《深圳特区报》、《京华时报》等，以及一些相关人士的书籍、回忆录、博客等，在此一并感谢。